教育家型校长的办学理念与实践

彭开云 主编

粤苑出版社

图书在版编目（CIP）数据

教育家型校长的办学理念与实践 / 彭开云主编 .-- 北京：学苑出版社，2023.11
ISBN 978-7-5077-6829-9

Ⅰ.①教… Ⅱ.①彭… Ⅲ.①中学—校长—学校管理 Ⅳ.① G637.1

中国国家版本馆 CIP 数据核字（2023）第 210944 号

责 任 编 辑：任彦霞
出 版 发 行：学苑出版社
社　　　　址：北京市丰台区南方庄 2 号院 1 号楼
邮 政 编 码：100079
网　　　　址：www.book001.com
电 子 信 箱：xueyuanpress@163.com
联 系 电 话：010-67601101（营销部）、010-67603091（总编室）
印 　刷 　厂：北京建宏印刷有限公司
开 本 尺 寸：710 mm × 1000 mm　1/16
印　　　　张：20.5
字　　　　数：273 千字
版　　　　次：2023 年 11 月第 1 版
印　　　　次：2023 年 11 月第 1 次印刷
定　　　　价：98.00 元

编 委 会

主 编　彭开云

委 员（以姓氏笔画排序）
　　　　刘　正　李媛媛　杨万杰　张长霖
　　　　栾淑秀　鲁　良

前言

　　武汉市教育正处于持续高质量发展阶段，市教育局党委高度重视校长队伍建设，培养了一大批有着丰富实践经验、在教育教学管理方面做出突出成效的优秀校长。新时代对校长们也提出了新的要求，需要一批不仅专业素养过硬，还具备先进教育思想、前瞻性教育理念的校长办学治校，为党育人、为国育才。2021年始，武汉市教育局与国家教育行政学院合作开展了"武汉市教育家型校长（初中）培养工程"，经过个人申报、区级推荐、专家评审等环节后，20位校长作为培养对象被确定下来。根据培养计划，培养为期两年，以当代教育家的思想和行为办特色教育、品牌学校，并以此形成示范与辐射的"效应圈"，促进全市教育优质均衡发展。

　　本书收录了参训校长的教育论述或随笔，全面展示了校长们在教育管理、教学方法、德育建设、师资培养等方面的丰富实践与敏锐思考，是一个汇集了一线办学治校策略的经验宝库。

　　在本书中，您可以看到校长们如何将先进的教育理念融入学校日常管理和教学。例如，有的校长提出了构建教学"生态圈"，打造教育"绿水青山"思路，通过多种手段创造良好的教学环境，提升教学质量和学生综合素质；有的校长则从课堂教学入手，探索基于长短课的分层课堂，通过分层教学的方式，让每个学生都能够得到更好的教育体验。

此外，通过阅读本书，您还可以看到校长们在推进德育建设、促进教师专业发展等方面的宝贵经验。例如，有的校长提出了推进"融思"德育，落实立德树人的思路，通过多种方式，让学生明确自己的责任和使命，培养良好的道德品质；有的校长针对教师核心素养和能力提升的实践目标和具体内容，从内控和外控两个角度总结了提升教师核心素养和能力的四条有效途径和系列操作策略。

总之，无论您是校长、教师还是教育管理者，本书都能为您提供多样化的思路和方法，让您在实际工作中借鉴和应用。

编者

目录

◆ 理念与管理 ◆

把先进的办学理念落实到学校日常的一件件小事　　张振宇 / 001

实施爱心教育　推进教育增值　　龚文莉 / 020

务实创新，做学校效能管理的探索者和执行者　　李歆刚 / 041

深入推进素质教育，走农村高质量教育之路
　　——武汉市新洲区凤凰镇初级中学办学实践　　刘　俊 / 056

文化赋能　学校品质提升
　　——城乡接合部学校改造的思考与实践探索　　曾海燕 / 076

我的校长之道　　付又良 / 090

践行学习型组织理论　促学校管理由繁杂转为简单　　俞秀玲 / 133

教育的"1+1"是个变数
　　——将德育与智育相融合的实践与思考　　刘沁桥 / 145

◆ 教学 ◆

构建教学"生态圈"，打造教育"绿水青山"　　徐　静 / 150

后疫情时期校级微课平台在课后作业辅导中的应用与评价

　　袁雪峰 / 166

"基于长短课的分层课堂"的探索与实践　　孙奇誉 / 177

智慧教室支持下基于证据的教学研究 　　　　　　　　　郭建斌　雷　慧 / 196

农村小规模学校"双师"课堂探索 　　　　　　　　　　　　　　　高克俭 / 207

◆ 德育 ◆

推进"融思"德育　落实立德树人 　　　　　　　　　　　　　　王　新 / 214

初中学校落实立德树人的实践主体分析 　　　　　　　　　　　　黄　栋 / 231

◆ 教师发展 ◆

骨干师资薄弱型初中推进教师专业发展的实践策略 　　　　　　　吴　捷 / 248

教师专业化发展的罗盘 　　　　　　　　　　　　　　　　　　　吴志坚 / 261

提升中学教师核心素养和能力的校本化策略研究 　　　　饶　承　夏　丹 / 272

县管校聘与集团化办学背景下学校管理方式与初中教师归属感的实践探究

　　　　　　　　　　　　　　　　　　　　　　　　　　　　　何碧泉 / 307

> 理念与管理

把先进的办学理念落实到学校日常的一件件小事

武汉市第二十五中学　张振宇

校长叙事之一：孩子，你怯生生的模样让我看着好心疼

题记： 没有了师生的热情参与、大胆探索，我们的手摇龙卷风、钢琴、室内高尔夫球这些设置装备还有什么真正的价值呢？！学校设备宁可用坏，不可放坏！

记得还是去年下半年，我顶着很多质疑在学校科技楼下添置了一台手摇龙卷风的模拟装置。装配完毕之后的一节体育课，我在这台手摇体验装置旁静观孩子们的反应。围观的孩子很多，七嘴八舌，大多是在议论"这个是干什么的""怎么玩""能不能玩"……就是没有人上前试一试！失望之余，我忍不住走上前对一个平时很调皮的孩子说："为什么不试一试呢？把手在那儿，摇一摇怕什么？"小男孩认真地问我说："校长，我真的可以玩？这么大的东西，是不是贵呀？弄坏了怎么办？"说实话，看着他小心翼翼摇手柄的样子，我突然觉得很心疼！当更多的孩子都去小试身手的时候，我就和他们聊开了——

"学校是谁的学校呀？"

"当然是我们的学校！"

"那学校的设备是给谁用的？"

"给我们大家用的！"

……

一个月以后,我随机"采访"了孩子们,一个小女孩告诉我:"我们班每个人都玩过,摇它好要力气哟。"

……

无独有偶!前不久,我们把闲置的一台钢琴摆到了办公楼的门厅,那天中午吃罢饭,我经过门厅,三个女孩在门前探头探脑……

"怎么啦,想弹琴?"

听到我的问话,其中一个胆子大些的女孩怯生生地问我:"校长,我们可以弹吗?"

"当然可以,把钢琴摆出来就是给你们弹的呀!"

"可是,我们三个都不会弹钢琴,还能弹吗?"另一个女孩带着羞怯的笑探我的底。

"可以弹,弹着弹着你们就会了,只要你们喜欢,把它弄响就行……"

"我们家没有钢琴,以后可以在这儿玩一玩,挺好的!"

"可惜我们要毕业了。"

……

听着孩子们弹出一个个单音,听着她们质朴的话语,那一刻,我感到心疼!

心疼之余,我在QQ空间写下了这样一句话:宁可用坏,不要放坏!

就在昨天,刚刚改造好的学校健身房新配了室内高尔夫球切杆练习网和推杆练习器。上午装配完毕,我中午去看,健身房前、后门紧锁。问原因。"主要是怕学生进来搞破坏,把它搞得乱七八糟怎么办?"负责人告诉我。"我们培养的都是'破坏分子'?"我打趣他说,"看来大家都还是坚持'人之初,性本恶'的,我们不妨试一试,看看孩子们能破坏到什么地步。"

整个下午就没有一个孩子进过健身房,偶尔两个孩子在门口好奇地探头看一看,看样子是觉得这些都不是自己该玩的!……两个孩子的微表情再一次让我心疼!

我曾经写过一篇感悟《从根上思考,教育该干什么?给孩子什么?》。我认为，回归到根上思考教育，什么事情是孩子成长阶段最最重要的呢？什么事情是这个阶段必须要做好的呢？我想有两类事情：一类是规范自己的意志力，如良好的习惯和品质，如生活习惯、学习习惯等；另一类是探索世界的驱动力，如好奇心、求知欲和探索世界的热情。除此之外，那就需要慢养孩子、静待花开了。孩子心底都有一颗颗向善唯美的种子，"园丁"松土浇水，就是要让这些美好的品质和习惯生根发芽、茁壮成长……

我总认为，学校不应该是板着脸来说理的地方，我们要让校园文化更柔软、更温暖、更人性，润物无声、沁人心脾，更好地启迪孩子们的好奇心和求知欲，更好地保护孩子们探索世界的热情……很赞同茅盾《风景谈》里表达的一个观点：没有了人的活动，也就无所谓风景。没有了师生的热情参与、大胆探索，我们的手摇龙卷风、钢琴、室内高尔夫球这些设置装备还有什么真正的价值呢？！

校长叙事之二：我们真的懂孩子吗

题记："教之道在于知心"，教孩子先要懂孩子，我们每天教书育人，但我们真的懂眼前的孩子吗？

岁末年初听两位知名教育专家谈过同一个观点：山东省特级教师、全国十佳班主任郑立平说"教孩子先要懂孩子"；教育部首批领航校长、首批荆楚教育名家、黄石八中校长郭茂荣说"教之本在知心"……这个观点也许在很多人看来既不新颖也不艰深，半年来却时时盘绕在我脑海，我总在思量：我们真的懂眼前的孩子吗？

半月前，已读大二的女儿的一番话让我颇为震惊，她谈到个人成长中的几次心理危机，慨叹生命个体、人生历程的艰辛和不易。在我周边几乎所有认识她的人眼里，女儿都是一个乐观开朗、健康阳光的孩子，从出生以来她不缺少关注和关爱，我们也有意识地鼓励、引导她独自面对和解决一些矛盾事务，让她多历练自己……可就是这样一个在父母眼皮底下长大，看着很安全、很皮实的孩子，她却说她也很多次想到过逃离、无数次感到万分委屈、好几次近乎崩溃……

也许是初高中生活还离得很近，那些感觉那种心情还没有淡忘，也许是大学总在做有些品质的思考训练，内里逻辑外部表述能基本驾驭，女儿的回顾与反思总能给我很多启示。对同一个问题，当我试图还原当时自己的理解，得到的大多是她同一句答复：你看到的是表象！

我们有多少次看到的都是表象？我们有多少次能弯下腰来细心观察、仔细聆听？我们知道孩子们喜欢什么、讨厌什么吗？我们还有没有一颗愿意走近孩子、了解孩子的爱心？我们不会认为自己的冷漠、收了学生的手机、几句呵斥等会给孩子造成多大伤害；因为相隔太久，我们早已淡忘了青少年时代自己曾经稚嫩的内心；我们真的不知道在成人看来微不足道的小事，怎么就让孩子不堪重负；我们不知道孩子看似平静的表象下，内心是怎样的翻江倒海。

作为成年人，岁月和经历让我们越来越有经验，也让我们变得越来越世故，我们会习以为常，我们会熟视无睹，我们的内心会变得坚硬，我们会慢慢失去懂孩子、了解孩子的能力……我们觉察不出孩子貌似坚强背后的脆弱，我们体会不到孩子胆怯嗫嚅却鼓足了勇气，我们揣摩不出孩子的异常表现暗藏什么心理……因此，我们不能高兴着他（她）们的高兴、幸福着他（她）们的幸福、烦恼着他（她）们的烦恼！最后一词以蔽之——代沟！

教育工作者总谈教育教学，其实没有教育，何论教学？俗话说"经师易得，人师难求"，如果一个老师对学生的了解仅限于知识的掌握、成绩的优劣、分数的高低……学习之外一概不知，这样的老师即便学科专业再好，肯定也算不得好老师的。学校一直秉承"关爱教育"。我们主张教师要公正公平，给孩子信任感；有专业智慧，给孩子方向感；要积极阳光，给孩子正能量；要善做善成，给孩子成就感。关爱孩子就要了解孩子、尊重孩子，遵循孩子成长的规律，这是我们共同的价值追求！而懂孩子、了解孩子则是前提和关键！

如何才能懂孩子、了解孩子呢？电视剧《三叉戟》里"名提"潘江海教诲徒弟：要深入了解审讯对象，如生活中的小细节、喜欢的小物件……最后才能找准切入点，有的放矢！是不是孩子一不学习我们就心里发慌？是不是师生之间不谈学习就无话可说？是不是学生一提到游戏我们就会去抵制？……教育不同于预审，但"隔行不隔理"，潘江海的这番话其实能给我们有益的启示！

校长叙事之三：小改革带来大变化

题记：小改革的"蝴蝶效应"，逐渐实现了从量变到质变的大变化。看来，光想不做是不行的，只有"做起来""变起来"才是改革发展不变的主题！

一大早在食堂过早，看到学校老师进餐时从容温馨的样子，不禁想起三年前刚来学校时对这所食堂的小改革。记得当时虽然学校经费紧张，但我们还是挤了一点钱购置了餐桌椅、安装了电视机、配备了餐巾纸、添设了洗碗池……同时我们也花了一番气力提高餐饮质量，更换了供货渠道、换掉了食堂师傅、增添了午餐品种、优化了日常服务……学校食堂调整改进很有实效，局部的小改革带来了大变化。

三年来，教师进餐的环境变美了：明亮的大厅、整齐的桌椅、洁净的门窗、干净的地板、便捷的洗池、方便的抽纸、舒适的空调……教师从蹲着进餐变成了高桌子、低板凳进餐，从温饱型进化为小康型；学校伙食的质量更高了：品种更丰富，味道更可口，服务更周到，品质更高端……食堂的早餐甚至成了假期老师的牵挂与怀念；进餐教师的视野开阔了：华为的命运、抗疫的进展、防洪的严峻、科技的动态、领袖的思想、社会的热点……大家从低着头盯着碗里的饭菜，到抬起头关注国家的大事，从低阶需求上升到精神追求。

当我们不再纠结"老师进餐抽纸是否用得太多"的时候，当我们不再犹豫"改善食堂是否急需必要"的时候，当我们不再空谈"文化育人""环境育人"的时候，改变就已经发生：斤斤计较的人少了，芝麻蒜皮的事少了，家长里短的话少了……更多精力开始聚焦教学质量了，更多目光开始关注学校发展了，更多话题开始远离眼前苟且了……

小改革的"蝴蝶效应",逐渐实现了从量变到质变的大变化。看来,光想不做是不行的,只有"做起来""变起来"才是改革发展不变的主题!

校长叙事之四:从师生研学郊游谈开去

题记:教育不是装满,而是点燃、激活、唤醒。我们不知道到底什么是点燃孩子的那一星火苗,但我们可以让教育丰富些,再丰富些……

最近,学校全体师生赴光谷有田劳动教育实践基地开展"学习长征精神,争做红色少年"主题研学及踏青郊游活动。暴雨后的江城空气清新、天空明朗,有田基地天高地阔、水草丰美、树林蓊郁、草坪翠绿,格外养眼。师生们徜徉其中,一路欢声笑语……一位班主任笑盈盈地对我说:"张校长,这个活动组织得好,孩子们都乐坏了,老师也好、学生也好,好长时间没出门好好地撒个野了!"

的确,也许我们太过关注一些负面因素,如师生安全、组织困难、反对意见等,或者受制于一些客观因素,如办学经费不足、教学任务很重等,对研学旅行、郊游踏青这一类活动都是能减就减,能不上就不上。殊不知,在疫情防控的封闭管理之后,在按部就班的校园生活之中,这样一次活动可以解决很多问题,如释放情绪、疏解矛盾、拓宽视野、联系感情等。作为校长,我们要适时地、有效地调适教师学生情绪,融洽校园心理氛围。

拆除一道"泄洪闸"。最近和一些校长以及校内老师聊起学生心理问题,大家普遍有个感受:在物质生活整体改善的大背景下,现代社会人们的心理负担非但没有减轻,相反还日渐增加;因为课业负担、升学压力、亲子关系等因素,中小学生心理健康问题似乎还有普遍泛滥之势,因为一点小事轻则自残、重则轻生的现象并不少见。"我们不知道到底什么是压垮孩子的最后一根稻草,做教育做得战战兢兢",一位校长的话说出了大家的心声。的确,孩子不是"小大人",他们的社会阅历、人生经历和心理体验与成人不能等同,在我们看来波澜不惊的所谓小事,在他们眼里也许就是山崩地裂、天塌地陷的灭顶之灾。

和很多教师一样,我最初把挽救这种有焦虑、忧郁倾向孩子的希望寄托在专门的心理专家和心理医生身上,但是更多的或成功或失败的案例让我发现,孩子心理问题不是简单的药物治疗和心理咨询就可以疏解的,最好还是要"不治已病治未病",在孩子们症状还不很严重的情况下,有针对性地调整、改善生活环境和学习环境。其实,生活经验告诉我们,心理疾病不是突然发生的,适时地宣泄情绪、减轻压力、调整心态,都能有效避免情况的进一步恶化。很多时候一场以心换心的促膝谈话、一场酣畅淋漓的球类比赛、一次激发兴趣的科技活动、一趟心旷神怡的踏青郊游……往往有意想不到的理疗效果。当情绪的波澜就要漫过堤坝的时候,我们拆除一道"泄洪闸",给心灵有效减压,让情绪得以宣泄,我们的身心就能处于正常的"安全域值"。这种火候的掌握、这个契机的把握、这些举措的跟进,都需要做父母、做师长的能持续关注,有足够耐心和真心关爱。

打开一扇"封闭窗"。"疫后综合征"一度是网络热词,是指由疫情引发的社会稳定、经济复苏、民生改善、身心健康等方面问题。具体到学校师生,身心健康问题尤为突出。对广大师生尤其是武汉师生来说,由"封城"带来的心灵封闭影响不容小觑。因为"封城",我们的视野只能锁定在钢筋混凝土的建筑森林;因为"封城",我们的脚步只能拘囿在吃睡搞学习的家庭和校园。慢慢地,我们忘了极目楚天、一望空阔的视觉享受,我们忘了草长莺飞、五色斑斓的美好自然,我们忘了丰富多彩、各具特色的生活方式……我们生活的圈子、形式、范围、内容等都在做减法。更多的时候,我们的心灵不是向外打开,而是向内蜷缩,一系列问题由此产生。

车到郊外,天高地阔、青山碧水、绿树红花……你会感觉空气都是甜的!看着孩子们在宽阔的草坪上肆意追逐,听着孩子们在美丽的山水间放声高歌,你会感觉推开这一扇封闭的窗,我们又拥有了整个世界!曾经,我们在有限的空间里思考如何让每一天尽可能地丰富;如今,疫情业已过去,我们要找回疫情之前的鸟语花香、一望空阔、五色斑斓、丰富多彩!学生不是熬夜刷题的机器，学校不是应试升学的工厂，除了郊游踏青等校外研学，校内常态的学科活动、社团展示等也应该尽可能丰富生动、多姿多彩。一直以来，我特别向往学校教育的"放养"模式，如何在校园之中，以相对宽松的环境、多样的选择、融洽的氛围……培育尽可能自由灵动的孩子？此次专家下校诊断，我挺在意其中的几点评价。大约是说，诊断专家走在校园之中，我们的老师是在意在乎的，没有事不关己的冷漠；我们的孩子是生动自然的，没有刻意的做作和怯生生的神情。

推倒一堵"隔断墙"。有经验的教育工作者都明白，心理问题、心理疾病多数都来自自我隔绝和自我封闭。大凡有心理问题的孩子，都会不断地在自己周围有意无意地筑起一道道"隔断墙"。如何推倒这一堵堵"隔断墙"？如何突破心理防范，很自然地走近这些更敏感的心灵？集体活动！我们通过集体活动来改变场域、营造氛围、减缓压力、激发兴趣……最终能有效地解除戒备、走近彼此。

一年前毕业的一个孩子给我很深的印象，因为家庭因素引发的系列问题导致他性格怪异，与班级其他孩子格格不入，伴有轻度的被迫害妄想，自我保护意识十分强烈，往往表现为歇斯底里的叫喊和肆无忌惮的破坏，他整个七年级都处在这种状态。八年级的一次科技活动给这个孩子带来了转机，物理组举办了首届"挑战杯"制作比赛，这个孩子参加了其中"纸桥承重实验"比赛。孩子非常投入，"我用我所有的课余时间，甚至晚上熬夜到十二点，撕掉了一整本《现代汉语词典》，做了十个纸桥，我肯定能得奖"……果不其然，他最终脱颖而出，获得一等奖。以此为契机，物理老师、班主任和其他科任老师多次表扬，孩子在班级的形象逐渐改善，人也变得自信乐观了。关于他的好消息也越来越多："这孩子现在特别黏我，物理成绩很不错。""现在他的'变态'行为越来越少，人也礼貌多了。"……有了共同话题和特别亮点，老师同学推倒了和这个孩子之间的"隔断墙"，架起了一座"连心桥"。曾经在校园偶遇这个孩子，我对他说起他制作的纸桥，孩子滔滔不绝、自信阳光，眼睛都是亮的。

回到这次研学郊游，我总在想，师生们在期待向往之时、欢声热议之时、率性奔跑之时、极目远眺之时、沐浴阳光之时、相互追逐之时、喁喁细语之时、分享食物之时、忘情游戏之时、认真研学之时……一定有很多积极健康、富有营养的情感因子在潜滋暗长，在浸润生命，在扎根心田，在开枝散叶……

教育不是装满，而是点燃、激活、唤醒。我们不知道到底什么是点燃孩子的那一星火苗，但我们可以让教育丰富些，再丰富些……

校长叙事之五："您学校的孩子不怕人"

题记："吾爱吾师，但更爱真理"，从这点讲，从小培养孩子们有自信、有主见、讲原因、懂道理，远比让他（她）谨小慎微、低眉顺眼要强很多！

新学期开学，安静了许久的校园又开始"闹腾"起来了！与八、九年级孩子相比，七年级新生就像没有套缰的野马，个个都活力无限。在这群精力旺盛的小家伙的"摧残"下，"关爱园"里本来有些腐朽的木踏板出现了好些破损松动的地方，这让我一直担着心。

这天上午，我正和装修公司负责人交流修理的一些想法，课间铃响了，"野马"们一溜烟地跑了过来，带头的是个瘦瘦高高的小伙子，没几分钟工夫，他把所有的木踏板跑了一遍，每个松动的地方他都会踏得格外用力，另外几个小跟班如法炮制，也模仿他或跺脚或跳踏，将那些岌岌可危的木踏板一遍遍"蹂躏"……初生牛犊不怕虎，兴许也还不熟悉，他们全然没将一旁的我放在眼里。等到我一把握住领头小家伙的胳膊，他们才停下匆忙的脚步。

小家伙睁着大眼睛、满怀敌意地对我说："怎么啦？有什么问题吗？"我笑了笑反问："你说呢？"

"我觉得没什么问题呀？学校没有规定不能在这里玩呀？"

"哦，可是我担心你一不小心踩翻了踏板掉进水里，挺危险的哟。"

听我这么说，小家伙脸色和缓了些。

"没关系，这是小意思，我才不会掉里面咧。"

我松开他胳膊，摸摸他的头说：

"我可不能保证每个同学都像你这么灵活呀，要是把踏板弄松了，别的同学掉进去，好不好？你们几个都说说看。"我顺势将旁边的几个小家伙都拢了过来。

"不好。"

"那肯定不好。"

"还有谁会这么笨？"

…………

小家伙们七嘴八舌，其中不乏讨好我的意思。

"我现在有两个难题，想让大家帮我一起想想办法，行吗？"

"什么难题？"

"可以呀！"

"您说吧。"

…………

"第一，我想知道这些踏板中哪些松了，有危险性，我们把它找出来，请师傅修一修；第二，在修好这些踏板前，有没有一个好办法能让同学们不去踩它们，能避免危险？"

我话音刚落，领头的小家伙就接茬了："这太简单了，我可以把所有松动的地方都给您踩一遍，我都知道。"

"我觉得第二个问题也很好解决，能不能用绳子把这些地方围起来，贴上'禁止入内'的标签，大家应该都不会进来了。"

孩子们的话让我眼前一亮。还真行，小家伙们三下五除二就帮我找出了所有松动的地方，特别是几个比较隐蔽的地方，还真帮我们省了不少事。

上周因为害怕有安全隐患，要求班主任强调孩子们不要进"关爱园"，但似乎效果不佳；当我们按照孩子们的建议围起隔离带、设置警示区后，还真就没有孩子进入"禁区"了。

目睹课间我们交流的全过程，装修经理和我开玩笑说："连校长都不怕，您学校的孩子还真不怕人！"

无独有偶，"您学校的孩子不怕人"这说法，我近期还听到过一次。

那天中午我正在办公室接待一位客人，突然响起了敲门声。我开门一看是八年级的两个黑黑壮壮的男生,看到办公室有客人,他们忙对我说:"校长,我们找您有事,您方便吗?"孩子们直接找到我的办公室,这种情况还真不多,我笑了笑,对他们说:"没关系,你们优先!"

"我们想组建一支学生篮球队,校长您支持我们吗?"

听这话茬,我知道肯定有人不支持。看着他们热切期盼的眼神,我问道:"是不是有谁反对你们?"

"我们班主任不让我中午打球。"

"我们放学也没时间打球,每天都有老师赶我们回家。"

"我家长也不太喜欢我打篮球。"

…………

看来这事我不能随便拍板,我便改换思路:"你们想想班主任和家长为什么反对你们;还要琢磨一下怎么才能让他们不反对你们呢;还有,如果要组建篮球队,什么时间训练好;如果成绩退步了怎么办……想好了这几个问题,后天中午这个时间咱们再来商量一下,怎么样?"

"好!""谢谢校长!"见我没回绝,孩子们和我礼貌道别后满怀期待地离开了。

一旁的客人笑着对我说:"呵呵,这些孩子真不错,一点都不胆怯,您学校的孩子不怕人!"

"您学校的孩子不怕人",这句话引发了我很多的思考:我们教育孩子需要他(她)们怕人吗?看到校长、看到老师、看到父母、看到客人,像老鼠见到猫一样,这样好吗?如果不怕人,是不是就会无法无天呢?……

记得我曾经写过一篇文章《孩子,你怯生生的模样让我看着好心疼》,说的是学生小心翼翼不敢玩"手摇龙卷风"模型的事,孩子说害怕太贵,自己给弄坏了,那张不自信、充满怀疑的脸让我很是心疼。

我不希望孩子们像这样的怕人怕事!我不希望孩子们因为对方个子高、力气大、年龄长就怕,就唯唯诺诺、战战兢兢、缩头缩脑、怯生生的;"有理不在身高","有理不在声高",我更希望我的孩子们能大胆自信,面对貌似强大的对方发出自己的声音。

我不希望孩子们因为害怕而泯灭了求知的热情、停止了探索的脚步，以致在未来成长中，会步步设限，永远蜷缩在"舒适区"里。

"吾爱吾师，但更爱真理"，从这点讲，从小培养孩子们有自信、有主见、讲原因、懂道理，远比让他（她）谨小慎微、低眉顺眼要强很多！我希望学校更多的孩子自信乐观、不怕人，但敬畏规则、敬畏真理！

校长叙事之六：学校教育要面向全体、关注全面、辐射全程

题记："办学生喜爱的学校，做学生喜欢的老师"，教育不应该愁眉苦脸，教育也不总是疾言厉色。当校长、教师眼里只有分数和升学，只有所谓的优生，对受重视抑或忽视的这些花样年华的生命都是戕害！

面向全体，让更多的孩子享有优质教育，让更多的家庭享受改革开放的红利，让教育公平的阳光照进家长、孩子的心底。

新学期校园开放日，面对500多名对口学生的家长，我分三场与大家来深入沟通。说实话，比起我原任职学校，这些家长更加拘谨、更加淳朴，会场里大家听得挺认真，互动提问却很少，但我记得其中有两次自发的掌声——

一次是谈毕业年级成绩进步，谈到按比例划线普高人数比入校绝对数增加近50人，把一批临界生送入高中，而且一批高分学生"裸考"进重点高中，成为家长艳羡的"别人家的孩子"，会场响起掌声。

另一次是谈学校力求让所有孩子，包括考不上普高的孩子享受优质的初中教育，当我罗列展示学校丰富多彩的社团活动和育人载体，当我推介《我在二十五中》系列文章介绍孩子们成长点滴的时候，现场响起热烈的掌声。

我给家长们讲学校阳光教育"三全"办学理念，首先就是面向全体，就像阳光普照万物一样，学校教育不仅仅是服务学业优秀的、能升入重点的学生，而是要服务全体学生。

例如，我们"开齐开足国家课程"，很多家长甚至老师不理解，认为"中

考都不考，还浪费时间干什么？"我进行了有针对性的回答：对升学进高中的孩子来讲，中考不考并不意味着高考不考，高考选科组合如果缺了初中某一学科学习，要费老鼻子劲来补课，不能鼠目寸光、只顾眼前；特别对无法升高中的孩子来讲，开齐开足史地生这些非中考学科（目前会逐步调整到中考中来）至关重要，因为对这批孩子来说，一旦错过就可能是一辈子的遗憾，他（她）们很难再有机会接触到这些学科、了解其中哪怕是很基本的常识，如光合作用、环境气候、朝代历史……办学教学都应该有这种悲天悯人的情怀。

例如，我们创建省市"营养与健康学校"，与考试升学没有直接关系。我们积极倡导"校内营养健康三年，毕业幸福生活一生"，就是要通过系列专题活动，面向所有学生传播科学膳食、生活卫生、健康运动等理念，在孩子们心田里播下有益的种子，为他们一辈子的幸福生活奠基。

其实，各种学生社团、主题教育也似乎无关考试升学，但都和每个孩子成长息息相关。学校国旗护卫队有几个孩子学习基础差，单看学科成绩很难考入普高，但这并不妨碍他们训练时的兢兢业业、不怕吃苦，不妨碍他们升旗时的严肃认真、精神抖擞，不妨碍他们值勤时的准时准点、环节到位……我知道，学校国旗护卫队的经历将成为他们初中三年最重要的情感寄托，将成为他们一辈子难以磨灭的成长记忆。我无法评估这段经历给这几个孩子带来的意志品质的深层改变，但我笃信这些美好将滋养他们一生。

毕竟无论升学与否，每个孩子都有向往和追求幸福生活的权利，办学校、做教育就应该促进其理念的完善、思想的养成、认知的建构。

当校长、教师眼里只有分数和升学，只有所谓的优生，对受重视抑或忽视的这些花样年华的生命都是戕害！这种办学指导思想在宏观层面偏离了党和国家的教育方针，在具体实践中愧对家长、孩子的信任，漠视了孩子们受公平教育、健康成长的权利。

发展全面，就是为孩子们的校园生活提供丰富的各种发展平台和生动的各类校园活动，用不同的方式激活孩子，用合适的"钥匙"打开心锁，为孩子们的发展提供更多的可能。

我们学校是篮排足球特色基地学校，常态性地开展三大球兴趣班和运动队的训练。在我看来，三大球训练对氛围的营造、兴趣的培养远比取得比赛成绩、服务中考升学重要得多，毕竟初中学生还远未定型，而且能在比赛获奖和中考加分的孩子是少数，让更多的孩子从游戏"看屏"中解放出来，感受运动激情与快乐，获得积极健康向上的身心状态才是我们努力追求的。在与体育老师交流中，大家提出"好苗子不多""有特长的孩子文化课又太差"等疑问，我反复阐释上面的观念。我希望各科老师包括体育老师都努力成为孩子们毕业多年后仍然感念的老师。

我丫头打小运动能力不怎么样，也不是太爱体育运动，但初中阶段的一位体育老师改变了她。我女儿这批学生是体育周老师带的最后一届，按说他本可以放松一些、和善一些，但周老师却严格秉承两大原则：体育课一节都不"外借"，课堂训练不打一点折扣。虽然当时不懂事的孩子们各种编派他"周扒皮"，把他的口头禅"你是么板眼"当歌唱，但整整三年的坚持，孩子们的身体素质和运动素养得到很大提升，我一直很感念周老师，他也成为女儿上大学后回忆最多的初高中老师之一。

"教育就是一棵树摇动另一棵树，一朵云推动另一朵云，一个灵魂唤醒另一个灵魂。"从本质来讲，教育是打开、是激活、是点燃，是让孩子生发出各种健康的兴趣、探究的欲望、发展的可能。每个孩子都有无限个可能，也都有独有的特质，只用读书考试升学这一把钥匙是无法打开所有孩子"心锁"的。

以前写过一个案例，刚刚毕业的一届，有一名在大家看来很"躁狂"的孩子，在学校科技节"纸桥承重"项目中沉下心来撕了一本词典做实验，最后获得一等奖。以此为起点，班主任和老师们总拿这事鼓励他，这个孩子的"躁狂"情绪得到很好缓解，从七、八年级的"惹事佬"变成九年级的"顺毛驴"，这孩子的校园生活质量显著改善，师生忧心忡忡的"定时炸弹"也被有效拆除。

新的九年级也有一名有自闭倾向的孩子，从不和大家交流，在学校钢琴摆到办公楼门厅里供孩子们自由弹奏之后，他居然表现出难得的兴趣，经常在课间来弹钢琴，悠扬的琴声引来一帮七年级的小"粉丝"捧场赞美，这孩子的情绪得到很好调整，他班上因他而导致的紧张的师生关系、生生关系也得到缓和，他甚至还能主动为班级活动剪辑视频了……

无论是对校长、教师来讲，还是对家长、孩子来说，孩子们的健康成长比考试升学更重要，更何况这二者从根本上并不矛盾，而是和谐统一的。

记得我在上一所学校任校长不久，学校借"素质教育达标校"活动创建开设了一系列兴趣班和十多门活动课，孩子们兴头十足、热情高涨……评估刚一结束，教学部门和年级组长都来找我，说学生玩疯掉了，建议我把学生社团课和兴趣班活动课都停下来。我强调有问题可以研究解决，办学校做教育不能太功利太狭隘，开了好几场会才统一认识。为了保护中考学科教师积极性，我给大家承诺如果调考成绩下降，我二话不说一定停掉，终于保住了孩子们的一片自由空间。当然，我也组织班主任开班会，让大家逸不忘劳，不能耽误学科作业和学习，平时表现不佳、成绩下降的，暂停兴趣班，这也成为老师家长"拿捏"孩子最关键的有效点。事实证明，学生张弛有度的校园生活非但不影响中考调考成绩，而且还调谐了师生关系、亲子关系，促进了孩子们学习成绩的节节攀升。

现阶段，针对学校"层次差异大、发展不均衡"的生源现实，我们将教师关注点从保优升学引导到"面向全体、发展全面、关注全程"的阳光教育育人理念上来，从"总想抓一手好牌"，引导到"牌坏牌好不是关键，关键是要打好手中的牌"，鼓励老师"一肩担起托底民生、立德树人的教育使命，一肩扛起为党育人、为国育才的政治责任"。我们以"阳光人格"校本课程、"体艺2+1"、社团建设为抓手，培养学生阳光人格，注重培养"意商"，争创"营养与健康学校"，培养志趣高雅、健康开朗、意志坚韧、合作合群的现代中学生，让孩子们"在校健康成长三年，毕业幸福生活一生"。

教育不应该愁眉苦脸，教育也不总是疾言厉色。"办学生喜爱的学校，做学生喜欢的老师"是我一贯的办学主张，因为只有喜爱喜欢悦纳，才是真正的教育开始的前提，你说呢？

校长叙事之七：优秀教师要树立三种意识

题记：优秀教师要树立"学科专业""学生视角""自主发展"三种意识。

作为语文学科出身的校长，近距离全程聆听正高级数学特级教师做备考说明，对我来说是第一次，总的感觉是"务实管用、落到实处、切中要害、直击心坎"，充分体现了数学学科魅力和数学语言魅力！

听了龙特的讲座，我有很多感触，我想重点说说其中最突出的三点感受，即"三个意识"。

一是学科专业意识。现在社会上有一种偏见，那就是认为医生是专业，律师是专业，但老师特别是中小学老师不是专业。就在这间会议室，我曾经给一所大学英语学院书记普及过"中小学教师专业性"的知识，我说"如果单纯谈英语专业知识或者能力，我承认你们是师傅；但是如果谈怎么把这些英语知识既快又好地教给初中生，培养孩子们基本的英语素养和能力，我肯定地说我们杨贵平杨特是师傅！"今天，我想任何一位像我这样近距离听过龙特讲座的人，都不会怀疑初中教育的专业性了！会做初中习题的人很多，但能讲清楚的不多，能讲得让孩子们听懂的更少了！因此，我们要坚信我们作为教师的专业性，并用自己的实际行动和专业素养来捍卫这种专业性！

刚才听了龙特关于中考备考的辅导报告，我就在思考教师如何实现自身的专业发展。龙特所讲的这些在任何一本教科书或者教参上都是没有的，怎么指导学生、学生考场答题的心理、学生平时的训练状态和有效性等，这些都是隐性经验，是靠积累和感悟来获得的，我们想说但说不出来，龙特不仅说出来了，而且说得很清晰、很实在，说到了我们心坎里，这就是专业水准。为什么能引起我们的共鸣？是因为我们平时也有这种体验，怎么把这种隐性经验说出来，这考较的是专业功底！这是第一个层次——隐性经验显性化。其实，我们也有很多这样的经验，也在给孩子们传授，但是没能像龙特今天这么集中说出来，例如，在提到备考主题鲜明、传授思维模式时，龙特从教师、学生、课程、课堂四个方面各用八个字来概括，把这些零碎但很管用的经验组织到一起，精彩纷呈，让我们如坐春风、让我们醍醐灌顶！这就是第二个层次——零碎经验系统化。第三个层次——个体经验普及化。如何将这种带有个人主观认知色彩的经验推广给更多的人，进而影响更多的人，形成一定的认知特色或者理论流派，最终甚至成名成家，这是专业发展更高的层面。

二是学生视角意识。龙特刚才举例说明"学生拿到这个题目会怎么想""如果第15题做不出来孩子会是什么心理"……，这就是典型的学生视角。教一个知识不是以"自己怎么想"作为出发点，而是以"学生怎么想"为出发点。我曾经写过一句教育感言：弯下腰来教孩子，你能拥有一个精彩的世界。这个说的就是教师要拥有孩子的视角！虽然我们是教育工作者，应该很好理解这种学生视角，但是一旦脱离了具体的教育情境，我们也容易犯这种"用成人眼光来审视孩子学习"的低级错误。我女儿高一时我给她讲数列，也曾经吼过她："这么简单都不会？"如今高三了，再来看她做的数列题，我基本都不会了，从高一到高三，她的认知水准高多了！

那么如何才能有很好的学生视角呢？龙特为我们做出了表率：第一是对学科知识的分布了然于胸，小学各年级学了什么？中学各年级各有哪些知识点？哪些知识哪个年龄段孩子听得懂？哪些知识中考还不能用？如数家珍，这就是本事！第二是对学生实际学习、考试状态了然于胸，中等生哪些题该得分？优等生、普高生哪些题怎么样？计算等环节如何训练？课堂训练和课后训练效果有什么差异？学生临考心态和平时训练又有什么不同？学生学习的盲点、思维的堵点分别是什么？侃侃而谈，这就是功夫！第三是对中考命题来龙去脉了然于胸，哪些题是相对固定的题型，哪些题怎么设、为什么这么设、考察点是什么。信手拈来，这就是专业！

三是自主发展意识。备考指导多少带点功利色彩，但从更加长远来讲，我希望此次讲座能激发老师们的自主发展意识。我主张老师要将自己学科专业发展和学校发展结合起来，形成共赢的局面。我们从事中学教育工作，这是我们一辈子要干的事，能不能像龙特一样干出点水准？我以前和龙特打过交道，今天的状态和以前判若两人，为什么？说到了龙特的专业领域，龙特眼睛都是亮的，整个人精气神都出来了，这就是专业自信！这就是专业成就感！我们今天请龙特来讲座，就是要为大家树立一个榜样、一个标杆！像他那样专业，你就能很好地实现自我价值，你就找到了你的人生支点！

教师专业发展不同的阶段有不同的关键要素：对新入职的老师来说，好制度是最关键的，认真落实一整套严格的"备—教—改—导—考—析—辅"的制度，就能快速成长；对成熟期的教师来说，好导师是最关键的，在项目式、任务式驱动下，好导师能及时跟踪提点、点石成金，推动教师加速成长；对专家型教师来说，好团队是最关键的，"独行快、众行远"，专家型教师在主持团队教研中，能教学相长，实现自身专业能力的新的跨越！我们二十五中有不同阶段的教师，希望大家都能找到推动自身专业发展的有效路径，当然前提是要有自我发展意识！

今天，龙特为我们做了一个很专业、很实用的备考指导，从眼前来讲，希望大家精诚团结，认真吸收龙特意见，有效备考、高效备考、科学备考，争取在中考中取得新突破！从长远来讲，希望大家以龙特为榜样，强化学科专业意识、学生视角意识、自主发展意识，不断提高自身专业水准，收获专业成就感，更好地实现自我价值，找到人生幸福的支点！

校长叙事之八：这才是阳光教育该有的美好

题记：使自己阳光，给孩子阳光，让大家共同阳光！除了托底教育民生，除了考试分数升学，学校"阳光教育"还可以让孩子们感受美好、创造美好、传递美好！

周六核酸检测、学生考前教育、教师个别答疑、周日预看考场……这个周末忙忙碌碌的。周一，这一届的九年级同学就要经受中考洗礼了。一大早，我照例巡视了校园，在每层楼、每个班级转了转，九年级的两层楼一改往日喧闹，异常寂静。人总是很奇怪，朝夕相处原本一切平常，但一旦离开却平添失落。带着莫名的失落，我在九年级每个班教室再走走、再看看，却不承想这一转让我体会到赤诚的感恩、满眼的感动，心里一下就满满当当。看看眼前的教室——

内外地面都干干净净地扫好，课桌座椅都整整齐齐地排好，门窗空调都严严实实地关好，绿植花卉都舒舒服服地摆好，锦旗奖杯都端端正正地放好，书架讲桌都清清爽爽地理好……在离校前一刻，孩子们悄悄将一份美好留给母校、留给老师，这一刻令我泪目。

中考的倒计时牌已经翻完，励志的动员标语依然还在，一起用过的跳绳我们用心挂好，曾经做过的试卷我们为您留下，讲台上除了粉笔、黑板擦还留点栀子花的清香，班级牌有班主任寄语、班级格言，还有自己的笑靥如花，心愿墙满是豪情壮志还有青春笑脸，黑板上已擦掉演算的痕迹换上了一串串祝福……中考啦，孩子们，祝你们考出水准，做最好的自己！

毕业啦，要离开，多么的不舍？！孩子们以自己虔诚的态度、美好的心思、灵巧的双手，向母校教师感恩、给师弟师妹示范，留下太多的感动和美好……此刻，我感到教育原本可以这样美好！这，才是教育该有的美好！

使自己阳光，给孩子阳光，让大家共同阳光！除了托底教育民生，除了考试分数升学，学校"阳光教育"还可以让孩子们感受美好、创造美好、传递美好！

实施爱心教育　　推进教育增值

武汉市第六十四中学　龚文莉

武汉市第六十四中学创办于1963年，1998年成为湖北省首批"公参民"学校，也是当时武汉市硚口区唯一可以"自主择优"的学校，优质的生源加上勤勉、奉献、拼搏的教师团队，学校一直保持着比较高的教育教学质量和良好的社会口碑，更是当时"一座难求"的热门学校。

2011年，体制变迁，学校又回到了公办，被取消了自主招生权，只能招收就近的5所对口小学的学生。没有了"掐尖"权，导致学校生源质量跟以往相比急剧下降。

从1998年到回归公办的10余年期间，学校先后合并了武汉市原七十二中学、武汉市原六十五中学等薄弱学校，不仅优质师资被稀释，行政人员更是大量富余。富余的行政人员加剧了一线教师和后勤服务人员工作量的落差。

生源的落差，教师与后勤人员工作量的落差，加上没有转型的管理，让学校后面几年发展举步维艰，学校教学质量也年年下滑。

2012年的暑假，我来到这所学校，面对这个有近200名教师、2200名学生，在武汉市硚口区学生人数体量最大的学校，我该怎样和学校领导班子一起对这么大的一个学校着手？

北大陈平原教授说过："大凡历史稍长的学校，都有属于自己的永恒的风景。"其实这风景说的就是文化。

从2012年至今的10年来，我们以学校文化的建立、传承与发展为抓手，通过爱心文化引领，用"渗透好价值""选择好路径""培植好种子""建立好机制""带领好班子"等多途径在学校全面实施改革，推出"抓质量""创特色""改课堂""重家校（关系）""带学区"等系列改革措施，打出了一套学校变革的"组合拳"，积极践行有效德育，着力打造高效课堂，让学校华丽转身，教学质量再次攀登硚口区公办学校第一名，办学效益得到社会广泛关注，成了硚口公办初中的一面旗帜。

一、一个浪漫的回归——爱心文化的起源

2013年9月的一天下班时间，我在学校门口值班，这个时候一位手捧鲜花的年轻小伙子走进校门，他说话是浓重的东北口音，一番问询后得知，他叫肖雨，是吉林镇赉人，想见我们学校的张华莉老师。

原来，在11年前，张老师和他的学生们通过《中国青年报》的"希望工程"，结对资助当时上小学二年级的肖雨，直到肖雨中学毕业。

肖雨说：今年选择在武汉读大学，就与那些年的资助有关。他认定武汉是一个温暖的城市……

张老师后来在她的工作日志里说：当年对他的资助就像在茫茫大海中投入一枚小小的漂流瓶，从未企望他的回归，然而11年后，漂流瓶带着远方的讯息回来了。真是一个浪漫的回归！

那一年是我到武汉市第六十四中学工作的第二年，正是学校创评"武汉市素质教育特色校"的那一年。我和全体师生在梳理学校办学历史和文化沿革过程中，听到了一个个"爱的故事"。

廖飞老师班上学生易某的父亲不幸意外身亡，他为了实现这个孩子在"三八妇女节"那天为自己母亲送一束康乃馨的愿望，跟学校领导商量，倡议全校师生在3月8日这天都为自己的母亲买一束康乃馨，既成全这个孩子，也要所有孩子回报母亲。在2000年3月8日之后的每年3月份，学校都有一个特定内容的"爱心节"，既为需要帮助的武汉市一聋哑学校的学生送去"爱心"，也将爱传递到学校及周边需要帮助的人们。到2013年，整整持续了14年。

2008年杨哲、熊静淑等多名教师轮流给汶川地震受伤、在武汉市骨科医院接受治疗的八年级学生杜宸峰（目前已经武汉理工大学毕业）补课，开展心理辅导。

2009年胡媛老师偷偷到湖北省第三医院塞给一名孩子患白血病的家长一万元钱，并一再跟家长说：不要跟学校领导讲。

每个月学校组织学生定期上门给社区孤寡老人打扫房间，送去营养品，一送就是21个春秋，学生一茬茬来，一茬茬走，给社区老人送"爱心"的活动从未间断过。

就这样，源于一个"浪漫的回归"，始于一个发生在校园的真实感人的家庭故事，我校由2000年开始的"爱心捐赠"特色活动，逐渐发展成全区30多所中小学校、上万名学生参与的"爱心联盟"的爱心传递，最后形成了以"爱"为学校的核心价值，以"让爱成就梦想"为办学理念的爱心文化。历时22年的爱心文化发展经历了以下四个阶段。

（1）第一阶段2000—2005年。

特色项目的起始阶段——爱心捐助。

（2）第二阶段2006—2011年。

特色活动的发展阶段——爱心联盟。

（3）第三阶段2011—2017年。

特色活动向学校特色转型阶段——爱心教育。

（4）第四阶段2017—至今。

爱心教育的延伸与辐射——爱心教育"1+N"。

学校也在历时22年的爱心文化的萌动、发展、成熟和引领下，在"爱无疆，心有恒"的校训感召下，形成了"爱心德育""爱心课堂""爱心管理""爱心环境"的学校爱心教育的体系，让"爱心"这个特色元素体现在学校的价值系统、操作系统、评价系统的每一个细节中，如图1所示。

从2000年开始延续了22年的爱心教育，内涵更加丰富，影响更加深远，爱的故事从校内延伸到校外，从课外延伸到课内，成为创新与发展的动力。学

图1 学校爱心教育体系

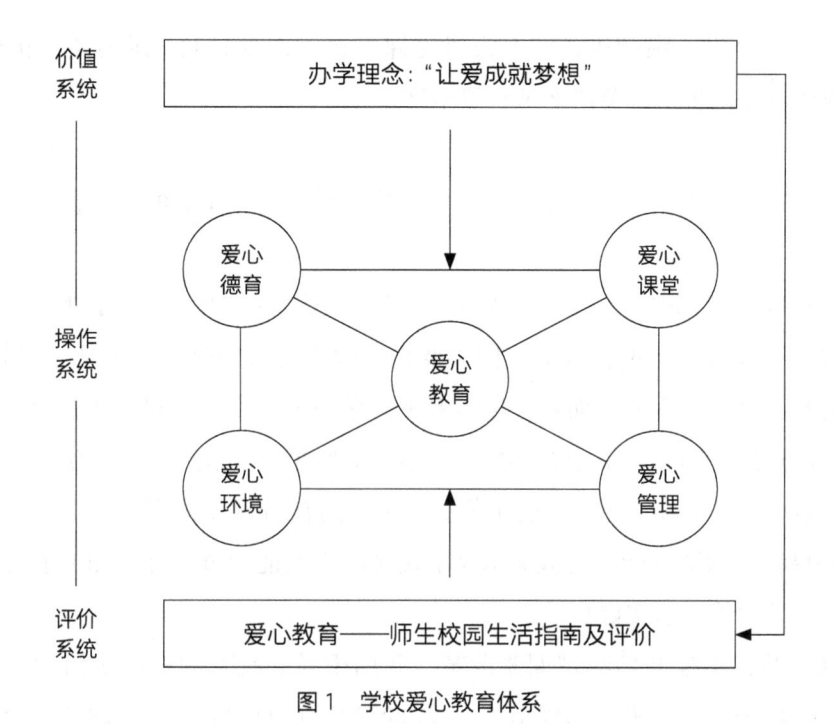

校正是在"爱心"文化的引领下，实现了学校高质量的发展。优质教育不仅惠及本校学生，更惠及一个学区四个校区。

学校文化是什么？它不应该是一句口号，不应该是贴在墙上的一句话，而应该是全体师生认同并乐于践行的观念，是学生即使离开学校多年，也能时刻铭记在心的一种精神。它是根植于内心的修养，是无须提醒的自觉，是以约束为前提的自由，是为别人着想的善良。

成年人的善良、仁爱、真诚，这一切，就是教育生长最适宜的土壤。失去它们，任何教育都是徒劳的。

二、"玩伴"成了"学伴"——"爱心课堂"的核心

我到学校不久，一个班的英语老师与数学老师因为争抢学生午休时间讲课产生矛盾。在解决他们矛盾的过程中才知道，他们因为学生基础差、听不懂，

就多讲、反复讲、满堂讲，课上没讲完课下也讲，没时间，就抢中午的时间讲。数学老师抢多了，英语老师自然不高兴。

老师为抢时间产生了矛盾，学生好像并不领情，上课想睡觉就睡觉，下课该玩闹还是玩闹。类似的老师为抢学生休息时间产生矛盾的事情在学校经常发生。

我在放学巡视中经常发现诸如此类事情：王同学因为一道数学题不会，老师把他留下来又讲一遍，等到王同学要自己独立完成的时候，还是一筹莫展。老师此刻已是口干舌燥。而在旁边等着王同学一起回家的李同学试着给他讲了一遍，没想到王同学一下子竟然恍然大悟。老师惊愕问理由，李同学说，他用他们玩耍中的"伙伴"语言教会了他。原来他们有同龄人的话语体系！

如果我们的课堂能既解放老师又能提高同学的能力该多好！如果能将"玩伴"变成"学伴"该多好！

基于此，学校开始尝试课堂改革。我们用爱心教育的核心价值"让爱成就梦想"指导课堂建模，提炼出了"爱心课堂"互助学习模式，即综合考虑同学们的能力差异和学生性格的互补性，把能力强的学生当师傅，带动能力较弱的学生（简称学友）坐在一起成为同桌，同桌之间形成一个以"爱"为纽带的互助学习小组。他们在互助学习中的每个环节，实现"同伴指导""同伴示范""同伴咨询""同伴监督""同伴评价"。

课改后的课堂成了"学堂"，老师只是资源的发布者，学生才是课堂的主角。由于"同伴评价"中是师友两人捆绑评价，荣辱与共，因此他们从"玩伴"变成"学伴"！

教育有时很奇怪：我们耗尽心血和时间经营的——例如，课堂教学中老师苦心孤诣地讲解、辅导，学生似乎并不领情，而我们这种看上去的"偷懒"却取得了很好的成绩。学生"爱心"意识增强了，学生敢想、敢说、敢问，勇于大胆创新，乐于发表意见，学生变得更阳光、更快乐、更自信！教学质量在学校回归公办、生源质量下降的情况下，仍然保持全区领先地位。以前的课堂，老师关注的是"我讲得怎么样"；现在的课堂，教师更为关注的是学生在课堂上做了些什么、说了些什么、想了些什么、学会些什么和感受到什么等。

随着"爱心课堂"互助学习模式研究与实施的深入，学校的社会影响不断扩大，学校被评为"武汉市课堂改革先进集体"，学校课改模式被评为"武汉市十佳教学模式"。在使用的过程中，学校又将爱心课堂与"互联网+"结合起来，升级课堂改革。升级后的爱心课堂2.0模式，实现了课堂三大目标——学情可视、反馈及时、靶向清晰，并在全国基础教育信息化应用展示交流活动中进行展示。

看来，一切教育都应该从激发学生内在的学习动力入手，从建立平等的话语体系入手！

也许有人担心，这样的师友合作的爱心课堂是否限制了知识的深度，使优生失去求索有深度、有难度知识的机会？

今年高考成绩一放榜，我就接到了高中校长发来的喜报："颜一瑾同学综合总分809.2分（高考626分）超过清华大学录取线106分，感谢六十四中三年的培养……"并非常感谢地说，"贵校连续三年都分别有学生进清华、北大，并且你们学校的孩子都是学习潜力很强的孩子……"

在民办学校掐尖尤甚的时代，这些今天考上清北的孩子，昨天并不是最突出最耀眼的，然而在高考中他们却成为最亮的星。他们证明了我们的课改不仅重视了基础，也培养了学生自主学习能力，激发了优生的学习活力，让他们在竞争激烈的重点高中保持活力，后劲十足。

好的教育应该让每个人找到自己真正感兴趣的、发自内心具有热情的事情，然后去实现它，走向自我实现。

三、我和"妈妈"是同桌——家长督学机制

2015年9月才开学不到一个月，班主任毛莎老师就发现，班上小明同学表现有点反常，课上多动，自控力差，还经常课下用具有攻击性的动作欺负班上同学。毛老师到家里家访才知道，孩子有多动症，烦躁的时候有点暴力倾向。家长表示：自己工作时间比较自由，能不能每天到学校陪孩子，既可以监督孩子行为规范，也可以用自己上课听到的知识回家辅导儿子。

毛老师跟学校领导汇报了家长的想法，学校表示只要有利于孩子成长，在

不干扰其他同学的情况下可以进行。就这样，小明妈妈开始了长达三年的陪读，刚开始只是想规范孩子的行为，后来跟儿子一起听讲、做笔记，跟儿子一起回家写作业、讨论。遇到母子两人都不会的，小明妈妈会主动请教老师。就这样，在初三年级时，小明不仅行为表现更加规范，学业成绩也有很大进步，冲进了省级示范线的位置。

看到小明的可喜变化，班里更多的家长也希望能有机会到学校陪伴孩子学习。

为了更加理性、规范地满足每一位家长提出的陪伴需求，我们创新"家长参与教育教学"督学制度，不仅完善了家长督学委员会的章程，还成立了校级、年级、班级等三级家委会。同时还每天每个班根据家长时间安排两名同学家长进校督学半天，实行家长进校"六个一"活动。听一堂课，寻孩子改进方向；观一名优生，树孩子学习榜样；约科任老师谈一次心，明孩子在校状况；看一次学校食堂，为师生健康护航；做一次安全巡查，排校园安全隐患；提一条合理化建议，促学校科学发展。

自从学校每天"开门办学"后，学生之间的纠纷少了。因为每天都有家长在做"志愿者"，当他们看到学生由于疯、逗、打、闹有小矛盾时，家长会自觉去制止、去干预。家校之间的矛盾也少了。有一位家长坦言，自己的孩子成绩不太好，有时候老师打电话来说明孩子在校情况时，总觉得是老师嫌弃自己孩子成绩不好，偏袒成绩好的学生。自从督学后，才发现自己孩子在课堂上表现确实不尽如人意，自己深深为过去对老师的"敌意"感到抱歉。特别让学校头痛的"学校伙食"问题迎刃而解。家长督学期间，学校会邀请家长陪餐，家长吃了学校的餐，才发现学生经常抱怨的餐不好吃以及自己怀疑学校的餐是否卫生、有营养，孩子是否吃得饱等问题都不再是问题。

一位家长坦言，一所学校敢每天这样"开门办学"本身就是一种底气，更是把我们家长当自家人，我们凭什么不支持、不理解学校呢？

苏联教育家苏霍姆林斯基曾说过："教育的效果取决于学校和家庭的一致性，如果没有这种一致性，学校的教学、教育就会像纸做的房子一样倒塌下来。"我们所做的，正是对这种一致性的探求。

四、我和足球有个约定——学区制改革掠影

2017年6月，硚口区开始进行学区制改革，武汉市第六十四中学作为优质学校，三年来先后将原武汉市第二十七中学、原武汉市第五十九中学纳入武汉市第六十四中学学区，成为武汉市第六十四中学顺道校区和汉正校区。在一次到顺道校区工作的时候，我在足球场一角看到一名女生在哭，身边围着3名女生。我以为发生了校园欺凌，迅速上前了解情况。

原来，这几个姑娘都是学校女足队员，她们一起踢球，一起训练，一起比赛，一起拿冠军。这个哭鼻子的小姑娘由于文化课成绩不好，达不到升学要求，很有可能考不上高中，就再也不能跟伙伴们一起踢球了。女生哭着说："我们有个约定，青春不散，足球永在！"

怎样帮助这个孩子达成她的"足球约定"呢？怎样实现一个学区硬件设施共享、人力资源共享、课程资源共享，从而促进教育资源均衡发展呢？

我们开始了系列改革：名校文化延展为学区文化，引领校区发展；学校人转变为学区人，盘活用人机制；学校目标提升为学区目标；聚焦关键任务；完成"输血"到"造血"的建设，强化内生发展。

注重干部队伍建设，提升团队管理效能，实行校区负责制、级部包干制、处室合作制。中层干部管理原则是：轮岗＋互访。分管副校长根据工作需要带领分管干部，定期开展干部交流活动。如分析交流学校教育管理、教学研究、教育科研等工作情况，并进行深入探讨，促进校际的互助共赢。

强化教师队伍建设，建立结对帮扶共研机制。学区内教师的管理建立"二三四"的帮扶工作模式。"二"是指两个平台。开放六十四中网络平台、建立备课组的工作群；"三"是抓好教师中的三支队伍，教研组长、备课组长、青年教师队伍；"四"是指四项工作机制。资源共享机制：学区根据需要，不分校区，统一安排工作。同时，为了让骨干教师起到辐射、带头作用，本部派出特别优秀的教师过去轮岗。备课组集体备课机制：学区内选出"大备课组长"，集体备课时间、地点、任务全部统一，由"大备课组长"统一安排。各校区通

过"线下"和"线上"两种途径，共享教育教学活动信息。教师结对机制：班主任、备课组长结对，学校均选派骨干教师，确定了周、月、学期、学年等不同周期长度的结对帮扶，达到互助共赢、共同进步的目的。骨干教师的辐射机制：每月选派优秀教师到其他校区进行教学展示研讨活动和指导工作，总结成绩、分享经验，实现各校区各美其美。人事管理真正做到学区管、校区用的模式，实现了从学校人到学区人的转变，解决了一个人一个地方一个岗位一辈子、职业倦怠感倍增的现状，激发了老师的工作热情，为各校区持续发展提供了人力保障。

强化内生发展，聚焦"输血"到"造血"的建设。集团化办学绝不是优质学校单向的传帮带或者"输血"，也不是全盘复制优质学校的经验。两者必须是一种新型的战略合作关系和发展共同体，特别是薄弱校应该在共同生长的基础上，借助优质校的资源，找到自己的优势，完成"输血"到"造血"的建设。

扩大校园女足"进口"。武汉市二十七中是武汉市女足特色学校，通过教联体建设提升学校声誉，吸引硚口区，甚至武汉市的喜欢踢足球的女生，弥补了生源不足的劣势，使顺道校区女足特色实现了良好的、可持续、高质量发展。均衡持续的足球人才培养模式让学校成长为一所在湖北省内享有盛誉的足球项目学校，拓展了学生成长"出口"。原五十九、二十七中教育教学质量一般，特别女足运动员由于训练、比赛耽误学习时间，文化课成绩更差，大多数学生无法进入更高一级学校学习和踢球，这些球员的足球生涯不能延续下去。我们的做法就是集中六十四中的优质师资恶补女足毕业生的文化课，使学生成绩快速提升。集团化办学后，全体女足毕业生全部突破升入高一级学校学习，实现升学直通车，成为女足队员甚至很多体育爱好者弯道超车的首选。

学区融合以来成效明显，爱心教育效益递增。学生素质全面发展，核心能力逐步提升；教师素养显著增强，专业水平不断发展；家长社会广泛认可，办学水平纵向拉升。

当年那个哭鼻子的女生不仅考上了高中，实现了她的"足球约定"，今年暑假，她还拿到了武汉体育学院的大学录取通知书，并告诉我当年足球队的队友分别被北京师范大学、江汉大学、武汉体育学院录取。

拿破仑说，一个领导者就是一个希望的经销商，这个希望在一个团队中既包括团队的希望，也应该包括个人的希望。这也是美国麻省理工学院彼得·圣吉博士所说的共同愿景和个人愿景。

校长的责任："经销"希望！

今天的教育就是明天的国民素质。教育要像一束光，持久地照亮中国的每一个人。在六十四中这片爱的热土上，我怀抱爱心，把对教育的大爱寄托在教育改革的思考和行动中，和一届一届师生共同感受、传递这一束光，就像六十四中校训说的那样：爱无疆，心有恒。

附："爱心课堂"互助学习模式

当前，中学课堂教学改革大都以"学案导学"和"合作学习"为突破口，极大地提升了学生学习的积极性和主动性，使"教师中心"的现象得到改变。但导学案的过度使用导致学生课业负担过重的问题也日益显现，因而受到同行的质疑和学者的诟病。怎样才能激发内部学习动机，提高学习效率，让学生学得不那么苦，教师教得不那么累？借武汉市教育局推进"高效课堂工程"的强劲东风，我们以"以学习为中心的课堂"[1]和"教师自主选择与创造教育活动模式"[2]理论为方法论，以学校"爱心成就梦想"的办学理念为价值取向，借鉴当前国内课改的成功经验，从改变师生关系和课堂互动方式入手，建构了"爱心课堂"互助学习模式。

一、模式的内涵与核心概念

所谓"爱心课堂"互助学习模式，就是以爱心为师友关系纽带，以"师友小组"为基本的学习组织单位，以"互助学习"为基本的学习形态的课堂教学

---

[1] 陈佑清. 建构学习中心课堂——我国中小学课堂教学转型的取向探析[J]. 教育研究，2014(3).

[2] 陈佑清. 教学论新编[M]. 北京：人民教育出版社，2011：511-525.

模式。本模式有以下三个核心概念。

1. 师友关系

师友关系是针对传统的"师道尊严"和学生以应试升学为唯一目标所形成的竞争关系而提出的，是一种以爱心为纽带的新型的课堂人际关系。"师友关系"在师生关系上体现为"良师益友"，教师对学生的爱是一种严慈相济的爱，是尊重、期待、关注、信任、激励、焕发，更是严格要求；"师友关系"在学生之间体现为"亦师亦友"，学生之间的爱是一种"帮管结合"的爱，是相互帮助、相互欣赏、相互支持、相互启发、相互督促，更是相互砥砺。

2. 师友小组

师友小组是综合考虑学生在学业成绩、个性特征、性别等方面的差异和人际关系因素，通过学生自由选择（互选）和教师安排相结合而形成的2人学习小组。学业成绩好的学生为"师傅"，稍弱者为"学友"。师傅对学友有帮助、指导、督促、检查、评价的义务，学友则有向师傅报告、请教，与师傅讨论的责任。师傅和学友的角色在一定时间内相对稳定，但随着各自的进步与发展，以及小组调整的需要，可以相互转化。

3. 互助学习

互助学习，是指通过地位平等或匹配的伙伴（即同伴）积极主动的帮助和支援来获得知识和技能的学习活动。在这里，同伴互助学习包括"同伴指导""同伴示范""同伴咨询""同伴监督"与"同伴评价"。①

二、实践参照与理论基础

（一）实践参照

新课程改革以来，成功的课堂改革经验与教学模式不断涌现。这些教学模式既体现了以学习（学生）为中心的共性特征，也体现了明显的学校个性和地域特征。我们结合学校实际，根据学校基础和文化的"相似性"原则，在众多的成功经验中选择了以下四所中学课堂改革经验，作为建构"爱心课堂"互助学习模式与课堂变革的实践参照，从中获得智慧的启迪。

---

① 左璜，黄甫全. 试论同伴互助学习的涵义及研究的主要课题 [J]. 课程·教材·教法，2008（9）.

1. 洋思中学"先学后教、当堂训练"模式

洋思中学"先学后教、当堂训练"模式的本质是，课堂教学的全部过程都让学生学，是对传统教学的革命，改革了"教"与"学"的顺序，改变了"教"与"学"的主次，摆正了教与学、师与生的关系。[①]"先学后教"成为当前课堂教学"铁律"。[②]

2. 杜郎口中学"三三六"教学模式

杜郎口中学"三三六"教学模式核心是围绕学习小组"课堂展示"开展的兵教兵、兵强兵、兵练兵的学习活动，使课堂呈现生动活泼、生龙活虎的学习氛围。

3. 即墨二十八中的"和谐互助"课堂教学模式

即墨二十八中的"和谐互助"课堂教学模式的要义是以"师友"的方式重建了课堂人际关系，改变了课堂交往与互动的方式，释放了学生的学习力。

4. 江西芦西外国语学校的"小组学习模式"

芦西外国语学校把每一个孩子看成是教育的稀有资源，为了发挥每个学生的资源优势，他们改良了小组合作的结构，通过小组内部成员之间、小组内部对子之间、小组和小组之间的合作，让学生在学习中体验到成功带来的幸福感，从而让课堂实现学会、会学、乐学的目标。[③]

（二）理论基础

1. 基本理念

"爱心课堂"互助学习模式的基本理念是"师友互助，惠己及人"。这一理念是本模式实施过程中学生学和教师教的一切行为的准则，教学目标的制定、互助学习活动的设计与组织、课堂评价与反思等，都要体现这一准则。

2. 理论依据

（1）同伴教学理论。

同伴教学的关键机制在于一个较为有经验的同伴教师向他的学生提供脚手

[①] 蔡林森. 教学革命——蔡林森与先学后教[M]. 北京：首都师范大学出版社，2010：46.
[②] 余文森. 有效教学的三条铁律[J]. 中国教育学刊，2008（11）.
[③] 李炳亭，洪湖. 中国当代课改档案[M]. 济南：山东文艺出版社，2010：44-45.

架式学习和认知互动。同伴教学的优势在于与成人相比，学生同伴使用非言语的演示并把教学指导与具体的学习内容联系起来。[1] 同伴教学理论解释了本模式中师友互助学习的内在机制，为本模式的建构提供了教学论依据。

（2）建构主义理论。

社会建构主义认为，学习的四大要素为"情境""协作""会话"和"意义建构"，即学习者在真实的问题情境中，通过与他人的合作与对话，实现对知识的意义建构。[2] 社会建构主义为本模式提供了心理学依据。

（3）学习金字塔理论。

学习金字塔理论认为，不同的学习活动，其效率（24小时后的保持率）是不一样的。听的保持率是5%，听和看可以达到10%，示范可以达到30%，讨论可以达到50%，做中学（操作）可以达到75%，而教别人则可以达到90%。[3] 高保持率（50%以上）的学习活动都是主动的，是通过合作的方式来完成的。学习金字塔理论指明了"爱心课堂"互助学习模式，通过师友互助的方式进行学习，是一种潜在高效的课堂教学模式。

三、模式的功能目标、结构要素及说明

（一）功能目标

"爱心课堂"互助学习模式区别于其他模式的显著特征，是以师生"师友关系"构成教学过程的认知关系与情感关系，达到知情统一。因而，模式的功能目标是以下两点。

（1）发展学生自主学习、合作学习、探究学习的意识与能力，培养学生自信、大方的课堂表达能力。

（2）建构新型师生关系，深化学生学习的积极情感体验与价值认同，创造师友互助的爱心文化。

---

[1] 金二红. 同伴互助学习的实践与理论初探［D］. 上海：上海师范大学，2012：5.
[2] ［美］莱斯利·P. 斯特弗等编，高文等译. 教育中的建构主义［M］. 上海：华东师范大学出版社，2002：14-31.
[3] L. C. 霍尔特，M. 凯斯尔卡著，沈书生，刘强等译. 教学样式：优化学生学习的策略［M］. 上海：华东师范大学出版社，2008：185-186.

（二）结构要素及说明

系统论的原理告诉我们，结构决定功能。模式的功能目标，需要相应结构的学习活动来实现。所谓学习活动，就是为达成特定的学习目标，完成相应的学习任务而进行的系列操作行为的组合。[①] 这种"组合"即表现为一种结构，由首尾相连的若干个环节构成。

为了增强"爱心课堂"互助学习模式的普适性，我们以互助学习活动为单位，对初中语文、数学、英语、物理、化学、政治、历史、生物、地理等学科的典型课例进行"切片分析"，通过分类提炼出各学科课堂教学共性活动，建构了"爱心课堂"互助学习模式的"互助学习活动三环节模型"和"互助学习过程五要素模型"，如图2、图3所示。

1. "互助学习活动三环节模型"

"爱心课堂"互助学习模式的教学过程，是由若干个"互助学习活动"构成。一个完整的师友互助学习活动由"独立自学""互助探究""互助展示"三个基本环节构成。各环节的操作要点如下。

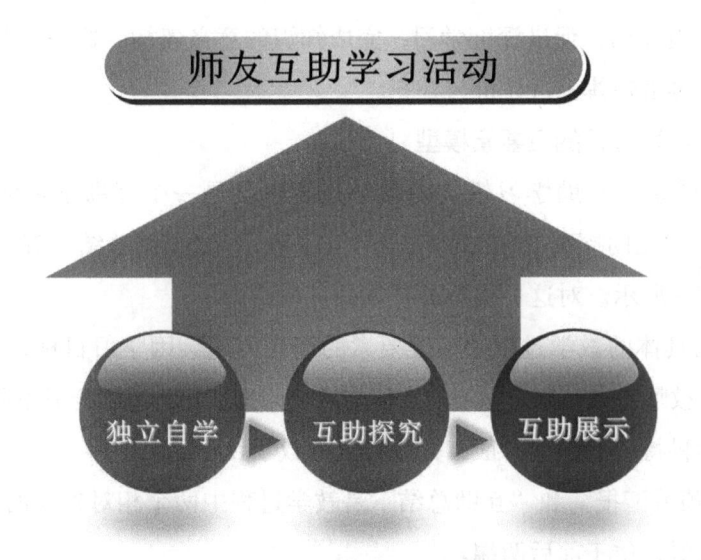

图2 互助学习活动的三环节模型

---

① 杨开城. 教学设计：一种技术学视角［M］. 北京：电子工业出版社，2010：12.

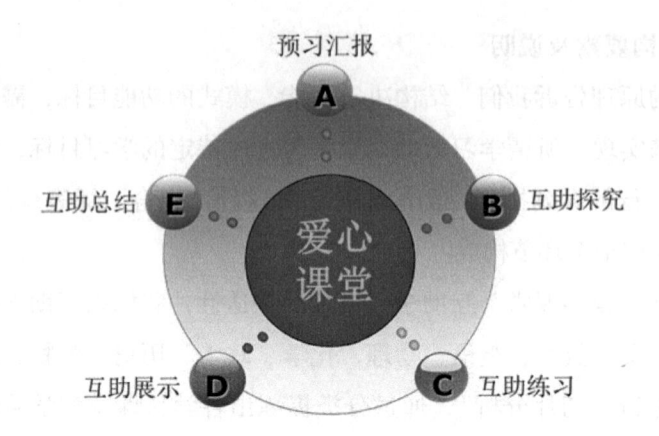

图3 "爱心课堂"互助学习过程五要素模型

（1）独立学习。在教师布置学习任务后，师友各自按要求进行自学。

（2）互助探究。完成独立学习任务后，先由学友向师傅汇报自学情况，再由师傅对学友进行指导，可以是提问、讲解、示范。学友在此基础上对自学的内容进行自我强化，内化师傅所讲的内容。

（3）互助展示。完成互助探究任务后，师友小组向全班展示学习成果，与其他师友小组互动，促进深度学习，完成知识的意义建构。这一环节仍然先由学友展示，再由师傅进行评价与补充。

2. 互助学习过程的五要素模型

"爱心课堂"互助学习模式的教学过程，就是一个互助学习的过程，由"预习汇报""互助探究""互助练习""互助展示""互助总结"五个基本要素构成，如图3所示。对这一模型需要做两点说明。

（1）在具体的教学过程中，五要素的组合方式会因学习目标、学习内容、学生特点、教师特点，以及学习的条件与环境因素变化，[①]组合成不同的教学程序，体现学科特征和课型特征，完成特定的教学目标。

（2）"预习汇报"和"互助总结"是教学过程中两个相对独立的学习活动，从时间轴来看，位于前后两端。

①预习汇报。预习汇报是课堂教学的第一个环节。学生按照要求在课前进

---

① 陈佑清. 教学论新编［M］. 北京：人民教育出版社，2011：514-515.

行"结构性预习"（含义详见后文"实施策略"之"夯实结构性预习"），课堂上由不同的师友小组分任务进行汇报。师友小组汇报时，先由学友发言，再由师父进行评价和补充。其他师友小组既可以就前一个小组汇报的内容进行评价和补充，也可以汇报不同的预习任务。

②互助总结。互助总结是课堂教学的最后一个环节，包括"知识总结""经验交流""师友互评"。其中，"知识总结"指的是解释知识点的意义，并在新旧知识之间建立联系，形成相应的知识结构；"经验交流"指的是师友之间相互交流本节课的学习体会，包括知识技能的习得、学习方法的领悟、积极情感的体验等；"师友互评"指师友对对方在互助学习中的学习方法、学习态度、学习习惯等，从正反两个方面进行评价，明确学习的得失、领悟学习的要义，正如曾子在《大戴礼记·曾子立事》中所言："君子攻其恶，求其过，强其所不能，去私欲，从事于义，可谓学矣。"

（3）在"预习汇报"和"互助总结"之间，指向新知意义建构和能力生成的学习活动，由"互助探究""互助练习"与"互助展示"组合而成，形成如图3所示的完整的互助学习过程。

①互助探究。互助探究由师友根据学习活动的任务与要求，各自进行独立学习，然后由学友向师傅讲述，再由师傅对学友进行评价与指导。

②互助练习。"互助练习"的题目分为A、B、C三个层次。A组题是基础题，让学友直接回答，师傅进行点评。也可以先让学友独立完成，再讲给师傅听。B组题是师友必答题，要求师傅密切关注学友遇到的困难，学友不会的，师傅要帮助分析、点拨、提示，尽量让学友独立完成。C组题是拓展性练习，具有一定的挑战性，主要由师傅完成。师傅和师傅之间可以相互讨论，一般可以在课外或下节课的练习课中完成。

四、实施策略

（一）科学组建师友小组

1.组建原则

组建师友小组要遵循"互悦互补"的原则，即综合考虑学生的学业成绩、性别、个性特征（内向、外向）、人际关系、语言表达水平等因素的差异来组建师友小组，使师友之间在情感上相互悦纳、在认知上相互补充。

2. 组建方法

学校标准班额是 48 人，先把学生按照学业成绩划分为"两拨四层"。所谓"两拨"，即按照学业成绩排序，一半学生为师傅，一半学生为学友。所谓"四层"，即依据学业成绩排序把学生平均分为 A、B、C、D 四个层次，按照 A–C、B–D 的组合方式组建师友小组，要注意师友之间的"文理搭配"（文科、理科的优势），便于学生在不同的学科中进行师友角色互换。七年级新生入学，彼此之间还不熟悉，由班主任按照上面的方法组建师友小组，然后再根据实际情况不断做出调整。到了七年级下学期或八年级，就可以让学生以"双向选择"的方式结成师友小组，教师只需要做适当调整即可。

3. 座次安排

班级座次排列有两种方式，如图 4、图 5 所示。相邻两个师友小组都是 2 个人的称为"2-2"式排列，相邻两个师友小组分别有 2 个人、4 个人的称为"2-4"式排列。这样排列可以让 A 教 C，B 教 D，实现师友小组内部的互助学习，还可以让师友小组之间的同质同学 A–A、B–B、C–C、D–D 之间开展互助学习。

C	A	A	C	C	A	A	C
D	B	B	D	D	B	B	D
C	A	A	C	C	A	A	C
D	B	B	D	D	B	B	D
C	A	A	C	C	A	A	C
D	B	B	D	D	B	B	D

C	A	A	C	C	A	A	C
D	B	B	D	D	B	B	D
C	A	A	C	C	A	A	C
D	B	B	D	D	B	B	D
C	A	A	C	C	A	A	C
D	B	B	D	D	B	B	D

图 4 "2-2"式师友小组座次排列　　图 5 "2-4"式师友小组座次排列

（二）营建班级互助文化

文化是共同的生活和价值观念所塑造的集体人格。[1]这种"集体人格"包含着约定俗成的价值观念和不约而同的行为方式，为"集体"中的成员提供精神给

---

[1] 余秋雨. 何谓文化[M]. 武汉：长江文艺出版社，2012：6.

养和行为标准。营建班级互助文化，就是通过一系列的主题教育活动，让学生对"互助学习，惠己及人"的理念产生价值认同，并形成共同的行为规范与习惯。

1. 价值引领

运用学习金字塔原理，向学生讲明"师友互助，惠己及人"理念的含义和科学依据，让学生坚信用讨论和教别人的方式来学习，既有利于别人的学习，也有利于自己的提高，是一种双赢的学习方式；还可以请优秀的师友小组"现身说法"，用榜样的力量激励学生互助学习的意识与行为，让学生对"师友互助，惠己及人"的理念产生价值认同，将其内化为自己奉行的观念；各班级围绕"师友互助、爱心班级"主题，开展系列教育活动，在活动中体验"助人为乐"的积极情感。

2. 评价促进

开展师友小组评价活动，通过评价促进行为转变。评价从三个层面进行。第一个层面：每天下午放学之前开展师友互评，对一天中"完成学习任务""课间文明行为""课堂参与状态"开展相互评价，并写在各自的"家校联系本"上，由家长阅读反馈，最后由班主任签字；第二个层面：各班制定量化评价标准，每周开展班级"优秀师友小组"的评选活动；第三个层面：学校在此基础上每月开展"三个十佳"（"十佳爱心班级""十佳爱心师友""十佳爱心教师"）评选活动，强化"爱心课堂"互助学习的理念，促其不断向互助学习行为转化。

（三）**夯实结构性预习**

预习是培养学生自学能力与自学习惯的重要途径，对于提高学生课堂参与的起点与深度有着重要的意义。所谓"结构性预习"指的是预习的内容由"知识任务"和"学习方法"形成一个固定的结构，做到知识与方法并重。要求学生预习时先回顾学习方法，再完成知识点的自学。

1. **印发预习案，教习预习方法**

相比于小学而言，初中课程的门类和难度骤然增加，因而对学生预习能力的要求也高了，要求学生熟练掌握自学的方法，养成自学的习惯。因此，每一节新授课之前，我们都给学生印发预习案，内容包括"自学任务"和"方法提示"两部分，且在文、理科上有一定的区别。理科预习要求学生在自学文本后独立解答例题，再尝试做课后习题，并从中归纳出学科基本的思想方法（自己是怎么思考的），是一个"求约"的过程；文科预习要求学生在自学文本的基础上，通过互联网查阅相关的背景资料，拓展学生的知识视野，是一个"求博"的过程。

2. 使用预习本，落实课堂预习

为了落实预习案的要求，我们要求每个学生准备一本预习本，按照预习的要求解答例题和课题习题，把在自学文本及解答例题和习题中遇到的困难、出现的错误记下来，以此确定课堂互助学习的起点、重点和难点，提高课堂互助学习的针对性；为了提高预习的实效性，减轻学生的课业负担，我们要求学生尽量在学校完成预习任务。为此，我们要求班主任与任课老师一起统筹安排自习课和辅导课时间，并加强对学习困难学生的预习的督促与指导。

（四）加强互助技能培训

互助技能是一种表达技能，是借助言语和肢体语言向对方清晰地讲述学习的过程与结果，讲授知识的重点与难点，提示思考的方向与方法，让对方"听得懂""愿意听"，这对讲述者双方的方法和态度都有相应的要求。

1. 校本课程专项培训

学校为七年级新生，以及八、九年级互助学习有困难的师友开发了"爱心课堂师友互助学习"校本课程。课程内容分"意义与价值""角色与责任""流程与方法""倾听与表达""质疑与评价"五个板块，既重视价值引领，又重视技能练习。培训的方式分为"师友单项培训""师友混合培训"。"师友单项培训"，即对师父和学友分别进行相应的技能训练；"师友混合培训"，是通过角色互换，对师友进行互助学习技能的演练。开学预备周，对七年级新生强化师友互助训练，开学后两个月内每周上一节互助学习技能校本培训课。后半学期根据实际情况和学生的需求安排校本课程的内容和进度，一般每月集中培训一次。

2. 兵教兵，兵练兵

七年级新生除了通过校本课程学习师友互助技能之外，还要安排他们到

八、九年级听课，观摩高年级学长们是怎样开展师友互助学习的。也可以把高年级"十佳师友"学长请到课堂上，在学习中做具体指导。这种"兵教兵、兵练兵"的跨年级互助学习的方式，也深受学生欢迎。

（五）集体备课统筹兼顾

学科教学是学生学会互助学习的主渠道。为此，我们组织横向的"集体备班"和纵向的"集体备课"。

1. 集体备班，形成教育合力

以班级为单位，由班主任定期召集任课教师开联席会，交流班级学生互助学习的情况，聚焦存在的共性问题，商议解决问题的方法，统一训练的内容与进度，达成共识后按照统一的要求实施，形成教育的合力。

2. 集体备课，细节决定成效

我们要求各学科教师备课做到"四备"，把互助学习的理念和方法落实到教学过程的每个细节中：一备教学目标，要求教师在备课时把"学会互助学习"纳入每节课的教学目标。也就是说，教师备课既要备学科教学目标，也要备互助学习教育目标；二备结构性预习，如前所述，做到知识与方法并重，并要求师友为预习汇报做好准备；三备教学过程，要求教师以互助学习活动为主线，按照"互助学习过程五要素"和"互助学习活动三环节"设计教学过程，并预设可能出现的问题和针对性的措施；四备教学反思，上完课之后，要求教师反思课堂中师友互助学习的情况，撰写教学反思，并通过QQ、微信、校园网或微博，在群中进行分享，达到智慧共享、持续改进、优化细节的目的。

参考文献

[1] 查有梁. 教育建模 [M]. 南宁：广西教育出版社，1998.

[2] 崔其升. 崔其升与杜郎口经验 [M]. 北京：首都师范大学出版社，2010.

[3] 李志刚. 课堂风暴：解读即墨二十八中"和谐互助"高效教学策略 [M]. 南京：南京大学出版社，2011.

[4] 李炳亭. 高效课堂的理念与实践：我们的教育学 [M]. 济南：山东文艺出

版社，2012.

　　［5］郑葳. 学习共同体：文化生态学习环境的理想架构［M］. 北京：教育科学出版社，2007.

　　［6］潘永庆. 建立自主互助学习型课堂的实践与认识［J］. 当代教育科学，2006（14）.

　　［7］李红路. 惠己及人的合作学习——对合作学习的再认识［DB/OL］.

　　［8］余文森. "指导——自主学习"教改实验：一种高效课堂教学模式［M］. 福州：福建教育出版社，2012.

务实创新，做学校效能管理的探索者和执行者

武汉市黄陂区教学研究室　李歆刚（蔡榨中学原校长）

党的二十大报告提出：加快建设高质量教育体系，加快建设教育强国，发展素质教育，促进教育公平，办好人民满意的教育。健全基本公共服务体系，提高公共服务水平，增强均衡性和可及性。要贯彻这一根本任务，实施的阵地和主体是学校，为此，加强学校建设和管理，提升管理效能，尤其是提高学校管理者的思想意识、能力水平显得至关重要。

一、学校管理效能的内涵

自 20 世纪 40 年代以来，学校效能研究成为国际教育界关注的一个重要问题。众多国内外学者对学校效能进行了广泛且深入的研究，并取得了丰硕的成果。有学者指出，学校效能包括教学效能与教师效能、学习效能与学生效能、管理效能与管理者效能三个方面。其中，管理效能是指在管理中，按照预定的目标，充分发挥各种因素的有利作用，以最低的消耗，最快的速度，获得最佳效果的性质和实际状态。学校管理效能表现为在最短的时间内，以较少的人力、物力、财力消耗和最佳的组织配合，为教育提供较充分的物质条件和优化的心理环境，以取得良好的教育效果。"这一观点对我国大陆关于学校效能内容的研究具有开创性意义"，但目前还缺乏对学校管理效能相关方面更深入

的研究。我们认为，界定学校管理效能要从"效能"和"学校管理"的本质入手。对"效能"的分析，常常与"效率"的分析联系在一起，二者经常出现在组织管理文献中。在英语中，efficiency（效率）指的是系统中投入与有效或有用产出之间的比例关系；effectiveness（效能）是 effective 的名词，其英文含义是"成功地产生理想的或预期的效果"，从英语词源上看，效率重经济性，而效能不仅具有经济性还具有结果的效益性和正外部性，是对事物运行结果的一个良好愿望和预期。换句话来说，效能是通过一定的努力，到达一种良好愿望的预期结果。研究效能就是研究一种达到良好愿望的预期或实现最高目标的状态，在一定历史时间内，这种状态具有相对稳定性。学校管理是一项系统的工程，它既是一种管理活动，也是一种教育活动，是教育活动和管理活动的统一。学校管理目标首先是确保和促进学校目标的实现，而保证和促进学校目标实现的一个重要方面就在于学校管理工作的有效性。如何通过提高学校管理工作的有效性来实现学校目标最理想的状态呢？这是学校管理效能关注的主要问题和追求的最终目标。

首先，学校中心工作是教书育人。坚持为党育人、为国育才。把立德作为育人的根本，健全德智体美劳全面培养体系，培养担当民族复兴大任的时代新人。无论是何种类型、层次的学校，其根本目的在于人才培养，是高度关涉人的工作，人又是最为复杂的。俗话说，"十年树木，百年树人"，充分说明教化育人的复杂性和长期性。其次，学校工作的正外部性。学校工作在于促进个人身心发展。而人的素质结构发展不仅关系个人未来的发展和生活状态，而且还关系着一个社会的总体发展状况。这正是舒尔茨有关人力资本对经济社会发展的重要性作用的体现。最后，学校作为一个组织，其运行与发展要满足利益相关者的需求。不同利益主体对学校有不同的预期目标诉求，且层次、类型、时间长短不一。而满足不同利益相关者的目标诉求，学校的"决策必须综合权衡和兼顾各方利益相关者的利益，不能顾此失彼"。由此可见，学校管理效能潜藏着这样的一种价值观和实践旨趣：解决管理实际问题中提高管理有效性并促进教育有用性的实现和教育价值的追寻，达到一种良好的教育效果和最佳的教育状态。具体来说，学校管理效能指的是在一定教育目标的指导下，通过计划、组织、协同、控制、监督等管理手段，充分调动学校组织内外输入的人、财、物、信息等各种资源、要素并提高这些资源、要素组合与配置的有效性以及满足利益相关者的程度和实现组织目标的程度，是学校管理状态和水平的反映。学校管理效能高低是对学校管理活动进行全面总体的评价，不仅包括效率而且还包括效益。

进一步说，学校管理效能主要是由教育目标、资源、组织结构以及利益相关者四要素构成。衡量学校管理效能高低需综合把握四个"度"：目标达成度，资源获取、使用和配置力度，内部管理合适度及利益相关者满意度。很显然，高效的学校领导者及其管理团队在一定的学校目标指引下，能够从多渠道筹集教育经费以提高经费使用总量，并科学合理地使用、配置各种资源，提高资源的使用效率，以充分调动师生员工的积极性，满足各自的需求，使得人尽其才、物尽其用。这样，学校教育目标的实现必定会达到理想的效果和完美的状态，从而呈现出较高的学校管理效能。当一所学校彰显出较高的学校管理效能时，在一定范围和一定程度上也实现了办人民满意的教育。所以，从这个意义上说，加强学校管理效能建设与努力办好人民满意的教育之间有着必然的联系。

二、提升学校管理效能的策略

加强学校管理效能建设是努力办好人民满意的教育的重要途径之一。以努力办好人民满意的教育为奋斗目标和价值取向，从加强学校管理效能建设的视角看，主要可以从以下几个方面着手。

（一）做好学校发展战略规划，形成切实可行的实施目标

学校发展战略规划是学校在新时代根据学校自身发展特点和条件进行的新思考和新探索，体现了学校的办学思想，指明了学校未来的发展蓝图。国内外实践证明，学校发展战略规划对改进学校管理、提高教育质量具有重要意义，是学校发展的抓手和关键，因此，各学校都十分注重学校发展战略规划的研讨

和制定。然而，规划终究是蓝图，不是事实。要把蓝图变成事实，关键在于落实，没有好的落实，再美的蓝图都只能是"纸上谈兵"或"空中楼阁"。因此，学校在制定发展战略规划之后，关键是把规划变成具体的可测量的执行目标，逐一落实。落实效果的好坏体现出学校领导与管理者管理水平的高低。它是加强学校管理效能建设的一个关键点。当前，不是学校没有规划和目标，而是缺乏目标落实中的精细化管理和监控。所以，学校管理效能建设关键是要加强学校目标执行的精细化管理和过程控制，把责、权、利有效地统一起来，形成相互制衡机制，确保目标实现。

例如，我在 2015 年担任蔡榨中学校长伊始，便着力制定学校发展规划目标：在"和融"核心文化理念的引领和"着眼学生的健康成长，为学生的终身发展奠基"办学理念的指引下，依托"管理与文化、课程与教学、核心素养、开放与特色"四个载体，用"和融"的专业成就学生的未来。进一步提高学校管理团队整体的领导力，实现教师发展的专业自觉。学校内涵发展水平达到武汉市规范化学校、教学示范学校标准，努力把蔡榨中学办成一所办学理念先进、管理高效创新、课程特色明显、综合质量领先，在学校文化建设方面具有独特优势的百姓家门口的优质学校，成为区市窗口学校，在市内外享有一定的知名度、美誉度和影响力。行动目标：未来五年，学校将坚守学校文化精神，坚持内涵发展，在文化建设、制度管理、队伍建设、教育科研、课程实施、教学改革、办学特色等方面开展具体的目标行动，强力推进"养成教育、高效课堂、快乐成长"等核心素养成长项目的课程研发与实施，不断推进学习校园、书香校园、文化校园、平安校园、幸福校园建设。加强顶层设计，学校在总目标的引领下，将总目标重点划分为"智慧高效管理的目标""幸福成长教师的目标""学生发展的目标""教育教学的目标"和"学校特色发展目标"五个行动目标。

与此同时，理念先行，人文见长；课程引领，成就师生；活力课堂，教师专业；注重细节，务实求效；内外联动，积极合作；培育特色，提升品牌。文化立校、质量强校、特色亮校，让每一个蔡榨人都精彩！

又如 2016 年，学校启动教学楼新建工程，某种程度上讲也是为学校未来发展做硬件条件的新规划。当时，受自身知识水平限制，在建设流程、建设规划、建设细节上都知之甚浅，但本着对学校未来发展负责、精益求精的态度，我一方面认真学习相关知识，另一方面也不辞辛劳，四处奔波，征求资源，在关键场景的设计上，不怕得罪领导，坚持己见，赢得认同后，强力推行。时至今日，事实证明，当初的付出和坚持都是正确和有意义的。

（二）扩大学校多元化经费筹集渠道，夯实学校发展的物质基础

学校不仅是典型的利益相关者组织，同时还是典型的资源依赖型组织。学校各种目标的实现，离不开人、财、物、信息等各种资源，坚实的物质基础是学校可持续发展的重要保证。今天，没有更好的物质保证和更好的办学设备及条件，学生很难享受到学习带来的愉悦。有学者指出："在今天，一所大学如果没有好的教学楼、实验室、电脑中心、语音室、图书馆，没有像样的体育场、游泳馆，没有必要的博物馆、艺术馆，没有便捷的网络系统；没有丰富多彩的生活和娱乐空间，很难想象它的教学水平和教学质量是高的。"然而，我国教育经费严重不足是大家公认的事实。而仅仅依靠政府的教育财政投入办学，在今天市场化条件下办学，显然已不能适应新时代的办学理念。因此，多元化的教育经费投资渠道以及充裕的办学经费是保证学校有效运行并成功的重要方面。有学者指出，国外学校校长的一个重要角色就是教育经费的筹集者和各方利益的平衡者。回想初中校长经历的几年，可谓是感慨颇多，一方面顶着安全管理、依法治校的压力，努力提高办学质量，另一方面又不遗余力地多方筹措资金，完善学校基础设施建设和设备更新，总希望在最短时间内做最多的变化。为此，我坚持两手抓：积极斡旋争取外援，项目或资金借助不同途径输入；开源节流，将有限的公用经费用到极致，能不开支的尽量不开支，能缩减的尽量缩减，同时，部分小额办公用品和设备采取网购方式，减少流通渠道，进而缩减开支。几年下来，学校"新"了、"靓"了，每一个师生的归属感也无形中增强了。

（三）科学合理地使用和配置学校各种资源，提高资源使用效率

教育资源是一种稀缺资源，有人方面的资源，也有物方面的资源，同时还

有传统经验和各种风气的资源等。科学合理地使用和配置学校各种资源，是提高教育稀缺资源使用效率的重要方式之一。当前，教育资源使用效率不高，浪费较为严重，其产生的原因有多种，其中由于教育制度缺失或制度执行不力而导致的资源浪费和低效常被忽视。事实上，教育资源总量短缺是一个长期的问题，而教育制度缺失或制度执行不力所引起的资源短缺应该是一个暂时的、可以改善的问题。因此，从管理的视角看，学校领导者及管理团队制定和完善各种资源管理使用制度，并科学、合理地使用、配置，能够充分调动师生员工的积极性，从而提高资源的使用效率，使得人尽其才、物尽其用。

（四）建立健全学校组织结构体系，形成良好的、健康的运行机制

健康、良好的组织结构能够保证学校各构成要素之间有一个最佳使用效率，呈现出机构精简、信息畅通、领导适度授权、基层管理人员业务权限清晰且责任意识强烈等方面的特征。事实上，"学校管理系统是一个由不同背景、不同知识、分别来自不同处室的人员组成，他们相互启发，集思广益，有利于加强各职能部门之间的协作与配合，更利于攻克各种复杂的技术难题，促进工作目标的圆满完成"。因此，建立健全学校组织结构体系，形成良好的、健康的运行机制，是加强学校管理效能建设的重要保证。

①校长要保持先进的办学理念，着力建设学习研究型团队，推进名师工作室、名班主任工作室建设与发展；完成2~3项省级以上教育科学规划课题研究，出版有影响力的教育教学、管理专著。②重视、加强中层以上干部队伍建设，制定干部队伍建设规划和竞争激励机制，建设学习型、效能型、创新型干部队伍，增强学校可持续发展的潜能；建立学校年轻干部和中层助理岗位锻炼培养机制，通过岗位对接、专家引领、交流研讨、资源共享、外出挂职等岗位学习与锻炼的方式，有效提高学校管理人才的培养水平，促进干部队伍的健康成长，强化培养培训，提高学校干部的综合素质和能力；完善考核机制，全面准确评价学校干部；健全管理监督机制，从严管理学校干部。③促进教师发展，基于学科素养和绿色质量观背景下的教师成长，紧紧抓住学校内涵发展中最根本、最关键的教师因素，积极培育促进教师专业化发展的学校文化，建立

科学激励机制，促进教师主动学习、勇于实践、敢于探索，使每一个教师都领悟到教育教学的真谛，都能够过上幸福、智慧、快乐的生活。

（五）创设良好的学习工作环境，满足各学校利益相关者的需求

作为社会系统的一个重要组织部门，学校不可避免地与周围社会发生着千丝万缕的联系。学校作为一个典型的利益相关者组织，一方面，不同利益相关者为学校提供了不同的教育资源，包括人力、财力、服务、信息等，组成了学校可持续运行的基础和条件；另一方面，学校应该努力满足各利益相关者的利益需求。学生作为投入物质资本与人力资本消费学校教育服务的群体，他们是学校教育的顾客，也是核心的利益相关者。对于学生来说，他们最大的利益诉求是通过系统的学校教育，获取自身在原有基础上的发展能力并能够适应社会。因此，改善学习环境，不断提高教学水平，保证教育质量是对学生需求的积极回应。从教职员工的需求上看，要不断加强教职员队伍的整体素质，提高教学管理服务水平的同时，为教职工提供充分发挥个人能力的舞台和机会，积极为教职员工创设创收途径、谋求更好的福利待遇，是对教职员工利益诉求的积极回应。此外，从投资者、政府及社会的视角看，他们多是直接或间接为学校提供资金的人或组织。学校要努力提高办学效益，培养出更多、更好与经济社会发展结构相匹配的人才，满足经济社会发展的需要。

三、管理效能由科学管理向人本管理转变

一个优秀的校长应有足够的人格魅力，打造积极向上的校园文化，形成和谐的工作团队，充分调动各方面的积极性，促进学校良性发展。

（一）培养人比管理人更重要

人是比较难管的，教师管理的难度更大。教师认为："大家都差不多，你凭什么管我，你有什么了不起？"所以对教师单纯去管理是很难的。如果让教师意识到校长是在培养他，他就会积极配合学校的管理。从培养人、造就人的角

度去管理教师，教师就不会过分计较校长的态度，即使校长说得重了一点，教师也能够承受。有些人倡导批评甜蜜化，这只能解决表层问题，不能解决深层问题。

（二）保护积极性比调动积极性更重要

一所学校总有一部分人有干好工作的欲望。现在管理的误区是，有时对有积极性的人视而不见，不提供机会让他们为学校做贡献，等到他们倦怠了，再去想办法调动积极性，这种做法是值得反思的。正确的做法是，让有积极性的人激情燃烧，让没有积极性的人暂时休养生息。只要有积极性的人能不断创造正面效益，学校的发展就不会有太大的问题。保护积极性并不一定要给予物质奖励、大会表扬，这些做法短时间内有效，但不能解决长期保持积极性的问题。正确的做法是，给有积极性的人提供机会和平台，让他们不间断地为学校创造效益，善待这部分人，让更多的人加入这个队伍当中来。积极性和贡献没有直接的因果关系。要提升教学质量、提升管理水平，光有积极性是不够的。

拿破仑把人分为四类：一是聪明的"懒人"，可以当领导；二是聪明的勤快人，可以做好下属；三是不聪明不勤快的人，可以安排他干活；四是笨而勤快的人，这类人是比较危险的。对于能力强且有积极性的人，可以让他们创造更大的效益。对于能力不强的人，当务之急是提升能力，按规矩、按规律做事。如果不按规矩、不按规律办事，就可能沦为"积极的折腾"，不会产生效益。很多错事是由勤快人干的，他们缺乏判断力。如果勤快的人陷入折腾，他们对学校的贡献就是负值。

（三）造势比制度更重要

有句俗语是"形势比人强"。很多人藐视制度却服从形势，这说明仅靠制度去管理是不够的，管理者要学会造势。荀子说"登高而招见者远，顺风而呼闻者彰"，势是一个奇妙的概念。一块方形木头，放在平地上没有任何力量，但是把方木变成圆木放在高山之上，就会有万钧之力，这就是势的力量。造势就是营造对发展有利的形势。形势好，大多数人就会跟进，一呼百应；形势不好，形势不利，制度再好也很难得到执行。好形势就会加速学校的发展，造势比制度更重要。"用众人之力则无不胜"，毛主席在遵义会议前屡屡遭受排挤，最后得出一句感慨"凡事都得有个大多数啊"，自此之后，团结同志，借势借力，才使得革命队伍越来越壮大，革命道路越来越光明。学校最大的团队是全体教职员工，要用荣誉和利益将他们绑上前进的战车。档案创建、文明校园创建，都是学校每一个教职员工的事情，扩大宣传，号召全体自力更生完成，不仅将工作完成得圆圆满满，也增强了凝聚力和向心力；每次中考放榜，校长在全体教职工会上必须大力宣传，形成导向，鼓舞士气……凡此种种，都以事实证明借势和造势在学校管理过程中的强大力量。

（四）管理就是排序

如果你认为什么事情重要，你就要把时间、精力、资源集中到重要的事情上，坚持下来，就会出成绩、出效果。这看起来容易做起来难。学校也是这样，经常讲德育为首、德育为核心，看看学校的时间安排就知道，德育根本不是核心。我们经常发现，学校在教育教学上花的钱比较少，有时还赶不上一场运动会，而有些不太重要的事却花了学校太多的钱。资源永远是缺乏的，学校更是如此。

只要学会排序，学校就可能永远干重要的事，这样的管理就比较有效。时间安排也是如此，如果校长每天都按重要性将事情排队，只干重要的事，管理效益就会大大提高。这种做法也会给下属一个信号，重要的事情校长非常重视，必须要做好。校长的事非常多，只要排排队，就没那么多重要的事了，也就不那么忙了。

（五）管理就是有差别地对待

管理需要公平、公正。校长刚到一所学校，因为不了解情况，必须一视同仁；但时间一长，必须有差别地对待。管理的实质就是有差别地对待，对表现好的员工和表现不好的员工不一样，对贡献大的和贡献小的不一样，对待老人和年轻人也不一样：表现好的要鼓励、肯定，表现不好的要提醒、批评；贡献大的要多得，贡献小的要少得；对老同志以尊重为主，对待年轻同志以帮助为主；对待后进生要善待，对待中等学生要指导，对待优秀生要激励。为什么要善待后进生？如果教师对待后进生比较苛刻，经常提不切实际的要求，爱与后进生较劲，师生关系就会比较紧张，教育效果就不好。善待不是纵容，而是以宽容的心态、理解的心态去对待后进生，让后进生感到教师并没有歧视他们，而是充满善意地去教育他们。这样后进生就不会破罐子破摔，就会慢慢恢复自信心。中等生一般来说信心不足，教师指导可以帮助他们成功，成功的次数越多，中等生就越自信，越自信就会越来越好，就会跨入优秀生行列。激励优秀生，就是引导优秀生树立远大目标并严格要求自己，通过目标激励让优秀生飞得更高、更远。

（六）责人不如责己，勤奋不如创新

人盯人，人管人，越管毛病越多，越管矛盾越突出。如果转而造势，就会有意想不到的效果。校长可以利用领导造势，利用骨干造势，利用不间断的成功造势。人改变人很难，形势改变人却比较容易。教育教学上的低效，有时是不负责的懒惰造成的，有时却是勤奋的低效造成的。例如：课堂教学的满堂灌，教师越讲，学生越糊涂、越厌烦，教师越主动，学生就越被动。洋思中学和杜朗口中学就在这个点上实施了创新，少讲或不讲……创新创出了新天地。在教学管理上仅仅靠勤奋是不够的，当勤奋工作不能解决问题时就需要创新。

（七）用正确的人去做正确的事

不同的人有不同的特点、不同的优势，用人要先用其特长，把合适的人放在合适的位置。曾国藩有一句话："良马行千里，耕田不如牛。"不同岗位需要不同性格的人。例如：保管就需要认真细心的人，不能用大手大脚的人。班主任就需要有较强的执行力，要有协调沟通的能力，对学生有爱心；教研组组长不一定是业务最强的人，但一定要有协调能力；抓常规管理的就必须能较真。观察一个人要看他的特点、能力和优势，适合什么位置就放在什么位置，不适应就换。管理中的问题往往是某人不适合干或不想干某项工作，而管理者却非让他干不可。有的学校到外面学习，看到名校有特色，却没有研究特色背后的人才，所以回到学校一搞就失败。

四、管理效能由权力经验管理向学术管理转变

校长的专业素质对一所学校的发展至关重要。一个专业素质过硬的校长，他会从实际出发，提出恰当的办学理念，引导学校走出一条健康的发展道路，形成自身的办学特色。

一个好的校长，他会努力落实国家方针政策，大力推进素质教育，面向全体，全面发展，把促进学生健康成长作为工作的出发点和落脚点。调查表明："两眼一睁，忙到熄灯"的事务型校长和"约定俗成，平稳常规"的经验型校长占中学校长群体中的大多数。前者，倚重权力行政，后者倚重经验行政，都缺乏追求卓越的创新意识，与崇尚创新的时代发展要求相去甚远。

苏霍姆林斯基说："校长对学校的领导，首先是教育思想的领导，业务上的指导，其次才是行政管理。"学术型管理倚重的是校长的人格魅力和学识力量。学术管理的主要途径和方式有以下几点。

（一）用校长的教育哲学指导校本课程的开发

创新教育注重学生学习方式的转变，强调合作学习、自主学习和探究性学习，探究性学习需要探究型课程开发。学校探究型课程开发的实质是一个以学校为基础进行课程开发的开放、民主的决策过程，注重教育资源的重新配置，重视课程理论与课程实践的不断丰富与完善。这一切，都需用校长的教育哲学来统整。教育哲学的统整作用主要表现在：学校教育如何与社会的持续和整体发展相"协调"；如何统整科技与人文、知识与智慧、思想与行动、理性与非理性；如何建立开发教育资源系统、民主开放的组织结构和自觉自律的内部评价机制；等等。

（二）实施科研兴校，提升教师的业务素质

苏霍姆林斯基曾建议校长，把教师的兴趣引导到教育科研的轨道上来。校长的学术管理首先表现在不断转变教师的教育观念。校长是先进教育思想的传播者，"校长是老师的老师"，对教师进行教育思想的校本培训，帮助教师明确教育发展的新动向，是其首当其冲的职责。其次，建立校长亲自过问教科研工作的制度，因为教科研工作是为教育教学提供咨询服务的，所以如果校长不亲自抓，就势必会导致校长的工作意图难以细化，导致咨询服务的失效、疲软。再次，建立组织与评价机制。对教师的备课、上课、说课、论文写作与评议、研究观摩活动都要形成评价与保障制度，并采取"重过程、轻结果，少指责、多指导，有层次，分阶段"的实施策略。

（三）创办学校特色，激活发展动力

学校的办学特色，是在学校各项资源最佳配置的基础上，通过理性反思凸现出来的亮点。它是一种学校文化，具有独特性和稳定性。校长学术管理上的首要职责是创办特色学校，发扬学校特色。让特色引路，形成干群的向心力；让特色增辉，激活广大教师的创造力。其次，强调管理过程中的自主性，让教师自己管理自己，自己约束自己，变"要我做"为"我要做"。再次，强调管理过程中的合作性，提高决策的含金量，增强学校的亲和力。

五、管理效能由校内资源管理向校外资源管理转变

创新管理应是一个开放的管理范式，它是学校通过对可利用的显性和隐性资源的充分开掘和合理应用，以求得管理最优化的过程。对校外资源管理就是要充分挖掘信息、社区、校外实体的资源。

（一）开发利用教育信息

科研成果是别人实践证明行之有效的理论，利用开发的过程其实质是一

个"借脑"的过程。现代信息社会，信息传播的方式繁多，且方便快捷，一个有抱负的校长，是很容易找到自己所需的信息的。关键是校长要有这种管理意识，尤其是要注重对信息发展态势的管理。因为，所有的理论和经验都有一个发展的过程，所有理论都不是具体的方法，不能直接运用于实践，必须融入学校的校本思想，结合学校的特点，有选择地"拿来"。重视发展态势的管理，是校长反思自己的管理行为，自主学习管理经验的一种重要方式。报刊、书籍、电视、广播、网络等媒体都有自己的风格，对成果的报道、呈现都经过了编著者"个人价值"的过滤，校长要深知"偏听则暗，兼听则明"的道理，要有自己的学术观。

例如，蔡榨中学在探索符合学校特色发展的"和融"课堂模式过程中，就经历了一个"拿来"学习，借鉴融通的过程。苏霍姆林斯基说："人的全面发展就是造就个体和人的丰富性，把高尚的道德信念、道德品质、审美价值、物质需要和精神需要的文明有机地结合起来。"

苏霍姆林斯基创造性地将"全面发展""和谐发展""个性发展"融合在一起，提出了"个性全面和谐发展"的教育思想；而中国古代哲学思想，中国人自古以来都倡导一个"和"字。孔子说："礼之用，和为贵，先王之道，斯为美。"又曰："君子和而不同，小人同而不和。"所谓和而不同，指的是和谐而又不千篇一律，既保证个性又不彼此冲突；和谐以共生共长，不同以相辅相成。

在此基础上，学校提炼出了"和融"教育的基本内涵：和而相融，融而不同。所谓和而相融，一方面指学生发展的和谐，即德智体美劳全面发展，身心健康成长，缺少其中任何一个方面，学生的发展就是不健全、不和谐的。基础教育为学生的未来奠基，必须打好全面发展的基础。另一方面指各种关系的融洽，如师生之间、生生之间、师师之间、个群之间等良好的人际关系以及人与自然的关系，处理恰当既有利于学习的进步、工作的推动，也有利于身心的健康，直接提升师生、干群的幸福指数。

所谓融而不同，就是能融入群体、彰显个性，要求我们树立多元的人才观，根据学生智能的多元结构和个体之间的差异，建立目标多元、课程多样、方式多种的教育生态，将每一类学生都引向适合自身的优势领域，各展其长。

（二）与社会、家庭形成合力

校外教育蕴藏着重要的物质资源。创新教育的内涵之一就是要提升学生的科学精神和人文素养，社会上众多的学生教育实践基地有丰富的文化活动，这些都是创新教育求之不得的重要资源。我们可以开展一些类似于"走进社会，融入自然"的活动，如参观首义革命教育基地、周边景区访学等，让健康的主旋律思想催发学生奋发向上，让真实可感的自主探究历练学生学会学习、学会生存、学会交往的能力，让喜闻乐见的文娱活动促进学生的精神成长。

（三）与教育实体联姻

"不识庐山真面目，只缘身在此山中""欲穷千里目，更上一层楼"，从管理学的角度来分析，也是一个关于管理视角的问题。学校管理、科研的方向、层次、潜力需要专家的指导、参与、评价。各级督导专家能够结合学校的研究能力，指导制订科学合理的研究方案，并通过中期管理及时解决教研教改中的实际问题。还可以创造许多与教育专家对话的机会，便于教师醒脑、换脑，学习专家的思维方式。

与学校联姻，意在寻求合作与发展的伙伴，是"借竞争力"。古训云："鸟兽尽，良弓藏"，成就感是人的本能需要，失去了竞争对手，没有忧患意识和危机感的群体终究会被时代淘汰。联姻主要是在以下几方面产生学校与学校之间的互动：办学层次相近，教育哲学互融，教育质量互进，教师互访、互学，教育资源共享等。联姻的目的不是搞质量竞赛，而是通过这种方式提高学校的综合办学水平，并激励学校永创新高，当下"学校托管""学校联盟"就是最好的联姻创新机制的尝试。

六、结　语

"沉舟侧畔千帆过，病树前头万木春"，教育是驱使时代、生产力进步，以及人的综合素养提升的基础工程，而教育改革又是一个人类不断探索、追求而又永无止境的征程，在此征程中，有趔趄、有曲折是很正常的，重要的是革新者，无论是大到政策制定者还是小到一所学校的执行者，都要不忘初心，矢志向前，在遵循教育规律的前提下，摸索－总结－实践－检验－再总结－再实践，最后提升固化。如此，革新改变之路必将越走越宽广，越走越光明。

学校管理效能是学校发展的综合反映，是学校管理效率与效益的统一。任何单一的衡量指标和实施途径，都不能全面地评价和提升学校的管理效能，而需要学校管理工作齐抓共管、齐头并进。运用系统的管理理念，从四个"度"的综合评价思路出发，加强学校管理效能建设，才能达到最佳的教育效果和最理想的教育状态，从而办成人民满意的教育。

深入推进素质教育，走农村高质量教育之路
——武汉市新洲区凤凰镇初级中学办学实践

武汉市新洲区凤凰镇初级中学　刘　俊

一、学校基本情况简介

武汉市新洲区凤凰镇初级中学有着53年的办学历史，在富有历史文化底蕴和"红色文化"的背景下，积淀生成了"让每一个学生享有自信和成功"的办学理念。现有教学班12个，学生596人，教职工55人，正高级教师1人，高级教师26人，中级教师23人，本科及以上学历教师52人，特级教师1人，武汉市十佳少先队辅导员1人、市区学科带头人、优秀青年教师6人，市区百优班主任5人，新洲区最美教师、卓越教师获得者6人，学历达标率为100%，教职工人均年龄42岁。学校服务范围覆盖凤凰镇19个行政村，3万名居民。学校总占地面积为37570平方米，生均占地面积为83.9平方米，校舍总面积为13603平方米，生均建筑面积为30.4平方米，总藏书21000册，生均藏书46.9册。装备有国家Ⅱ类标准的实验室、功能室、微机室、学生运动场地等设施。学校现代教育技术设施实现了"三通两平台"，配备计算机室两间，教学用电脑75台，生机比为6∶1，师机比为1.5∶1，交互式电子白板覆盖各班，校园网全覆盖，建立了校园教育资源系统和数据库。教学区、运动区、生活区既

相对独立，又连成一体。草地、树林、广场装扮校园，花草树木品种达52种，校园绿地率为36%，绿地覆盖率为42%，生均绿化面积29.60平方米，为教书育人、读书求知提供了优美宜人的环境。

学校于2008年完成标准化建设；2013年通过湖北省义务教育均衡发展评估验收；2016年高质量通过了武汉市素质教育特色学校，并首批通过武汉市义务教育现代化学校评估验收；2018年通过区督导室办学水平综合评估，被评为新洲区办学水平先进学校；2020年9月，作为新洲区首批学校通过武汉市义务教育学校管理创建水平达标评估验收。教育教学质量连续十年获得全区"八率"表彰，已经成为老百姓家门口的优质学校。

二、特色办学体系

（一）科学谋划，精心提炼，构建高质量教育理论体系

武汉市新洲区凤凰镇初级中学（以下简称凤中）有着53年办学历史，地处富有历史文化底蕴和"红色文化"背景的凤凰小镇。正是在这样的自然与人文环境中，积淀生成了"让每一个学生享有自信和成功"的办学理念。此理念符合人本主义教育思想，契合校情生情，体现了教育规律的价值，强化了为学生幸福人生奠基的责任意识。在办学实践中，以"345课堂"教学模式和"自信德育"为抓手，关注学生自信品质的养成，为学生创造机会体验点滴进步的成功感受，从而让学生变得自信、阳光，良好的校风、教风、班风随之形成。学校校园文化建设，处处凸现"自信""成功"元素。

1.更新观念，做到"五个始终"

（1）始终把教育质量放在首位。我们把"办好老百姓满意的农村初中"作为办学目标，牢固树立质量意识，坚持走内涵发展、质量兴校之路，以此赢得家长的信赖和社会的认可。

（2）始终把学生作为教育主体。秉持"让每一个学生享有自信和成功"的办学理念，关心每一名学生的成长和进步。对学生的思想引领、学法指导、习

惯培养、文明提升、生活陪护等，我们的教师从不缺席！

（3）始终把队伍建设作为学校发展的根本。高度重视师资队伍建设，为教师专业发展多方搭建平台。利用领航计划、凤鸣论坛、微教研活动、集体备课、青年教师师德培训、读书分享会、创办校刊等举措着力打造干部、班主任和组长三支队伍。

（4）始终把面向全体作为评价教师教学质量的重要标准。强调学生有差异，发展程度各不相同，要因材施教、分类指导，尊重学生的认知水平，提出符合学生实际的发展目标。

（5）始终把家校合作作为教育的重要手段。只有学校家庭融为一体，共同努力，才能有效促进孩子健康成长。学校通过家长会、家校群、家访、电话等多种途径与家长沟通，通报学生在校思想、学习、生活情况，发布、通知、督促假期作业，宣传学校工作亮点，交流教育孩子的心得，赢得家长的理解、信任与支持。

2. 突出关键，做到"五个坚持"

（1）坚持走文化立校之路。学校加强现代化教育思想学习和研究，增厚理论储备，增强理论自信，构筑学校发展的理论高地。丰富和完善以"让每一个学生享有自信和成功"办学理念为核心价值的学校思想文化体系，有效构建以"自信德育"模式和"自信课堂"教学模式为代表的运行机制，让"自信教育"办学思想贯穿于学校教育教学的全领域和全过程。制定和完善符合校情师情的各项管理制度，做到用制度管人管事，确保学校各项工作推进有章可循、有规可依，教育教学有序、规范地运行。

（2）坚持走质量强校之路。擦亮凤中教育质量品牌，乘势而上，再创新佳绩。强化教学常规机制，实行教学全程管理，扎实做好教学计划、教学制度、教学研究、教学质量等常规管理，规范教学过程中检查、反馈、监控和评价管理机制，有效促进学生课堂学习内容的落实。狠抓课堂教学创新，不断完善"345课堂"教学模式，推行教学案制度，精心打造高效课堂。坚持集体备课，各备课组要把集体备课作为信息交流和相互学习的平台，把集体备课的重点放在对课程标准和考试说明的把握上，放在对教材、教法、学法的研究上,放在对例题、习题、作业、检测的研究上。积极培养学生自主学习能力,要有目的、有意识地指导学生的预习方法、听课方法、复习方法、作业方法,把培养学生的自学能力和方法贯穿到教学的各个方面,逐步培养起学生自主学习能力。

(3)坚持走特色发展之路。发挥学校在沉静中集聚的力量和成就的"软实力"优势,全力打造农村一流的现代化学校。进一步打造"体育特色"品牌,普及与提高相结合,培养学生体育核心素养,培植若干有竞争力的体育优势项目,提升学校知名度和影响力。拓展学校特色领域,将有着丰富实践经验和厚重文化底蕴的"自信德育"作为学校特色品牌打造,将自信教育融入学校的各项工作中,促进校风校纪建设,带动学校教育的整体发展。

(4)坚持走专业成长之路。充分发挥学校多年积累的人才资源优势,落实有针对性的人才培养目标和过程管理,为不同学科和不同层次的教师专业发展提供个性化支持。实施领航计划,开展师徒结对活动,促进青年教师快速成长。用"走出去"和"请进来"相结合的方法,开展教师交流活动,聘请专家和市区名校教师来校指导工作,鼓励教师积极参加各级教研活动,提升教师业务水平。大力支持教师外出培训学习,开阔视野,提高专业素养。多层次、多方式地夯实校本培训,积极开展"一师一优"活动,组织好教师技能竞赛活动,让教师在比赛中经受历练,从而提升学校核心竞争力。

(5)坚持走师生幸福之路。树立人本治校理念,提高师生幸福度。关心教师生活,以职工之家为载体,积极开展趣味运动会、户外拓展、校际交流等活动,丰富教师业余生活。关注教师需求,从教学、办公、生活等方面为教师提供帮助,看望慰问困难职工,创造条件,搭建平台,进一步创设关心、尊重、欣赏教师的氛围,以增强教师工作的内驱力。深入推进素质教育,组织开展以"自信教育"为主题的德育系列实践活动,坚持开展丰富多彩的社团活动和每天一小时的阳光体育活动,努力促进学生德、智、体、美、劳全面发展。进一步改进学生就餐方式,提高学生饭菜质量,改善学生住宿条件,让学生在校学习生活安心、舒心。

（二）科学施教，狠抓落实，形成高质量教育实践体系

1. 完善硬件设施建设，办学条件不断优化

（1）搞好校园美化、净化、亮化，发挥环境的教育功能。校园是师生生活、学习、活动的场所，美化、净化校园以及引导学生参与校园的美化、净化本身就是对学生的教育。我校在校园环境建设方面下了大力气，据不完全统计，用于校园环境美化建设的投资已有100多万元，如今校园绿树成荫，花团锦簇，草地、树林、广场装扮校园，花草树木品种达52种，校园绿地率为36%，绿地覆盖率为42%，生均绿化面积29.60平方米，为教书育人、读书求知创造了优美宜人的环境。一年来，我们对校园的足球场、围墙及活动场地进行了全方面的改造建设，还建设了绿色的草坪、文化墙、休闲广场等，在教学楼最显眼的位置，写上了学校的校训、校风、教风、学风，把我们的教育理念以文字的形式与校园的美化融合在一起，激励学生放眼现代化、放眼世界和未来，做一名高尚的人。另外，我们还积极培养学生参与校园的美化、净化工作，除了搞好各班各室的卫生区外，还采取分片包干的办法，实行绿化责任区、公共卫生区每天早晚两小扫、每周一大扫等清洁卫生制度；我校的劳动基地也是分年段管理，从种植到管理、到收获，在老师指导下学生自己动手，这样在课堂上所学的知识，在基地中得到实践，磨炼了意志，培养了劳动技能，真正使美化、净化与对学生的教育和行为要求达到了有效的结合。

（2）强化学校硬件设施建设，创造校园环境文化条件。在进行校园环境改造的同时，学校还十分重视校内文化的硬件设施的建设，积极筹措资金，建设新的科技楼，创建各功能室及各种文化设施和设备。学校借"改革"的东风和"双创"的契机，装修改造了教学楼、实验楼、行政楼和三栋师生宿舍楼，给教师办公室安装了空调，给学生宿舍修建了卫生间，安装了热水器，配备了鞋柜，免费给学生赠送了床上用品，添置了130张床铺，做到寝教室窗明几净、设备完善。学校在主干道两侧以及教学楼和宿舍楼设置了与体育相关的雕塑、宣传栏、文化墙等，彰显了学校体育特色。学校新建6间高标准、现代化的留守儿童服务站，为开展关爱留守儿童活动提供了有力保障。学校建成了

一间标准化电教室，新添置电脑75台，校园网也实现了互联使用，稳步推进教育信息化建设。这些设施和设备的建设极大改善了师生工作、学习和生活条件，有力地提高了校园文化层次，为深入开展校园文化建设创造了有利的条件。

2. 大力实施"自信德育"，活动落实，润物无声

德育文化建设是校园文化建设的重中之重，是校园的点睛之笔。多年来，我们坚持以"人文精神为指导，科学精神为基础"的方针，积极宣扬"让每一个学生享有自信和成功"的办学理念，重点体现在以下几个方面。

（1）创新形式，增强学校德育管理实效。

强化以班主任为核心的班级导师队伍在教学和德育中的过程管理，进一步完善班级管理"导师制"改革。鼓励学生参与学校管理，充分发挥学生文明监督岗和学生会的作用。进一步完善寄宿制管理模式，优化寄宿学生管理体系。完善德育网络，形成德育合力。充分发挥家长委员会的作用，营造学校、家庭、社会"三位一体"的合力育人环境。

（2）贯彻要求，强化德育骨干队伍建设。

重视干部队伍建设，增强德育队伍凝聚力。我们由学校党支部、校委班子全面负责学校德育工作的组织领导，保证德育工作计划、时间、人员、经费的落实，健全德育工作指导小组，理顺政教处、团队组织、年级组在德育工作中的相互关系，落实学校德育工作计划，组织各项德育活动。

加强班主任队伍建设，打造德育队伍主力军。班主任是班级活动的规划者、教学秩序的维护者、发展目标的制定者、教学策略的统筹者、教学行为的组织者。选聘班主任时，我们坚持品德高尚，教育思想端正；专业扎实，有接受并传授新知识的能力；富有进取精神和创新能力；善解学生，具备较强的组织协调能力四条标准。培训班主任时，我们要加强政策法规和理论知识学习；定期举办班主任论坛；聘请心理健康教育专家举办讲座；走出去开阔视野；开展活动展示才华等五个途径。通过多种举措，逐渐引领班主任从事务执行者转变成专业探索者，从工作应对者转变成主动开拓者，从学生的保姆转变成学生的偶像，从教书匠转变成育人导师，从传道者升级为示范者。

（3）开展活动，提升学生思想道德素质。

开展爱国读书比赛活动、少先队主题队日活动、召开少代会、举行建队仪式、研学活动、法治教育月、"反校园欺凌"专题活动、文明礼仪月、"寻找文明礼仪之星"系列主题活动、新生入学教育、"9.3"中国人民抗战胜利纪念日活动、推普周演讲比赛、垃圾分类主题班队会、"我与祖国共成长"主题校园艺术节、"学总书记回信，话青春担当"线上主题团队日活动、"劳动达人秀"、心理口罩学习等线上活动，让学生在这些活动中学习先进榜样、传递正能量、唱响主旋律、增强责任感、历史使命感，培养青年一代勇于担当、努力奋进的精神。

（4）狠抓落实，加强行为习惯养成教育。

经常开展以"播种良好习惯，收获健康人生"为主题的养成教育系列活动。落实学校行政值日、少先队干部值日，为卫生、考勤、礼仪等常规内容量化评分，每天公布各班的得分情况。充分利用升旗仪式、国旗下讲话、美篇、黑板报、橱窗等宣传阵地，大力宣传和推动文明礼仪、卫生健康、寝室内务等养成教育活动，加强学校的校风、班风建设，提升学生行为习惯和个人素养。

（5）加强联系，促进家校双向有效交流。

加强学校与家庭的联系。开办家长学校，制订计划定期召开家长委员会会议，指导家长的家庭教育，定期召开家长会，介绍学生基本情况、学校发展规划及对学生的要求和对家长的希望；充分发挥家校QQ群的作用，在群里发布关于学校活动报道的美篇、食堂就餐图片，分享培养孩子的心得体会，加强与家长的沟通，及时向他们汇报学生在校的近况，让家长了解学生在校的学习、生活和思想状况。

（6）补齐弱项，重视学生心理健康教育。

推进心理健康教育由常态化向纵深化、特色化方向发展，在现有开设课程、讲座，开展心理咨询，发行健康小报，建立心理档案，形成学校特色的基础上积极构建学生发展指导中心，逐步建立以专职指导人员、班主任为主，全体教师共同参与的工作机制，以及以学校教育为主，社区、家庭和社会共同参与的发展指导模式。着眼于每一个学生成人、成长、成才、成功，拓展对学生发展咨询、援助、服务的领域，为学生发展提供学业指导、生活指导。

（7）更新观念，促进德育课程一体发展。

在强化学校德育领导小组建设、加强班主任队伍建设的同时，我们提出"德育与课程一体化"的理念和要求，把课堂作为落实立德树人的主渠道，让学生在长期的浸润中锻造出优良的品格。我们在每节课的教学中必须将德育目标列入最重要的教学目标。德育不单是政教处、班主任的职责，也是每一名教师的基本职责。教师不仅是学生学业的导师，更是学生心灵健康的导师、道德修养的导师。

3. 积极探索高效课堂，教学效益日益凸显

学校在新课程改革倡导的教育理念引领下，狠抓教学常规过程管理，不断提高教学管理质量。

（1）强化教学过程管理。

学校不断完善教学常规管理制度，对教学过程和环节提出具体要求，做好教学计划、教学制度、教学研究、教学质量等常规管理，规范教学过程中检查、反馈、监控和评价等管理机制，加强教学常规过程的管理意识。

（2）积极打造高效课堂。

素质教育的主渠道是课堂教学，教师认识的提高、观念的转变，最终要通过课堂来实践。学校牢牢把握教学中心，以课堂教学为主渠道，以创建优秀备课组活动为抓手，以建设高效课堂工程为载体，以转变教学方式、创新教学方法为重点，扎实开展了多场教科研活动。学校组织全体教师深入研读洋思、潍坊等地的教改历程和经验，认真落实"课前预习—课内探究—课后训练"三个教学常规，初步构建了"345课堂"教学模式，充分发挥省、市、区骨干（特级）教师的引领、辐射作用，上好"展示课"，带领全体教师迅速掌握新模式，提高了课堂教学效率，提升了教师的专业素养，提高了学校核心竞争力。

（3）创设适合学生发展的课程。

学校落实国家义务教育课程方案和课程标准，严格遵守国家关于教材、教辅管理的相关规定，确保国家课程全面实施。不拔高教学要求，不加快教学

进度。严格实行减负，并制订减负实施方案参照执行。根据学生发展需要和学校、社区的资源条件，组织开发校本课程。在开全课程、开足课时的前提下，为进一步擦亮凤中教育质量品牌，学校狠抓课堂教学创新，构建了"三步骤""四环节""五课型"的高效课堂教学模式，实践了先学后教、以学定教的教育思想。每学期，学校都会通过集体备课，引导教师从课程目标、课程内容、课程实施、课程评价等方面，阐述自己的课程理念和特色，进行因人设课和因课定人的有机整合，确保年年有创新、年年有亮点。

（4）实施以学生发展为本的教学。

一是学校要求教师用爱心与学生沟通，以智慧的问题与课堂机智引领学生成长，注重小组合作学习。合作时每人有明确分工，小组汇报时不仅要交流本组的学习成果，还要交流在研究过程中不理解的问题，鼓励学生学会质疑，学会解疑。二是以作业促学生发展。学校不定时对学生的作业进行抽查，一查作业是否超量，二查是否与网上公示相符，检查结果与教师年终考核挂钩。三是学校严格按照教师常规管理对教师检查，每学期期末检测结束后要求教师认真拟写质量分析，找出差距，分析原因，探求改进方法，力保教学质量有所提高，并对取得成绩的教师进行奖励。

（5）建立促进学生发展的评价体系。

学校实施综合素质评价，注重过程性评价，不以分数作为对学生的唯一评价方式，重点考察学生的品德发展、学业水平、身心健康、兴趣特长、实践能力等方面的发展情况。对照中小学教育质量综合评价改革指标体系，开展检查，改进教育教学。在评价体系上，我校通过建立学生综合、动态的成长档案，全面反映学生的成长历程。成长记录的档案资料是多方面的，如学生的自我评价、最佳作品、社会实践和社会公益活动记录，体育与文艺活动记录，教师、同学的观察评价，来自家长的信息，考试和测验的信息等。

（6）提供便利实用的教学资源。

学校现拥有国家Ⅱ类标准的实验室（目前正在改造升级）、仪器室、图书阅览室、医务室、75台计算机的微机教室、录课教室，配有齐全的团队和音乐、美术专用教室。学校通过100M光纤接入互联网，每个教师办公室均配备办公用计算机，校园无线网络全覆盖。我校还建设了资源库，全校共享教育资源，专人管理，每天认真收集、整理教育资源，及时做好教育资源的刻录和推荐使用工作，对设备的使用、资源的应用等都建立了严格的登记手续，提高了设备和资源的利用率。

4.营造校园体育文化，彰显学校体育特色

（1）在学校主道路两旁建立固定的"体育雕塑"，教学楼楼梯走廊设置有学校运动历史与成绩介绍、体育知识、运动队取得的成绩和体育人才、当今新兴体育项目简介、体育图片展、学生体育作品等。在此基础上，学校还每年开展一次体育知识专题讲座和体育知识竞赛等。浓郁的校园体育文化，处处凸现"争先""协作""自信""成功"等元素，形成了健康向上、拼搏进取的人文环境，赋予了学校特色发展、内涵发展的不竭动力源泉。在校园体育文化节中，开展各种体育活动，是营造校园文化的又一途径。学校每年举行一次田径运动会和体育节活动，截至今年已经举行了28届，通过运动会和体育节组织开展了各种体育锻炼、体育表演、体育比赛、体育宣传等内容，既丰富了师生的体育文化生活，同时又吸引了众多学生参加体育文化活动。

（2）体育课是校园体育文化的重要组成部分。在体育课的教学中我们坚持确立以学生的学习和锻炼为中心，培养学生树立体育意识，养成锻炼习惯，提高锻炼能力的指导思想。在体育课程建设上注意体育文化、卫生保健知识的传授，使学生具有全面的体育文化修养。学校体育组还开发了田径、篮球、排球、足球、乒乓球等校本课程，为体育特色发展提供了课程支撑。

（3）校园进行的各种课外体育活动是推广学校校园体育文化的重要途径。每学期学校组织开展了形式多样的课外体育活动，如全校性的篮球操、广播操，年级组的跳绳、踢毽、拔河，还有大课间活动中的各班级活动项目等，从而吸引更多的师生主动参加体育活动。在开展课外体育活动中要注意处理好体育锻炼和体育文化活动的关系，既要完成体能锻炼的任务，又要丰富课外活动的内容，要认识到体育文化活动对提高学生锻炼意识和积极性有良好的促进作用。

（4）学校以学生体育兴趣为依托，成立了篮球、足球、排球、乒乓球、田径、健美操、踢毽子等体育社团，丰富多彩的体育课余活动，吸引了广大学生积极参加，使每一个学生都在体育活动中得到锻炼和提高，有力推进了体育特色发展。这些运动队能坚持常年活动，做到活动有计划、有记录、有反思，活动形式多样，活动效果显著。

5. 打通劳动教育场域，驱动学生深度参与

新时代的劳动教育，应该是一个连续与共同努力的过程。只有拓宽劳动教育场域，让学校、家庭和社会形成教育合力，劳动才能真正常态化地融入学生的成长经历，成为滋养学生精神的养分。

（1）劳动实践一体多元，学科渗透潜移默化。

我们按照年级、班级对校园服务作业进行了系统设计，将校园的环境卫生区、花坛景点、蔬菜基地、寝室内务等劳动项目进行划片包干，学校政教处、团总支负责督促与评比，组织学生常态化积极主动参与，使学生养成良好的劳动习惯。

劳动教育的枝丫也渗透在各学科中。我们会引领学生去感受各学科的劳动之味。美术课堂带学生欣赏描绘劳动者的画作；音乐课上唱一唱劳动人民的歌曲并介绍歌曲的背景；道德与法治课上了解身边劳动者的故事……学生从不同学科中感受到劳动的美丽、劳动的意义。

（2）家校共育形成合力，特色活动启智育美。

家庭是一个最全景式的劳动场域，是学生劳动教育的启蒙馆，学校通过"公益大讲堂""给家长的一封信"等形式指导家长提升劳动教育意识，引领孩子具有劳动的实践情感。我们建议：家长要做好榜样，身体力行，用自己实际行动创设一个整洁的家庭环境；鼓励和支持孩子积极参与到家庭劳动中，在劳动前要有具体的任务布置和耐心指导，劳动后要有比较具体客观的评价和奖励；要长期坚持家庭成员形成合力，父母、孩子都要有事可做，深化孩子的劳动意识和责任感。我们还与家长共同对家庭劳动项目进行合理规划，根据学生的年龄差异和个性特点布置了洗碗、洗衣、扫地、整理房间等家务劳动，先后开展了"劳动达人秀""厨艺大比拼"等竞赛活动，形成家校对劳动教育的共育共管，培养学生自理、自立、自强的独立品格。

（3）助人为乐情暖社区，志愿服务成人达己。

社区公益服务让劳动教育的内容更丰富也更有意义，我们成立了师生志愿者组织，加强与社区合作，到社区图书馆做义务管理员，参与社区植树绿化、清理垃圾和防疫宣传等，我们还到养老院照顾老人、整理房间、给老人表演节目……在志愿服务活动中，学生感受到助人为乐的快乐，懂得了通过劳动感恩社会，社区负责人也对学生的志愿服务行为给予了热情洋溢的赞扬。

（4）躬耕田间沉浸体验，劳心劳力亦知亦行。

我校地处边远农村，是一所农村寄宿制初中。当地走的是一条农文旅相结合的经济发展之路，劳动教育资源丰富。我们主动与当地企业对接，先后建立了6个校外劳动实践基地。每个月安排半天时间让每个班都有机会到这些基地进行劳动实践。如带领学生走进凤娃古寨旅游景区，了解犁锄、耙、水车、风播机、石磨等一系列农业生产工具，回顾农耕文化的发展历史，体验农耕生活，培养敬畏土地、节约粮食的意识和热爱劳动、吃苦耐劳、勇于创造的精神；带领学生走进古法红糖基地，学习甘蔗的种植方法，参观熬糖车间，了解"五榨三滤两浮一沉"的工艺程序，给学生带来丰厚的劳动体验与知识；带领学生走进水果蔬菜基地，摘杨梅、采葡萄、挖红薯……掌握劳动工具的使用要领，领悟采摘的技巧，体验采摘的乐趣；带领学生走进七彩茶园实践基地，近距离了解茶树生长的环境、茶叶采摘方法和制作流程，感受茶香古韵。

6. 创建教师发展机制，建设优质师资队伍

教育工作最根本和最关键的环节是师资队伍建设。长期以来，我校始终把大力加强师资队伍建设作为促进学校发展的基本保障和根本措施。特别是近年来，我们按照"以高素质教师队伍创建学校品牌"的思路，切实加强教师队伍建设，教师专业发展工作呈现出"全员发展，持续发展"的良好局面。

教师专业化发展必须依赖于行之有效的教育机制的建立，才能最大限度地推进教师专业化发展进程，才能最有效地促进教师的专业化发展。经过反复实践和研究，我们建立了有利于教师专业化发展的运行机制，即研训、评价、激励机制。

（1）建立校本研训制度。

落实教师专业化发展最有效的途径是校本研训，它也是教师专业持续发展的主要保障。根据学校的实际情况，我们完善了校本研训制度建设。

①建立科学指导制度。我们将原先由校长办公室、教务处、教科室分担的师资培训、教学研究、教育科研的部分职能相对集中归口，成立了学校教师发展研训中心，下设若干个以学科组或备课组为单位的研训基地，配备专门人员统一编制研训的工作计划，并进行指导，使研训落到实处。为了高起点地强化教师专业发展工作，学校聘请了6位有一定声望的名优教师担任学校的学术委员，参与组织和指导学校的听课、评课、讲座等教师研训活动。

②建立听课调研制度。把听课和调研作为校本研训的一部分，校长每学年都制订随堂听课计划，一学年内基本把全校教师的课都听一遍。通过听课，全面了解教师们的教学个性、能力等专业发展状况，发现教师专业发展中存在的问题，及时予以剖析、研究、解决。在经常深入课堂教学一线的基础上，学校领导班子还定期参加学校各备课组的研训活动，了解教师教学中的困难、疑惑，展开对话交流，及时提供方向性的指导和最新信息的服务。

③建立学科研训制度。我们把备课组作为学科研训基地，充分发挥其在教师群体发展中的重要作用。备课组的触角直接伸向教师的课堂教学实践，因而要解决一个核心课题，即如何最大限度地满足每一位教师的专业发展需要，充分调动每位教师的工作积极性和创造性，提升每位教师的专业发展水平。于是，备课组活动紧紧围绕学科课堂教学展开，边研边训，研训结合。比如，备课组实行的集体备课、同课异构就是在边研边训中进行的。各备课组还在学校开展的"教学调研课""教学展示课""教学评优课"的活动中，共同面对一堂课，帮助每位教师特别是青年教师上好每一堂课。这样不仅增强了教师间的密切合作和高效沟通，而且为每位教师优化自己的教学活动提供了良好的交流平台和发展机会，提高了备课组成员的凝聚力和战斗力，充分发挥了备课组"集体备课"的优势，使教师的群体教学水平得到提高。

④建立教育科研制度。围绕教学中的热点、难点问题，每学年在征求每个备课组意见的基础上，向每一个备课组下达教科研课题，通过备课组将课题目

标分解落实到每位老师，形成人人参与课题研究的浓郁氛围，在研究中推动教师的专业发展。我们鼓励教师坚持写"教育随笔""教育小记""教后小结"，在教学中不放过点滴体会和教学的闪光点，增强教师的研究意识和反思能力，探求自己的教学个性与特色。

（2）创新教师评价机制。

科学合理的评价机制是教师专业化发展最有力的助推器，进行民主、公正、科学、合理的评价，教师就会得到促进和发展。

①评价内容全面化。

在现行的教师评价中，存在不少以教师参加教学竞赛的成绩、撰写和发表论文的篇数、学生在考试和竞赛中取得的成绩等作为教师评价的主要根据和内容。不少的教师在这样的评价体系下，千方百计地想在这些方面出成绩，有些甚至是以牺牲学生的发展为代价，或者是在竞赛中投机取巧博取名次，而在正常的教学和班主任工作中却不认真对待，这种片面的评价对教师的发展产生了很多负面的影响。我们认为，教师的专业化发展是评价的出发点和归宿，评价内容应该以教师的专业素质作为评价的基本内容。我们把教师的专业知识素养、专业技能（包括教学技艺、教育教学能力等）、专业情意（包括专业理想、专业情操、专业自我等）看成是专业素质的基本成分，确立教师的职业道德、职业角色、专业知识、学历水平、业务能力、教育科研等方面为主要内容，通过评价促进教师专业素养的全面发展。其中教师的职业态度、师德水平是直接关系教师形象的因素，在评价中要予以特别重视。

②评价主体多元化。

建立以教师自评为主，校长、教师、学生、家长共同参与的评价制度，使教师专业化发展评价的主体多元化。

通过教师的自我评价和自我反思，提高专业素质。我们认为，只有教师才更了解自己的实际问题，只有教师才能为自己的成长负责，而教师的自我反思是教师专业发展和自我成长的核心要素。

通过学生评价，提高教学的适应性。在以往的教学中，学生只是作为评价的对象，往往只能被动地接受评价。新的评价理念积极调动学生参与评价，把学生作为评价的主体。通过问卷、座谈、测验评选"最喜欢的老师"的评价反馈活动，实现评价的目的意义。学生的评价是一种鼓励，更是一种鞭策，它可以让教师站得更高、看得更远，从而不断地完善自我。

通过教师之间的互评，促进教师共同提高。教师之间的互相评价能使教师比较容易发现自己教学中存在的不足，有利于教师素质的提高。在同行之间的对话和讨论中，往往能对教学中的问题有更全面、更深刻的认识，实现评价者和被评价者的双赢和共同成长。

通过家长和社会的评价，提高评价效度。我们充分利用家长会、家长开放日等活动，通过各种渠道让家长通过口头或书面的形式将评价意见提供给教师，听取家长对学校教育教学工作的意见。评价主体的多元化，使得评价结果更为准确、客观、全面和真实，极大地促进了教师专业化发展水平的提高。

③评价方式多样化。

评价内容和主体的多元必然会导致评价方式的多元。在评价方式上，把一些先进的评价手段和方式引入教师评价，坚持以质性评价为主，量化评价和质性评价相结合。

在评价方式的运用上，我们借鉴教师专业化成长记录袋的方式，在教师评价中通过为教师建立成长档案来记录和引导教师的成长。评价的目的不是给予教师好与不好的结论，而是注重教师在业务学习发展过程中成长和改变的事件记录。成长档案有两种：一种是展示型档案袋，另一种是过程型档案袋。我们把着重点放在建立过程型的档案袋上。通过过程型的成长档案更能把教师的每一步成长都记录在册，教师能从中看到自己成长的足迹，而不是仅仅"秀一秀"自己的成果。

（3）完善教师激励机制。

①目标激励。我们将教师专业化发展纳入学校目标管理，给教师确立了"宝塔式"的三级目标发展体系。第一级目标是人人必须达到合格目标，即课堂教学、三笔两话（画）、现代教学手段等基本功必须按时达标。两年后，要有60%的教师进入二级目标，除需具有高尚职业道德、较强的科研能力，还要有良好的语言能力和执教区级优质课的能力。三年后，要有30%的教师进入第

三级目标，需要有献身精神，打牢深厚的理论功底，具有较强的创新意识和实践能力，在某一领域有自己的"技术专利"，具备执教市级或省级优质课的能力等。达到第三级目标的教师就是学校重点培养的"名师"。

根据三级目标，学校制定出科学、细致、全面的评估细则。评估结果与教师评优、绩效工资、职称评定等挂钩，触动了广大教师的切身利益，极大地激发了他们的内驱力，多数教师在迈进第一级目标后，满怀信心地去冲击更高一级目标。

②奖励激励。为了帮助教师转变思想，更新观念，我们从政策和财力上鼓励教师积极参加学习培训，教师凡参加培训活动，学校一律安排调课，全额报销培训经费，并给予适当差旅补贴。为激励教师自我发展、主动发展，我们制定了《教科研成果奖励办法》，对教师开设公开课、优质课、辅导竞赛以及发表论文、论文获奖、课题研究等方面的成果进行表彰和奖励。

③岗位激励。学校要求每一位进入新课程的教师都必须掌握《基础教育课程改革纲要》及课程标准有关内容和理念，对其进行岗前测试考核，合格后方可上岗。对在教育教学中大胆创新、善于反思的教师及时给予表扬，把教师中互帮互学的典型介绍给全校，通过正向强化，帮助教师保持积极心态。

④"名师工程"激励。我们依据多元智能理论来激励教师，多一杆评价的标尺，变追求"全才"为多方位建设"人才工程"，倡导教师向自己学习，做唯一的、不可替代的教师；变"取长补短"为"扬长补短"，努力将少数人的胜利变为所有努力者的胜利，创造出一种激励教师专业化发展"大家都能赢"的氛围。为此，我们坚持每学期开展"五个一"（优秀教学设计、优秀说课稿、优质课、优秀论文、优秀试卷分析）的评比活动，在活动中发现人才、培养人才、推举人才，为广大教师创造脱颖而出的环境和条件。我们还坚持"优秀教师""优秀班主任""教学能手"评选制度，积极推选骨干教师参加市区镇"名优"评选活动，着力打造不同层次的"名师工程"来激励教师。

通过建立一系列的激励机制，解决了影响教师专业化发展的一些制约因素，激发了教师的专业发展意识，增强了教师专业化发展的自觉性和主动性。

7. 提升学生核心素养，促进学生全面发展

（1）提升学生道德素质。

一是经常利用宣传栏、班会、家长会、国旗下讲话、大课间等形式对学生进行爱国主义教育，以及学习实践《中小学生守则》。二是践行社会主义核心价值观。以"立德树人"为德育主线，以践行社会主义核心价值观为主导思想，以"重行为规范，促健康成长"活动为切入点，深入开展中华传统美德教育活动，开展祭扫烈士墓、"小手拉大手，共建文明城"、红领巾成长林植树护绿、"寻访最美孝心少年"等实践活动，关注学生的个性发展，建设特色鲜明的德育工作体系。三是重视学生心理健康教育。我校每学期对学生的心理健康状况进行问卷调查并及时进行分析并跟踪辅导。为特殊学生建立心理健康档案，邀请家长与教师共同对其进行有针对性的辅导。在师资方面，目前有两名兼职心理健康教师。

（2）帮助学生学会学习。

近年来，学校坚持全面贯彻党的教育方针，不断弘扬区域"红色文化"，崇尚"淳实无华、追求至美"精神，高举素质教育大旗，践行"让每一个学生享有自信和成功"办学理念，深入推进素质教育，面向全体学生，促进学生个性自由地全面发展，提炼形成了以"让每一个学生享有自信和成功"为核心理念的办学思想体系。学校确立了"文明、严谨、求实、创新"的校训，努力营造"团结、和谐、奉献、争优"的校风，积极倡导"敬业、协作、务实、卓越"的教风，精心哺育"乐学、善思、求真、奋进"的学风，引领全校师生奋勇争先、超越自我。学校努力提高办学条件，不断更新校园文化布局，为学生营造良好的学习环境与氛围，激发和保护学生的学习兴趣，培养学生的学习自信心。教师在课堂教学中遵循学生认知规律，帮助学生掌握科学的学习方法，养成良好学习习惯；引导学生独立思考和主动探究，培养学生良好思维品质；采用灵活多样的教学方法，因材施教，培养学生终身学习的能力。

（3）增强学生身体素质。

学校深入开展阳光体育工作，制订并实施《学生每天一小时校园体育活动工作方案》，并在学校工作群和家校群进行公示，以得到广大师生、家长的监

督。确保每名学生每天锻炼一小时,掌握两项以上运动技能。严格执行作息时间规定,确保学生每天睡眠时间不少于9小时。学校所有教室,室内采光、照明、通风、课桌椅、黑板等设施均达到规定标准,落实《国家学生体质健康标准》,定期开展学生体检或体质健康监测,重点监测学生的视力和营养状况,及时向家长反馈。建立学生健康档案,将学生参加体育活动及体质体能健康状况等纳入学生综合素质评价。抓好学生体质健康达标测试,抓好体训队的常年训练,及时召开学校春季运动会、学生冬季趣味运动会,大力开展青少年学生阳光体育运动。

(4)提高学生艺体素养。

牢固树立"健康第一"的教育理念,推进阳光体育运动常态化、特色化,进一步提高篮球、足球、乒乓球等运动竞技水平,全面提升学生的健康水平和运动技能。继续做好农村留守儿童教育关爱工作,充分发挥乡村少年宫探索艺体特长培养新模式。一是开足开齐体育课,提高课堂教学质量。学校的音乐、美术、书法课程实施均达到国家课程标准,并开设了绘画、音乐、诵读等校本艺术课程。二是积极开展丰富多彩的艺术活动,每周三下午学生社团定期活动,学校还制订了社会艺术教育资源利用方案,与凤凰社区建立了合作关系。三是办好校内各种体育比赛,活跃校园气氛。本学期计划组织广播操比赛、校园足球、篮球比赛,春季田径运动会和教职工运动会等校内比赛。四是组建学校文艺队、美术兴趣小组,发展学生特长,培养艺术尖子。积极开展形式多样、丰富多彩的课外艺术活动、手抄报比赛、书画比赛、文艺会演等活动,以此陶冶学生情操,愉悦学生心灵,培养学生能力,提升办学品位,丰富素质教育的成果。

(5)培养学生生活本领。

一是学校利用班会课对学生宣传劳动最光荣的思想,每个班级都分有卫生清洁区,每天学生都参与卫生保洁活动,每个班级都有劳动基地,学生定期参加劳动。二是学校重视学生的实践活动。学校教师常利用寒暑假让学生参与社会实践及家务劳动,每学期放假教师都会布置一些让学生学会"感恩"的社会实践作业,培养学生的核心价值观和劳动能力。寒暑假等布置了相应的个性化作业和实践性作业。

（6）加强学生安全教育。

①以普法教育为契机，充分发挥好法制副校长、法制辅导员的作用，定期开展法制教育报告会，举办法律知识讲座、模拟法庭，并通过看电视、录像、参观展览等生动活泼的形式进行法纪教育，让广大学生增强学法、护法、用法的意识。对违反校纪校规的学生严格执行学校的规定，同时做好受处分学生的思想工作，使之增强自信，积极改正。

②培养学生的安全意识和逃生自救能力。建立健全校园安全的周边协调机制、责任机制、教育机制、预警机制、预防机制和救助机制。坚持以日常行为规范为突破口，进行定期和即时的安全教育，对学生开展食品安全、交通安全、活动安全、消防安全、水火电器安全的教育，与总务处配合定期对学校的电器、消防栓、楼梯扶手等设施进行检查，排除安全隐患，做到防患于未然，以杜绝各种事故的发生，本学期将与区消防大队联合举行学生宿舍紧急疏散，提高学生紧急情况下的自我保护能力。

三、办学成效

（1）教学质量高位运行。教育教学质量连续十年获新洲区"八率"优胜学校表彰，创造了新辉煌。这是我校全体教职工特别是九年级教师共同努力的结果，也是我校牢固树立质量意识、科学规划、精细管理、真抓实干的具体体现。

（2）文化建设取得突破。提炼形成了以"让每一个学生享有自信和成功"为核心理念的办学思想体系，强化了为学生幸福人生奠基的责任意识；诠释体育精神，营造浓郁的校园体育文化，处处凸现"争先""协作""自信""成功"等元素，形成了健康向上、拼搏进取的人文环境；积极研发校本教材，精心组织社团活动，既丰富了学校课程文化，又促进了学生个性发展。

（3）师资建设不断加强。涌现了一大批师德高尚、业务娴熟的好教师，他们在各自的岗位上取得了出色的成绩，是学校发展的中坚骨干力量。近年来，教师专业发展势头良好，多名教师被国家、省、市、区授予全国优秀教师、优秀班主任、百优班主任、优秀教师、卓越教师、最美乡村教师的光荣称号。

（4）学生素质明显提高。狠抓学生文明行为习惯的养成，举办丰富多彩的社团活动和大课间活动，引导学生积极参与，张扬了学生个性，陶冶了学生情操，培养了学生情趣，锻炼了学生体魄，充实了学生课余生活，促进了学生身心全面发展，先后有300多人次在各级各类比赛中获奖。

（5）办学品质显著提升。近年来，我校先后获得湖北省平安校园、湖北省温馨校园、武汉市师德建设先进集体、武汉市教育系统"双创双满意"先进集体、武汉市心理健康合格学校、武汉市现代信息技术教学实验学校、武汉市民主管理"四星单位"、武汉市体育卫生与艺术教育工作先进集体、武汉市职工书屋示范点、武汉市教育系统先进职工之家、新洲区教育技术装备工作先进学校、新洲区师德建设先进集体、新洲区智慧教学与翻转课堂先进学校、新洲区疫情期间线上教学先进单位、新洲区人防教育先进单位等80余项荣誉称号。

文化赋能　学校品质提升
——城乡接合部学校改造的思考与实践探索

武汉市光谷第八初级中学　曾海燕

城乡接合部指的是城市扩容过程中，处于城市地带与镇村地带的过渡地带。从一定意义上来讲，城乡接合部，是城市发展的必然产物，且通常距离主城区不远。城乡接合部是中国近十年城市化进程的产物，具有中国特色。同时城乡接合部也在不断地变化和衍生，以前我们所认为的城乡接合部，有可能会逐渐发展成为城市新区，甚至是成为一座城市的新中心。

城乡接合部学校，多以本地生源为主，家长普遍是拆迁转型期的农民，昨天还在务农，为基本生活奔波，今天随着这波城镇化进程，穿上皮鞋成了城里人。经济条件的改善，生活环境的变化，让这些家长对教育的意识正在转化，但受自身素质、学历、见识的影响，对教育的投入仍很低下。

笔者所在学校武汉市光谷第八初级中学（以下简称光谷八初）位于"中国光谷"腹地，武汉市东郊花山镇，是一所典型的城乡接合部初中学校。目前学校有19个教学班，873名学生，83名教职员工，1名市级学科带头人，8名区级学科带头人，2名区优青。学校原隶属于武汉市洪山区东三乡，是城市的边缘地带。

笔者以所在学校的发展历程作为案例，谈谈对城乡接合部学校改造的思考与实践探索。

一、学校的现实困境与思考

回顾光谷八初的发展历程，2010年划入东湖开发区，2016年搬新校，2019年更校名，赶上了光谷高速发展的时代。经济的快速发展，必然带来教育的快速需求，特别是对高品质教育的大量需求。光谷八初作为光谷东扩之后的腹地，承载着花山片区老百姓的期待。

光谷八初作为一所典型的城乡接合部学校，受生源质量以及外部环境等诸多因素影响，学校升学率长期低位徘徊。八初教师曾经也很有情怀，但是因为长时间看不到学校的发展，逐渐迷失变得佛系。这种佛系也很无奈，似乎身边的同类学校普遍有同感，成因我认为有三：一是长期低升学率的自我否定，主管部门的不认可，同行的不认可，导致很多有能力的教师看不到发展，看不到希望，体会不到教育的乐趣，总觉得腰杆子不硬；二是长期低升学率的社会否定，作为花山老百姓家门口的学校，家校工作滞后，导致家长不满意学校的状况，社会口碑一般，家长对教师的认可度和尊重也就一般般了，时间长了家校基本就各说各话形不成合力；三是物理距离导致教师与学校的融入感和代入感低下。光谷八初的教师普遍不住在花山本地，都在关山附近，每天上下班都在半小时车程以上，早出晚归容易让教师形成一个概念，教书就是一项谋生的手段，不谈情怀。

正如九年级吕璐老师在一次聊天的时候和我说过：光谷八初的老师每天面对这样的学生，没有成就感，得不到尊重，没有丝毫的教育幸福，不到四十就开始养老了。这番话，是着急于学校的现状，着急于教育环境和教育现实。吕璐老师是学校英语教研组长，有教育抱负和情怀，正值干事之年，她肯定没有养老。在区英语学科中也算骨干教师，颇有声望，班主任水平也很高，前不久还代表高新区参加班会课大赛。有能力想干事的老师其实是有的，需要撬动，需要将这些教师教育的能量激发出来，让他们保有对教育的激情，享受教育的幸福。

二、学校发展的实践探索

把握校园的脉搏,找到工作的抓手。但凡能把脉者,一要有经验,二要善于学习,三要勤于思考,四要会总结,五要热爱这份职业。把脉校园,不是一件容易的事。当我们在路上,让少数人行动比较容易,但是让一群人一起行动并且行动一致,却需要一种力量,因为一致的行动来源于统一的教育理念和价值观,这就是文化。文化是一所学校的灵魂。

而光谷八初的裂变显然需要这一影响人的关键变量:文化赋能。

(一)让核心文化有根

学校发展就是一个文化寻找的过程,文化在我们曾经走过的路上,是我们的过去、现在和未来。学校文化的的根,是价值认同的基础,是学校发展的力量源泉。文化之根,可以源于地域特色、历史渊源、典籍文字、名人名家等。

光谷八初原名花山中学,坐落于长江南岸,是花山生态新城一颗闪亮的明珠。清澈碧绿的严东湖、严西湖和北湖,环抱着苍翠挺拔的父子山,赋予花山中学独特的自然和人文气息。60年的办学过程中,一直艰苦奋斗,奋发有为,办学质量一度全市领先,创造了令人骄傲的辉煌业绩,为国家培养了数以万计的各类人才,他们中的许多人成为党政军各级领导或各行各业的领军人物,如国防大学原政委赵可铭上将、全国模范教师桂贤娣就是他们中的杰出代表。

育人如育花,育花即育人。诗意的花山,给了光谷八初美好的意象资源;辉煌的历史,给了光谷八初深厚的文化底蕴;教育的情怀,给了光谷八初宏大的理想抱负。所以,光谷八初把充满诗意和内涵丰沛的"花育"作为己任,把打造"花育文化"作为践行生态教育的使命和追求。

花育文化核心是相信种子的力量,每一个少年都是一颗独特的种子,都蕴含着无限可能,都有生长的天性和权利,教育者要善待每一颗种子,不因卑微而捐弃，不因疏忽而遗漏。"花育教育"认为，不同的种子有不同的生长节律和周期，教育要尊重规律，不可千篇一律，不可揠苗助长，也不能压制束缚，要有静待花开的心态，也要有当令乃发生的情怀和智慧。

基于学校的历史传承和办学理念，结合诗意花山的地域特色，光谷八初形成了以下"花育教育"的办学思想话语体系。

教育思想：花育教育。

办学理念：相信种子的力量。

办学愿景：绽放每一个。

办学目标：办一所学生自适发展的高品质学校。

培养目标：培养明礼慧学的花样少年。

校训：厚德笃学，如琢如磨。

校风：花园生态，持恒精进。

教风：花匠精神，团队协进。

学风：惜时专注，日有所进。

（二）让精神文化有魂

一个团队需要一种精神来凝聚，不关乎完美的硬件和美好的环境，而是来自一种认同，来自一种底蕴，我们试图寻找并锁定。

学校有一个图书馆，名曰感恩书屋，就是我们的优秀校友赵可铭将军捐赠的。2017年5月，捐赠仪式上，赵可铭将军有一个讲话很感人，其中一段话是这样的：回顾走过的所有的路，我要百千次地感谢我的母校，感谢敬爱的老师、亲爱的乡亲和同学，是你们教会了我如何学习，帮我爱上了读书，给我打上了永不褪去的人生底色。

五六十年来，无论身处顺境还是逆境，无论是当列兵还是当将军，我始终对母校、对老师、对乡亲们，怀抱一颗感恩之心、敬畏之心。老师们的亲切形象、期望的眼神，常常浮现在我眼前。多少年啦，直到今天，当年的许志恒老师、孙少逸老师、郭校长、教俄语的老师、教数学、教体育和音乐的老师，还有那位手有残疾的总务老师，还有我小学时的班主任汪玉玲老师，他们的形象,如在眼前,总是那么祥和与温暖。他们那时是真正的风华正茂啊!他们的家都在市区,来到我们的乡下,不嫌弃我们农村孩子的脏、土、野,不嫌弃我们上学晚、不聪不慧,更不嫌弃我们贫穷,他们都如同哥哥姐姐样教导我们,关爱我们,体谅我们,他们的每一堂课,乃至他们的每一个举手投足,都表达出一种文化和优雅,潜移默化地教化我们的心灵。我一直不能忘记,汪玉玲老师为我缝补破旧书包,为我钉好崩掉的上衣扣子,用牙齿咬掉线头的神态;不能忘记,许志恒老师拿着我的作文,作为范文在班上朗读的情景;不能忘记,升学考试时,我做完所有试题,一遍又一遍地检查,直至考场只剩我一人,从容交卷时,孙少逸老师赞赏和鼓励我的温暖目光。难忘师恩的细节,远远不止这些,那是多么美好、多么宝贵啊!

将军这段话读来,情真意切。老师爱生如子、乐于奉献的形象直击内心。学长不忘师恩,多年后如数家珍的描述感人至深。这段话成为学校的精神图腾,每年的新学年开学典礼,全体师生必须重温将军讲话。感恩与奉献是这所学校的文化基因,应该流淌在每一位光谷八初人血液里。感恩是学校底色,奉献是使命担当,这就是我们一直寻找的校园精神,值得我们传承。

(三)让环境文化有品

1. 新校满园老校景,传承文化胜有声

走进光谷八初,如同走进时空穿越。崭新的校园里处处有老校的印记,这是精神和记忆的传承。学校大门的建筑格局跟老校一脉相承,首届校友捐赠的校训石碑被安放在校园显著的位置,满园的桂花树、高大的樟树和合抱的梧桐都是从老校移栽过来的。徜徉校园,感受到光谷八初深厚的积淀和传承的气息。与此同时,学校全力打造以花为核的环境体系。学校四季有花,樱花、桃花、玉兰、月季、栀子花、草花、桂花、菊花、梅花等次第开放,一年四季都成为校园一道道亮丽的风景。而且每一种花的精神,都与教育有关,如"早卉园"有早春樱花和桃树,见早春之花而知珍惜时光;无论是校门内的高大的银杏树,还是校园周边成百上千的水杉,都在笔直地向上生长,透露出积极进取的意蕴,透露出超越的意涵。

2. 一字一联有底色，一步一景教化人

走进光谷八初犹如走进古典与现代交织的文化殿堂。高大的黑色大理石墙上"如琢如磨"四个大字闪着金色的光泽，遥相呼应的"厚德博学"石碑，完美地呈现了学校"厚德笃学，如琢如磨"的校训。为践行花育教育，光谷八初大力打造花育文化，形成了以四馆、四园和四廊为代表的花育文化环境体系。

雅闲馆充满大自然的气息，大雅莫若读书，小闲不妨观景。校史馆浓缩着60年沧桑，有历史的厚重，有激情的飞扬。图书馆里，感恩书屋让读书有温度。齐芷园里，身边的学习榜样加上中外著名学府都在向我们招手，心向往之不如齐之；圣薰广场，孔子圣像，目光如炬；励志石上，将军教诲，入石三分；圣薰长廊，千年古训，沁人心脾！

3. 山花歌赋皆图腾，春风化雨润无痕

校徽、校旗、校歌、校赋，无不以"山花"作为形象宣示和精神承载；学校把象征成功的桂树、桂花确定为校树和校花；定期发行的校刊《山中育花》，定期举办的教师"山花论坛"，都是花育文化的表现形式；校歌《飞翔的花》，在优美的旋律中，梦想在飞翔；山花报告厅和花育报告厅，是学校重大活动的场所，四维楼、如琢楼、如磨楼、精进楼是师生日常学习生活的场所，也都是校训校风的浸润，甚至包括班级文化，从班级名片到班级学习园地无不暗含着光谷八初的现代化办学理念和花育的功能。

（四）让行为文化有力

1. 学生第一，坚持学校教育底色

学生成长是学校存在的价值和意义。结合花育教育的本质内涵，我们提出花季德育，基本理念是：德育即生活，反省即成长，规则即修养。德育目标：公民意识，家庭义务，生命态度和学生责任。强调四全育人，即全境、全员、全程、全态。

没有活动的开展就没有学校的一切。尊重时序，花语寓教，秉持活动育人。"花季德育"系列活动，应季造节落地"活动育人"理念，"六节文化"为校园生活增添别样精彩。

三月樱花梦想节：三月的樱花，璀璨热烈。游园赏樱，生命与梦想一起抽穗拔节；写一封信给十年后的自己，豪情如画；放飞梦想的风筝，奔赴山海远方！

五月月季心理节：五月的月季，灼灼其华。既有纯粹而温柔的粉白，也有热情奔放的红黄，朵朵都是我们对生活的期望。读懂自己，学会调适，向阳生长。

六月栀子花毕业节：栀子花坚韧有力量，学弟学妹的花样祝福，毕业典礼的满满仪式，感恩与不舍，传承与接力，都是美好的成长。

九月体育艺术节：走进九月，开启教育生命的又一轮，更高、更快、更强，谁是球王，拼搏的汗水见证勇气与坚强。

十月桂花诗歌节：丹桂飘香，氤氲满园。桂枝片玉地，诗歌抒胸臆；人桂惊光影，才情醉画里。十月"桂花诗歌节"，吟诗作画趁年华。

十二月梅花合唱节：时光再度凌寒，岁月又经风霜。唯有寒梅傲雪，独天下而春；奋勇当先却不争不抢，零落成泥亦清香如故。

学校不仅严格按照国家要求开齐开足音乐、美术等艺术课程，而且积极开展丰富的艺术社团活动，培养学生艺术审美情趣。重视劳动教育，注重在学习、生活中培养孩子的劳动观念和生活本领。通过一日常规，强化生活劳动；通过每日家务，强化家务劳动；通过假期社会实践，强化生产劳动。在校园开辟了种植园，改造了雅闲馆供学生种植养护使用。桑群华老师的劳动教育总结《神奇的"梦田"》登载在《中国教师报》，学生在参与和体验中，收获满满。

学校通过校园开放日，成立班、年级和学校三级家委会，定期召开家长会，征集家长志愿者，参与学校班级活动增强家校合作，加大开放办学的力度。开展"家长学校"，整合优质校外教育资源。举办家长课堂，让成功的家长分享育儿经验。学校与花山街道及社区经常互动，争取地方大力支持。学校与花山基金会联系，全方位争取基金会对学校教育给予支持。从课程切入，家庭教育宣传与促进，优秀师生、家长的激励等方面支持学校发展。

2. 教师发展，强大学校教育底石

教师是学校发展的核心竞争力，让名师成就名校。结合花育教育的内涵，我们提出匠心教师。匠心教师要求教师具备三个特质：爱心、耐心和责任心。爱心是对生活的态度，愿意呵护每棵幼苗，热心培育好每一粒种子。耐心是对教育事业的情怀，修剪好多余枝条，静待花开。责任心来自他对事业的热爱，对专业的尊重，愿意不断丰盈自己。这些都指向教师的专业素养和敬业精神，都指向教师的专业发展。

学校着眼于"业务精湛、合作和谐、善于创新、自成风格"的教师专业发展目标；制定以"分类培养、分层指导"为主要方式的教师专业发展整体规划；实施教师发展三大工程：青年教师成长工程、骨干教师培养工程、名师引领工程。

具体措施有四。

（1）聚焦课堂，让教师发展看得见。

首先，组织"琢磨杯"赛课（35岁以上中青年教师），梳理课堂流程，明确了四环节，解决实践层面的问题"怎么做"。然后又组织"精进杯"（35岁以下青年教师）优质课大赛，采取同课异构，探讨共学课堂的本质"是什么"。接着我们组织名师骨干"秀"课（优青、学带、骨干），探讨共学课堂价值"为什么"。当然，学校还充分利用机会让大家上课议课，例如：新教师见面课、汇报课、组内研讨课、目标课堂等。本学期，我又提出寻找共学课堂的学科特色，通过课例提炼、教研组凝练、个人修炼，逐步形成共学课堂结合学科特点的落地。目前数学组的"234"模式，语文组主问题导学模式，物理组情境导入式模式已经初具雏形。聚焦课堂，发现典型，寻找特色，真正让课堂改变入脑入心，成为一所学校的教育行动，让教师发展看得见。

（2）搭建平台，让教师发展可持续。

建平台，明要求，助力青年教师成长。我们成立了青年成长班、可铭读书会，有了自己的组织、章程、活动。每月的"周二夜分享"，成了老师们交流碰撞的激情之夜。在这里搭建畅谈教育理想、教育常识、教育困惑、生活感悟的平台，让每一次活动都成为年轻人再次出发的加油站。明确青年教师发展"五主动"：①主动规划，对照区优青学带评选标准，找差距、定目标、定规划，给自己一个成为名师的机会。②主动思考，形成自己的风格。平时工作要善于思考，要有自己的见解，要不断反思提升，切忌固化，保持年轻人的特质和初心。③主动展示，找到自信。平时有积累，关键时候要善于展示，重视每一次学习提升的机会，各个层面的研讨课、沙龙、分享等要有自己的声音，从内到外拔高自己。④主动担当，找准自己的位置。珍惜每一次外出培训学习的机会，找组织，加入一些平台，主动承担任务，让任务驱动成长。⑤主动求变，突破传统桎梏。学校发展是机遇，作为主角，该因循守旧还是主动求变，要有先行先试的光谷精神，要有创新作为的勇气，不拘一格发展自己。

多样式，树愿景，发展无盲区。班主任论坛、教师例会、"明德讲坛"、"山花论坛"、"教师心语"、假期研修、论文大赛、教育故事分享等活动的组织，创新教师专业成长的形式，丰富了校本研训的样态，让各层级的教师都能找到自己发展的组织与载体。通过大数据分析，建立教师发展个案，一师一案，精准帮扶，策略性开展名师养成计划。

深度教研，让教师在场域生长。教研活动是学校突破质量瓶颈，形成合力的关键载体，是一个众筹智慧的场域。对每一次的研讨，从形式到内容都进行思考深度的锁定，坚持教研活动"四个三"。①活动开展三要素：基于问题，深度思考，主题成系列。②研课坚持三环节：课前讨论，课中观课，课后议课。③发言需三成：形成文字，形成文稿，形成文章。④物化成果要三实：及时、务实、丰实。务实教研让老师们从上位的大纲课标到实际的教学实施有明晰的认识和理解，不断碰撞出新的火花，进行二次研讨，形成多次成果。

课题研究，让教师纵深发展。课题研究是引导教师从教研走向科研，让课题研究与实际工作相结合，以研促教，以研促发展。借助教科研课题的研究促使老师们更科学地进行课堂变革，避免研究倦怠。扎扎实实做课题，实实在在做研究，课题研究将引领教师高品质内涵发展。

3. **多能共育，厚重学校教育底蕴**

（1）打造共学课堂。

学校注重营造良好的学习环境与氛围，激发和保护学生的学习兴趣，培养学生的学习自信心。学校结合花育教育的内涵和生物学中的共生现象，提出共学课堂理念。"共学"既指"学"的内容，又指"学"的对象。就"学"的内容而言，一是"德"与"智"共育，课堂不只是知识的课堂，更是德育（相互帮助）和智育（高阶思维）一起成长的课堂，是德智融合的课堂；二是"多能"共育，课堂不只是追求死的分数，更是学生思维能力、表达能力、合作能力等多种能力成长的舞台。"学"的对象,即"共生"。"共生"本是生物学上的概念,是两个生命或生物体紧密联系,相互依存,共同起作用,并相互优化对方,朝共同利益方向发展的一种特有现象。所以,课堂应该是师生、生生相互影响共同成长的课堂。所以,"共学课堂"是指在课堂学习中德智融合,各种能力综合提升的课堂,是指作为生命个体的师生、生生相互帮助,共同成长的课堂。

"共学课堂"的本质:倾听、学本、扎实。倾听是课堂上最美的姿态。教师要在课堂中学会倾听学生的欲望和需求,倾听学生的情感,倾听学生的思想,倾听学生间的差异。学本是课堂本来的模样。教师要做到以学生为本、以学为本、以会学为本、以发展为本。扎实是课堂的现实性需求。教师精力前置,强调精心备课;课中认真上课,强调师生关系;检测评学是杠杆,强调当堂落实;作业精心设计,强调精选分层。

"共学课堂"有四环节,即"目标启学、同伴研学、检测评学、反思悟学"。"目标启学"环节是一个目标呈现和任务分解的过程,伴随着教师对知识中的重难点的提示和提醒。"同伴研学"环节是一个自主学习、小组合作学习和探究性学习的混合过程,突出学生学习方式的转变。"检测评学"要充分利用共学单和投影仪及时检查学生对知识掌握的情况,及时发现和反馈学生存在的问题,查漏补缺,以便更好地调节课堂教学。"反思悟学"是一个小结知识、归纳方法、生长智慧、建构意义、寻找价值的过程。共学课堂四环节围绕课堂目标和任务依次展开,教师可以根据需要进行重复和重组,甚至减少和拓展各环节。教师应当因境教生,共学课堂模式旨在提高课堂教学效率和效果,改善课堂生态,让课堂成为一个教育场。共学课堂要求教师关注四点:目标设定与学生学情,课前预设与课堂生成,课堂环节与学生活动,课堂氛围与课堂深度。

(2)构建精进课程。

课程是一所学校的全部,学校必须重视课程建设。精进课程基于花育教育理念架构,精进释义专心努力上进,寄寓着我们对学生的期待。"精进"一词选自光谷八初校风(花园生态,持恒精进),源于学校文化。课程目标就是精掘潜能，激扬生命。意即精心挖掘学生潜能，激活学生个体，张扬学生个性。精进课程重视国家课程校本化实施，不断开发丰富校本课程，逐渐形成了以国家课程为核心，以校本课程为主修，以社团活动为辅翼的课程形态。精进课程分成三大课程群：明礼课程群、慧学课程群、个性课程群。同时，结合学校对"花"之精髓的挖掘，提出六大课程门类：品花课程类、赏花课程类、种花课程类、咏花课程类、护花课程类、养花课程类，对应提出六大素养朝向：责任担当、健康生活、学会学习、实践创新、人文底蕴、科学精神。课程是学生核心素养提升的载体，这里既有平行并列的课程设计，也有以能力素养为核心的交叉课程设置。相关课程门类如表 1 所示：

表 1 精进课程分类

育人目标	课程群	课程分类	课程名称	素养朝向
培养明礼慧学的花样少年	明礼	品花	入学教育、节日文化、仪式教育、花季德育六节活动	责任担当
		赏花	"画心"美术、八音合唱团、色彩课堂、羽动青春、玩转篮球、足以豪情、快乐篮球、体育艺术节、谁是球王体育周	健康生活
	慧学	种花	语文、数学、英语、"悦读"社、文学社、趣味英语、趣味语文、快乐成长、蓝色星球、数独社、月季心理节	学会学习
		咏花	种植园、雅闲馆、萌芽社、趣味棋类、围棋社、物理制作、Glory of Kings	实践创新
	个性	护花	历史、地理、志愿活动、研学旅行、社会实践、生涯规划、生命教育、家校沟通、桂花诗歌节、梅花合唱节	人文底蕴
		养花	物理、化学、生物、走进地理世界、机甲大师、创客教育	科学精神

（3）回应"双减"，破壁突围。

"双减"政策，最终是指向高质量。减最终是为了增，要在增增减减中回归教育的本原：以学生为本，高质量发展。教师作为此项工作落地的主体，也应该努力提升自己的专业素养，丰富自己的知识结构，尽力去覆盖学生的需求，体现教师的责任担当。

①以课堂为本，提质增效。

"双减"让学生回归课堂，向45分钟要质量。梳理课堂流程，打造共学课堂，引导教师课堂改革。强化新的质量观，高质量的课堂教学不仅是知识的传授，更重要的是新型师生关系的构建，关键是眼中有学生。通过营造氛围，设立教学常规月，组织基于课例的教研组深度教研，让所有老师关注课堂，理解课堂，看见学生。为了直观体现价值，从形式上我们固化检测评学环节，要求每节课必须留5～8分钟完成此环节，真正实现让老师们停下来，关注目标达成度，把时间还给学生。将此环节设为评价的杠杆指标，实行一票否决制，撬动老师课堂改变真实发生。

②以课本为本，基于校情。

光谷八初学生的学习情态整体偏弱，有效学习的学生占25%，临界学生占25%，受基础影响想学但跟不上的占25%。针对以上现状，借助本次"双减"政策，我们构建了以课本为本的教学常规，即"学课本、练课本、考课本、研课本"。

学课本：自学课本是教课本的第一步，它可以培养学生阅读能力、观察能力、思考能力等。教师的新课教学围绕课本进行，读、背、练，把重要结论、重要问题补充课本上，引导学生把书由薄变厚。

练课本：课本练习课上练评，课本习题作新课作业，单元复习题作单元复习训练用，总之新课教学要把课本试题全部做一遍，其中重要的试题要专题拓展、训练。做得不好的试题做上记号，反复练。切忌舍本逐末，师生被资料忙得手脚错乱。

考课本：新课后的考试、单元考试、平时的周测等需以课本知识、试题为素材命题，原题或改编，强化学生的课本学习意识，把课本学扎实。学校减少和区域强校、名校联考的频次，以我为主。成立考试命题审核委员会，要求周练课本原题或改编题占80%，月测占70%。研究课标，杜绝偏、难、怪，让考课本作为诊断教学质量的抓手。

研课本：研课本是教研活动的首要内容，集体备课要研究教学设计，提升教师理解教材的水平,从而提高课堂效率;研课本要研作业设计,提高作业质量;研课本要研经典试题,使之与期中、期末、中考试题接轨;研课本要研制如何考课本,通过周考或单元测试来实现考课本。

③以学生为本,作业精细化。

题海战术要彻底退出历史舞台,需要提高自己对教材的解读能力,更加精准地把握重难点;需要精选,需要分层布置,就要更了解学情;需要作业当天批改、反馈,又能让第二天的教学更有"准心"。学校统筹作业管理,加强作业设计指导,建立作业校内公示制度等引领教师进行高质量的作业设计,包括"自助餐"式的作业、"导演"式的作业、"亲情"式作业、调查式作业等,不断创新作业形式和内涵,打造教师的这张名片,让作业真正指向减负。

作业管理坚持"四统筹一防止"。统筹学生自主学习时间,保证作业的真实性。统筹作业总时长,保证学生睡眠时间。统筹班情,保证各科协调发展。统筹学情,保证学生差异化需求。防止懒政,保证适度的作业量。同时坚持作业公示制度和阶段作业情况反馈改进制度。

4. 管理生态,提升学校教育底气

学校发展,行政是牛鼻子,干部是关键环节。良好的管理生态必将为学校带来满满的竞争力。

(1) 干部的水平就是学校的水平。

学校干部的管理水平和执行力将直接决定这所学校的未来和高度,作为校长需加强学习。陶继新老师的《名校之道》系列丛书,指出了名校长办名校的方法策略;李政涛老师的《教育常识》,诠释了教育哲理性的思考,使我们在当今浮躁的教育气息下,随时保持对教育本源的感悟。我校先后购买了各层面的教育类书籍,对于一些经典及时分享给干部传阅。每周行政例会,干部学习分享、头脑风暴等,力求从多方面锻炼干部,带领干部一同成长。

(2) 管理即服务。

改善干部的工作作风,要求做到三实:务实、平实、扎实。做事务实,干部要经常深入实际,贴近群众。深入了解学校工作实际,做到问题从一线来,实实在在为老师们解决棘手问题。做人平实,干部要站在一线教师角度思考问

题、做决策。办公室指挥、想当然，要不得。不摆官架子，放低姿态，立己达人。作风扎实，做事雷厉风行不拖拉，善于协调联动，各部门形成合力。有政治站位，能以身示范。

（3）制度是学校发展的北斗导航。

学校的核心制度就是三个：岗位竞聘方案、绩效分配方案、年度考核方案，分别涉及教师岗位、收入和发展。学校反复对这三个核心制度进行再讨论，力求充分调动教师们的积极性，充分挖掘教师的潜力。科学评价是关键，评价目的有三个：评价目标、指导行动、调整策略。以人为本，实事求是，科学评价，体现尊重人、信任人、成全人的人本管理思想。把师生真正当成服务对象，摒弃命令、控制、束缚式的刚性管理手段，创造具有亲和力的人文生态环境。

三、结 语

学校发展就是一个寻根聚魂的过程，当我们找到了价值认同，找到了文化根基和精神归宿，构建了适合的行动体系，师生的精气神就会静悄悄地变化，学校的面貌也会变化，团队凝聚力有了，战斗力就出来了。

鼓励冒险，宽容失败，这是光谷精神，它正激励着每一个光谷人大胆向前。光谷八初传承着光谷的文化基因，汇聚着世界光谷的目光，但擦不掉先天不足的缺陷。作为城中学校，发展其实也是举步维艰，作为教育人，仍要保有激情与梦想，怀揣使命与担当，一步一个脚印办好教育。光谷八初，过去不优秀，现在也不是名校，但不影响我们曾经做过的努力与探索。这几年在文化浸润中，在改变突破中，学校也在悄悄发生改变，老师开始迷恋校园，学生开始眷念校园，家长开始依恋校园，我想文化赋能也即如此吧。

让光谷八初成为城乡接合部学校发展的典范！

我的校长之道

武汉市第六十三中学　付又良

我，1971年9月生，湖北黄冈人，中共党员，中学高级教师。

1994年毕业于湖北大学地育系，2002年3月任武汉市第二十六中学副校长，2006年3月至2007年2月赴新加坡学习一年，获教育学硕士学位，2012年1月任武汉市第五十九中学校长，2015年任武汉市第四初级中学校长，2017年任武汉市第六十三中学校长。

参与武汉市"十五"重点课题"中学生自我效能感及其培养途径的研究"，该课题荣获武汉市教育科学研究成果二等奖。论文《浅析新版高中地理教材中的"活动"教学》获2003年武汉市中学地理年会优秀论文评比二等奖。学术论文《新加坡的教师资格制度及其启示》发表于《武汉市教育科学研究院学报》2007年第2期。论文《论优质教育服务》发表于《成才》2007年第12期。论文《服务抢先，师生至上》获2008年中国教育学刊征文大赛一等奖。课题"教师职业生涯设计与规划"研究成果获湖北省教科所一等奖，同名论文获中国教育学会21届年会（2008年）论文评比一等奖。承担武汉市课题"中学教师教学思维能力培养策略研究"（2012年）。论文《导图式板书设计》发表于《湖北教育科学》2013年第5期。论文《做三型教师》发表于《湖北教育科学》2013年第6期。参与《武汉市中长期教育改革和发展规划纲要》研究与执笔。论文《论勤朴教育》发表于《成才》2016年第4期。论文《初中地理"四步教学法"初探》发表于《成才》2017年第2期。论文《追求卓越　争创武汉教育现代化名校——武汉市第四初级中学"崇本尚行"理念的解读与践行》发表于《成才》2017年第6期。

2016年中考，武汉第四初级中学关键指标普高上线率突破十余年来从未突破的300大关，占比超过50%，2017年再上新台阶，达到54.8%。2018年中考，武汉市第六十三中学关键指标普高率取得12年来最好成绩，达到45.7%，较之2017年提高15%。

自从走上副校长的岗位，我就期待着当校长，这一期待就是10年。10年里，我分管过德育、教学、后勤，还当过工会主席，也到区教育局、市教育局"借调"，多种岗位的锻炼和磨砺逐渐让我生成深厚的教育情怀。2012年1月13日，我终于走上了校长岗位，尽管是全区最困难的学校，但我从五十九中发展历程中找到了办学的初心，找到了学校发展的方向，也催生了教育思想的萌芽。因工作调整，2015年7月后又接任两所学校的校长，均有不同的想法、做法，短期内均有好的成效。三所学校现在都是武汉市现代化学校。

2020年，我有幸成为国家教育行政学院初中教育家型校长培训班武汉市首批成员，在这个平台上，我实现了经验型向理论实践型的重大转身，教育情怀得到进一步升华，做教育家型校长成为我教育生涯的最终追求。

当校长以来，我最大的欣慰就是学校在我的任期内都有质的飞越，对得起组织的信任，对得起教职工的期待，对得起学生家庭的期盼，也对得起个人的努力。

道一：用短期规划接力——学校发展的顶层设计

规划是学校的顶层设计，关系学校的健康发展。规划有长远规划、中期规划和短期规划。校长是学校发展的领路人，一位好校长会成就一所好学校。然而，校长这个职位从21世纪开始以来就体现出不稳定性。尤其是当下，校长的交流更是频繁，校长任职的不连续性对学校的长足发展提出了新的挑战。正是因为这样一个现实，学校的长远规划甚至是中期规划也会因为校长的更替而有中断的可能。所以，符合校长任期的三年短期规划就更切合学校持续发展的需要。用三年一次的短期规划进行接力，可保证学校持续前进。

怎样制定一个好的短期规划呢？

首先，要认真构建短期规划的内容。我制定短期规划的主要内容有以下几个方面。

一是学校历史发展与现状分析。过去的都是历史，回顾历史就是尊重历史，就是传承和发展学校文化。学校发展会因为班子的更替、阶段创建任务而表现出不同的社会影响，其中都有成因，分析非常重要，因为分析结论直接关系到学校未来努力的方向。

二是三年发展定位。根据现状分析，我们一定要提出一个三年可以实现的总目标，这就是学校三年发展定位，也即要在三年内将学校建设成为什么样的学校，只需要用一句话表述即可。

三是发展理念。发展理念可以直接传承，也可以做出调整。发展理念就是验证发展定位的可行性，主要包括办学理念、共同愿景、"三风"特征、校训等。

四是发展目标。目标是实现定位和理念的航向和措施，可以分为三年总体目标和具体目标，每一个具体目标的推进都要有进度表和线路图。对于最重要的目标还可以单独阐述。

五是保障与评估。保障就是对目标达成所必须要做的事，评估是对目标达成与否的判断，对后三年的规划意义重大。

其次，要认真对规划进行讨论修改。校长起草规划文本草稿，党政意见合一后，将文本交班子其他成员提出分管工作修改意见后形成讨论稿，开教代会进行解读并交教代会代表讨论修改，最后形成执行稿。

最后，要将规划转化为全体教职工的行动指南。召开全体教职工大会进行解读，将重要工作制成宣传品置于显眼位置。每年根据规划制定年度工作要点，每学期对要点和规划阶段工作推进进行清理与评估，并让每一位教职工都知晓工作的进程与结果。

年度工作要点是在规划统领下每一年的工作举措，一般以"干货"的形式表现，就是这一年度我们要做的具体事。年度工作总结便是对要点的回应，即哪些事情做了，效果是怎样的，哪些事情没有做或没做完，是什么原因。工作要点和总结不能写成论文，不需要讲清做事的道理，那些毫无实际内容的官话套话能少就少。

2017年，我任武汉市第六十三中学校长，第二年就带领班子成员制定了办学历史上、个人校长史上第一个学校三年发展规划。2021年，又制定了新的三年发展规划。看着学校在规划引领下实现发展目标，我有一种化茧成蝶的成就感，这就是我工作的最大幸福感。

道二：制定或完善章程和制度——学校发展的动力引擎

章程是办学的"根本大法"，主要依据是《中国共产党章程》以及《中华人民共和国教育法》《中华人民共和国教师法》等教育法律法规。不同学段还有相应的法律依据。一般而言，章程包括总则（学校的校名、性质、地址、校训、共同愿景和发展使命等）、权利和义务、学校治理（机构设置、决策机制和制度、管理机制等）、学校资产、学校标识等。

学校制度是在章程统领下的各机构、职能、岗位的职责和要求、工作程序与标准、分配和职称晋级办法、学校发展各个阶段制定的决策举措等。在所有的制度中，直接关系学校可持续发展的主要是三种制度，即分配制度、职称兑现晋级制度和岗位管理制度，它们不仅考核着领导班子的决策能力和智慧，还通过影响教职工积极性来影响着学校的健康发展，因此，这三种制度的制定和实施尤为重要。

分配制度要体现多劳多得、优质优酬。

体现多劳多得的主要指标是工作量。教师的工作量主要指课时、班主任及兼职，职员的工作量可以有两种方式计算，一是折算成课时，二是用教师课时的均值的比例计算。其他兼职工作量可以折算成课时量，也可以用一个定值计算，最好还是折算成课时。分配方案制订好后要经过测算可行才能交教代会讨论通过。测算结果如果能体现收入如后排序就是好的能够顺利通过的方案：满教学工作量的班主任最多，其次是干部兼标准课时，再次是满教学工作量教师与兼半教师教学工作量的班主任,再次是教辅人员,最后是工作量不满的教职工。

体现优质优酬的主要指标是工作业绩。统考学科教师的工作业绩可以通过系列数据来体现,班主任、非统考学科、教辅人员则通过工作量、工作态度和成效来体现。因此,可以制定三个方面评价细则,即统考学科、班主任、非统考学科和教辅人员评估标准。一般而言,统考学科教师、班主任一年评四次,其他一年评两次,体现倾斜政策。评选结果还作为阶段推进奖励、职称兑现晋级的重要依据。

职称兑现晋级制度要体现奖励激励性兼顾资历（历史遗留问题也不容忽视）。

体现奖励激励的主要项目有工作量和工作业绩,工作业绩主要指班级质量业绩、学科质量业绩、学生发展业绩、年度考核结果、综合表彰结果,兼顾教科研成果（不能赋予过多的比重）。对于骨干教师和教研组长、备课组长、年级组长关键兼职一定要给予充分的赋分。

资历主要指的是教龄、任职年限、职称年限,可以相应给予赋分。

轮岗交流最好用赋分的形式表现,而师德表现则用否决的形式表现。

职称兑现和晋级涉及统考学科、非统考学科教师和教辅人员的区别,我的成功做法是按照人数比分配指标,分统考学科教师、非统考学科教师和教辅人员两类竞聘。

其他制度根据政策和外部环境的变化定期进行修改。学校办学按章程自主,按制度执行。学校管理依据便是章程与制度。

岗位管理制度要体现人人有事做,事事有人做,做不做事有人管,不养懒汉。

教职工岗位管理是学校管理实现效能的关键,是学校人事制度落地的载体。按岗定责,加强教职工岗位管理,各岗位教职工依职履责实现人岗合一,是充分调动教职工工作积极性,提高工作效能的重要举措。学校岗位基本要求如下。

校长室、党支部、工会岗位

（1）校长室（校长、副校长）。

校长全面负责学校教育教学行政管理工作。贯彻执行党的教育方针政策和教育行政部门的工作要求，按照学校章程自主办学，规划学校发展，改善办学条件，营造育人文化，领导课程教学，优化内部管理，调适外部环境。（参见教育部《义务教育学校校长专业标准》试行）

教学副校长负责教学管理。每学年初制订教学计划安排；实施国家、地方课程计划；根据三级聘任意向提出教师岗位安排意见；制定并完善教学常规细则与教师教学规范；评价教师教学业绩；抓实教学科研，领导教学校本课程开发；制订并实施骨干教师、青年教师培训计划；完成教育局相关职能科室部门下达的教学工作任务；分管教导处、教研组。

德育副校长负责德育工作。落实有效德育"五大体系"；学年初制订德育工作计划；制订文明建设方案；根据三级聘任意向提出班主任岗位安排意见，指导班主任规范班级管理，评价班主任工作和班级管理业绩；制订班主任培训计划；抓实学生安全、心理健康、体质健康和生态意识教育；完成教育局相关职能科室部门下达的德育工作任务；分管政教处、体音美组。

行政副校长负责行政后勤服务。协助校长做好年度预决算；提出行政人员岗位安排意见；指导并监督行政人员履行岗位职责，评价行政人员服务业绩；抓实安全管理工作；负责项目建设和服务外包；规范财务管理；完成教育局相关职能科室和部门下达的行政后勤工作；分管总务处、财务室。

（2）党总支（支部）（书记、副书记、委员）。

全面负责学校党的政治、思想、组织、作风、纪律建设，将制度建设贯穿其中。把握学校发展方向，参与决定重大问题并监督实施；支持和保证校长依法行使职权；领导工会（教职工代表大会）、共青团、少先队；领导学校德育和思想政治工作，发挥政治核心作用；培育和践行社会主义核心价值观；维护各方合法权益，推动学校健康发展。（参见中组部教育部《关于加强中小学校党的建设工作的意见》）

（3）工会（主席、委员）。

全面负责学校工会工作。维护教职工合法权益和民主权利；动员组织教职工积极参加教育教学及文体活动，提高教职工的文化和业务素质；定期组织并通过教职工代表大会参与学校民主管理和民主监督；关心困难教职工；做好教职工各项福利工作；依法管理和使用工会经费。

职能部门岗位

（1）党政办公室主任（副主任）兼人事干事（支部干事）。按照校长室工作要求督促检查落实情况；参与校长室工作谋划，草拟全校性文件；组织校长室安排的会务；协助校长处理来往公文，协调部门之间关系，当好校长助手；按规范要求管理校章的使用、学校法人证等学校证件管理等，完成上级相关部门交办的工作任务。负责学校人事管理工作（干部、教职工异动管理手续、教职工聘用合同、教职工职称管理、教职工工资奖金管理、人事资料档案管理、各类人事报表、教职工花名册、考勤绩效考核统计等），教职工继续教育工作，教职工社保工作，完成上级相关部门安排的工作任务。协助党组织书记、副书记做好教职工思想政治工作，落实学校党的建设和党组织日常工作，拟订党务工作计划，进行党员发展、干部考察（培养）工作，组织中心组学习、教职工政治学习，开展学校文明创建工作，收缴党费，完成党员考评工作等；完成上级党组织对口部门（党办、组干、宣传、纪检等）布置的工作；管理好学校档案室；完成党支部交给的临时性工作。

（2）教导处主任（副主任）。在教学副校长的领导下负责教导处日常工作。领导教务行政工作，指导编制课表、作息时间表、校历表等，建立和管理教师业务档案，规范学籍管理；开学、期中、期末教学常规（备、教、改、导、考、析、研等）的布置、检查、评价并提出整改意见和建议。抓实备课组建设，协助教学副校长督促编制校本教材；推进教学信息化；做好学情反馈；建设高效课堂；引领青年教师课堂教学；制定并实施教师专业化培训项目。完成上级相关部门布置的工作任务。

（3）政教处主任（副主任）。在德育副校长的领导下负责政教处日常工作。制定并实施班主任培训项目，指导班主任不断提升工作能力；制定并实施班级常规管理规范和评价，评选推荐优秀班主任和先进班集体，组织评选优秀学生；制定并实施学生惩戒条例，处理突发事件；落实文明建设措施，定期研究学生思想动态，营造积极向上的育人氛围；组织学生社会实践活动。制订并督促实施学校体育、艺术、卫生工作计划，组织校园足球、艺术节等体艺社团活动并参加区、市级及以上体艺竞赛；负责学校卫生和传染性疾病防控。完成上级相关部门布置的工作任务。

（4）总务处主任（副主任）。在行政副校长的领导下负责总务处日常工作。根据预算制订教育教学和办公物资采购、使用计划，按规范要求定期对学校物品维修报损报废；管理场地校舍校产，账物账账清晰；基建维修等项目建设的手续报备和监督实施；保安保洁绿化等外包项目的实施。管理食堂；负责学校的安全治保。完成上级相关部门布置的工作任务。

（5）团委书记。主持校团委日常工作，每学期拟订团委工作计划，并组织实施，落实检查与总结工作；领导各团支部的工作，组织全体团干部学习和业务培训。抓好团委会和团的组织建设，指导各团支部开展形式多样的教育活动，注重优秀学生入团的培养教育，有计划地做好新团员的发展工作；配合政教处和班主任，努力抓好学生德育工作，经常对团员和青年学生进行理想教育、道德教育、纪律教育、爱国主义教育、集体主义教育、社会主义教育、国情教育，带领青年做好学校精神文明建设的突击手；充分发挥党联系青年的桥梁作用，宣传执行党和上级团组织的指示和决议，做好党的助手；围绕学校的中心工作，开展适合青年特点，有利于青年身心健康的文化、娱乐、体育活动；开展调查研究，安排好学生的社会实践活动，及时收集有关材料，认真审查、准确评定等级；深入指导团支部工作，经常与班主任联系，了解团支部工作情况，掌握团员和青年学生的思想动态；负责团的评选工作，表彰先进集体和个人，颁发荣誉证书，组织表彰大会；建立健全团员的档案，接转团的组织关系，负责做好团的对外接待和联络工作，整理并保管有关文件以及团费的收缴、管理、使用等工作；负责学校的宣传报道工作，组织办好校园广播，出好黑板报和节日专刊；积极办好业余团校，抓好新生团员入学教育工作；努力完成学校交给的其他工作任务。

年级组教师岗位

（1）年级组长（副组长）。团结带领全组教师执行校长室、党组织的决策，全面处理年级组内日常管理事务；按照三级聘任要求协助校长室聘任全年级班主任；协助教导处组织教学监测；协助政教处、教导处、总务处完成上级职能部门布置的工作任务；向校长室、职能部门反映组内教师正当诉求，推评优秀教师。

（2）班主任。在政教处和年级组的领导下管理本班级。按照学生核心素养评价标准创造性、抓契机开展主题教育活动，不断增强班级凝聚力、团队意识和学生自信，提高学生修养；落实班级管理日常规、周常规、学期常规要求；了解每一位学生的家庭状况和身体、心理状况并建立学生个人档案，对身体、心理异常的学生予以特别关注，向有关教师和部门提出教育教学建议；培养班干部，指导学生自主管理；指导学生进行人生规划；处理班级偶发事件；积极主动参加各级班主任培训活动，持续提高治班能力。按照职能部门和年级组要求完成相应的工作任务。

（3）教研组长。在教学副校长和教导处的领导下组织开展本学科教学研究活动。主动、定期与区教研员、市教研员联系，适时更新教学信息，并向组内教师传达；组织本组教师参加各种教学研讨活动，努力提高本学科教师专业化水平与能力；推荐本学科优秀教师参加区级及以上教学竞赛；指导本学科备课组工作，组织编写校本教材。

（4）备课组长。在教研组长和教导处、年级组的领导下开展本年级本学科备课活动。每周组织备课组成员进行集体备课，检查二次备课；组织编写实施学科校本教材；推荐本组教师参加各级专业培训。完成教导处、教研组、年级组安排的学科任务。

（5）教师。为人师表；遵守教师职业道德规范、学校规章制度和教师教学常规要求；遵守劳动和工作纪律；按照备、教、改、导、考、析、研等教学环节落实相应学科教学常规细则，积极参与集体备课等教研活动，团队合作意识强；主动自觉学习最新教育教学理论，钻研本学科教改信息，持续提高教学能力；尊重学生差异，因材施教，关爱每一名学生；充分运用现代信息技术，持续改进教学方式方法，提高教学效率；使用和保管日常教学用具。完成校长室安排的合理工作量。其余参考教育部《中小学教师专业标准》。

（6）心理健康教师。上好学校安排的心理健康教育课程，做好学生心理健康普查工作；负责"心灵氧吧"建设和值守；积极参加相关培训，掌握心理咨询、心理治疗相关专业知识；指导学生形成健康心理，对来访者的有关资料、档案予以保密；对超出心理辅导能力的学生提出咨询或治疗建议；对突发事件中的师生进行心理干预。

教辅职员岗位

（1）会计。按照《会计法》相关财务制度及银行要求规范财经手续，填写相关凭证，保管财务凭证及资料；协助分管校长制定年度财务预决算，写好财务执行分析报告；严格按照各项费用的开支范围和开支标准，分清资金渠道，合理使用资金，专项资金专款专用；按时规范整理财务凭证；严守财经纪律，对不合规范的要求与报销不予执行，并及时向分管校长、校长报告；按照程序迎接有关部门的财务检查。

（2）出纳。认真审核报销凭证，鉴定发票真伪，假票不予报销；认真审核报销手续，手续不全不予报销；掌管学校的银行账户款项及与银行的业务来往对接，按时对账，账款相符；严守财经纪律，保守财经秘密；协助人事、会计做好教职工工资奖金发放工作及财经资料整理归档。

（3）行政保管员。管理学校固定资产和易耗耐久品，并建立相应账册，每学期核对一次，账目清楚，账账相符，账物相符；按照规范要求履行验收、登记、入库、领用、报废物品的手续；开学时为教职工分发办公用品；管理好仓库物品；对物品采购向总务处主任提出意见和建议；管理教室财产，协助主任检查教职工办公用品的使用；在总务处主任的领导下定期做好财产的清点工作。

（4）体育器材保管员。负责全校体育器材的使用、维护与保管；根据体育课堂需要申请器材采购计划；确保每一节体育课器材发放回收到位并登记；负责每学期与财产保管员对接核账。

（5）水电管理员。管理学校用水用电，按规范要求管理直饮水机；每天巡视教室，及时维修或更换用电设备和用电器；接到维修报告后，及时维修或请专业师傅维修相关水电设施设备。

（6）采购员（兼）财物管理员。根据校长室、总务处安排按规范采购相关物品，与财产管理员对接，履行登记、入库等手续。

（7）教务员。按时编制校历、课表、作息时间表，安排临时性代课、调课课表，保证正常教学秩序，每月统计教师课时、代课等工作量情况并公示，结果报教导主任；协助主任做好处务及考务工作。

（8）课堂巡查员。每天巡视早自习和课堂教学，做好登记，及时向教导主任反馈巡视情况。

（9）学籍管理员。管理学生国网和市网学籍及档案，按程序办理学生休、复、转、退学及注销等手续；按要求做好学生考试报名及毕业等相关工作；每学期开学向教导主任报告学生入学情况，打印全校学生名册。协助教导主任做好处务及考务工作。

（10）图书管理员。按图书管理要求管理图书室；管理教师书吧、阅览室；负责网阅管理；负责教材的征订及发放；根据要求实施图书更新和购买计划。协助教导主任做好考务等工作。

（11）文印员。积极主动根据部门、教师的要求印制资料和试卷，并分类摆放；及时向教导处提出用纸计划；管理和使用文印设备。协助教导主任做好处务及考务工作。

（12）物理实验员。每学期根据教学需要向教导处提出并实施器材购置计划；分类保管物理仪器设备，每学期清点，账物相符；熟悉物理实验仪器的使用，维修一般设备，排除一般故障；实施"实验通知单"制度；根据实验课需要提前摆放实验用具和器材，协助当堂教师教育学生正确实验，实验结束后及时整理放回；做好实验室清洁卫生和安全管理要求。协助教导主任做好考务等工作。

（13）化学实验员。每学期根据教学需要向教导处提出并实施设备和药品申购计划；分类保管化学仪器设备和药品，账物相符；有毒药品专门存放，隔离保管，严格执行存放和领用归还规定；实施"实验通知单"制度；根据实验课需要提前摆放实验用具和药品，实验过程必须在场，协助当堂师生正确安全实验，实验结束后按规范要求处理实验剩余药品；保持实验室清洁卫生和安全。协助教导主任做好处务及考务工作。

（14）生物实验员。每学期根据教学需要向教导处提出并实施设备和器具申购计划；分类保管生物仪器设备和器具，账物相符；实施"实验通知单"制度；根据实验课需要提前摆放实验设备和器具，协助当堂师生正确安全实验，实验结束后按规范要求放回实验用具，尤其是要清点实验刀具等危险品，保证一个不少回收；保持实验室清洁卫生和安全。协助教导主任做好处务及考务工作。

（15）学生辅导员。领导学生会工作，带领学生会干部执行常规检查，培养学生自主管理能力；巡视校园，处理学生中的偶发事件；协助政教主任管理处务。

（16）信息管理员。负责学校教育云平台、智慧校园的管理和维护，及时上传相关资料和数据；指导教职工利用教育云平台和空间实施教育教学活动；培训教师使用现代信息技术，推进智慧课堂建设。

（17）网络广播监控管理员。学校网络系统、广播系统和监控系统的使用与维护。

（18）保健老师（校医）。隶属政教处，每学年按照《学校卫生工作条例》和学校卫生工作要求制订学校卫生、保健工作计划；每学期根据需要提出并实施常见药品购置计划；积极开展卫生与健康教育，每天早、中、晚检查包干区清洁卫生，培育学生良好卫生习惯；对学生的学习负担、学习环境、卫生设施、饮食卫生、运动安全、劳动卫生防护、女生经期保护等问题进行监督指导，指导师生员工进行经常性的清洁保洁工作；积极做好近视眼、弱视、沙眼、龋齿、寄生虫、营养不良、贫血、神经衰弱等学生常见病的群体预防和矫正工作；做好传染性疾病预防工作；负责师生医保工作；处理师生一般伤病事故；大型集会活动期间的突发公共卫生事件应急处理；积极配合相关部门进行学生体检。

每一个岗位都应赋予相应的工作量。

教师教学工作量标准为：语文、数学、英语、道德与法治、历史、物理、化学12~14节，地理、生物、体育14~16节，科技、信息、音乐、美术、劳动技术、健康等16~18节。跨学科（跨年级）教师周授课时数可增加1课时。九年级教师教学工作量系数上浮0.2，其中，满教学工作量系数上浮0.5，其他系数不变。

无专职实验员的物理、化学教师每周每班记1节课；以对学生的管理为主要特征的自习课、早操、课间操、课外活动、课余训练等根据时长折合课时。

班主任工作量按学科满教学量的一半记。

行政岗位折合成标准课时，周标准为16节。教务员每周12节，学籍管理员每周11节，保管员（体育器材、行政保管、部分功能室、饮水机管理）每周16节，图书管理员11节，文印员8节，物理实验员8节，化学实验员5节，生物实验员3节，信息中心管理员（主任）8节，兼职学生辅导员7节，保健教师11节，会计13节，出纳11节（报账员16节），档案管理员4节，资料员4节。中层干部担任同学科教师标准周授课时数三分之一的工作量，校级干部担任同学科教师周标准课时的四分之一。年满55周岁的教师，周标准课时10~12节。统考学科教师可以：一半教学工作量兼任班主任或兼6~7节非统考学科教学工作量。

经学校安排的临时性加班、节假日加班、大型活动加班等，可折合一定课时计入平时工作量。

在制度管理过程中，还有三个方面的工作要认真去做：一是教代会民主管理学校。教代会是校长办学治校的重要载体和依托，必须坚持一学期至少开一次。二是垂直管理与扁平管理的配合使用。扁平管理适合中等规模（每个年级6个教学班）及以上规模学校，垂直管理适合小规模学校。可能有人会有相反的结论，但我的经验告诉我，规模越大越要扁平。三是教职工手册管理制度。教师手册主要内容是学校年度工作要点、人事定位表、校历、作息时间表、课表、备课组教学计划（含目标）、教研活动安排与记载、期中期末质量分析、师德自查表、重点帮扶学生情况记载表等。职员手册内容主要是学校年度工作要点、人事定位表、校历、作息时间表、处室活动安排与记载、期中期末常规检查、师德自查表等。手册还可以将涉及教职工切身利益的文件、政策、办法录入，让教职工明明白白做事。总之，教职工手册管理的作用就是帮助教职工有序有目标地工作。

扁平管理要求。三个年级在校长室的领导下实行年级组负责制，政教处、教导处与年级组协调配合。年级组领导小组组成为：分管副校长、年级组长、政教处干部、教导处干部、年级副组长。政教处、教导处凸显服务职能，年级组凸显日常事务管理功能，年级组对校长室负责。具体如下。

教学管理工作

教学常规（备、教、改、导、考、析、研）的布置、检查、落实由教导处负责，年级组协助，其中期中、期末考试以及市、区统考相关工作由教导处负责组织。

校内监测以及托管服务安排落实等相关工作由年级组负责，教导处协助。

德育管理工作

班主任培训与常规管理、班级常规管理的检查落实，体卫艺科技活动组织协调，跨年级、校际偶发事件处理，全年级及以上主题教育活动，大型活动节假日告家长书的印制发放，回条回收等工作由政教处负责，年级组协助。

班级学生日常教育管理，班级常规管理，班主任组织管理与协调，年级组活动告家长书的印制与发放由年级组负责，政教处协助。

其他约定事项

（1）年级组内日常事务、教师管理，由年级组自主管理。职能部门的职能工作，由校长室分工安排。

（2）未尽事宜，在分管校长的领导下协调处理。

（3）年级组定期召开碰头会，两周内至少一次。

常规是学校正常运转的保证，在诸多常规中，以下是必须牢牢抓在手中的。

1. 教师教学常规

教师教学常规主要包括学期教学计划、备课、上课、作业布置与批改、辅导、检测、质量分析、教学研究等环节。

制订教学计划。每学期开学，根据教研组、备课组要求制订学期教学计划。学期教学计划由单元授课计划、监测准备组成。单元授课计划包括新授课时安排、重难点预测、训练辅导安排、单元监测安排、补偿学习安排。监测准备包括复习课时安排、监测预测及补偿安排。

备课。备"一标两点三问"，即备课程标准；备知识点、考点。一问班级学生在本课学习过程中可能出现的难点、易错点、易混点是哪些；二问如何解难纠错析混；三问教学程序如何设计。"一标两点三问"清晰了，就撰写教案（最好是讲学稿，即教案、学案合二为一），教案必须体现"两点三问"的逻辑关系，并标注表现出来（板书、语言表达）。

上课。不迟到、不拖堂，衣着整洁、合体，语言简练、不拖泥带水，非身体不适不坐着上课，上课必须按案推进，机智调整。给学生时间，让学生把话说完，把课上该做的事做完。教学生方法，帮学生总结记忆、理解、推理思路方向方法，提炼、运用规律。对学生课堂错误失误，用鼓励激励的方式批评。实验课上，学生动手之前讲清注意事项，提出明确要求。

作业布置与批改。每节课均要布置适量的课堂作业，课后作业灵活布置，语文、数学、英语、物理、化学还要布置家庭作业，数学作业不超过1小时，其他不超过30分钟，作文不超过45分钟。课堂作业、课后作业（作业本）尤其是过关作业当天全批全改，关键少数学生面批面改。家庭作业第二天早批改早发还。语文、英语作文作业每学期至少4篇，全批全改且要写"下水"作文。

辅导。作业纠错、监测纠错必辅导，关键少数必主动辅导，辅导分课上辅导与课后辅导，课后辅导要充分利用自习和"碎片"时间；分集中辅导和个别辅导，集中辅导的是共性问题，个别辅导的是个性问题，辅导的核心是问题的辨析和学习方法指导。

监测。教学监测做到"五清四测"，"五清"即堂清、周清、单元清、月清、期中期末清,"四测"指作业测、单元测、月测、期中期末测。其中,语文、英语早读或过关,教师提前一天准备好内容,自习课结束前或上课前5分钟检查;数学、物理、化学安排在中自习进行小卷过关,即时检查。教学检测与辅导密切结合,过程因材施教,结果因人而异。

质量分析。质量分析分作业质量分析、平时检测分析、期中期末分析、调研测试分析。作业质量分析看整洁、工整情况和正确率,平时检测看知识点、考点落实情况,期中期末质量分析谈学情、教情、问题及教学改进措施,调研测试质量分析谈标准、方向、优势、问题与举措、目标。期中期末、调研测试后要开班级教导会、备课组分析会、年级组分析会,分析具体到学生、班级学科情况,尤其是关键学生、关键学科。

教学研究。教师要研究课程标准、教材教法、考试说明、历年调研考试题,研究学情、班情、教情,研究作业与教案(讲学稿),研究检测标准等。在集体备课中要交流研究成果。

2. 集体备课常规

集体备课决定课堂教学效率,是教师专业成长的最重要形式,也是教学质量稳步提升的关键环节。

集体备课一周一次,指定时间,指定地点,指定发言人,由备课组长负责组织,教导处检查。

集体备课主要内容是教学进度的说明、下周教学内容研讨、检测内容研讨、教研信息传达交流、相关考试说明的学习交流等。

常规集体备课主要有以下流程。

(1)备课组长就相关信息进行传达,询问各成员教学进度并做统一要求;

(2)发言人分别就备课分工的内容进行阐述(课标要求、重难点、教学设计);

(3)其他成员就每一教学设计进行讨论,提出意见和建议,当场修订;

(4)修改后的教学设计共享使用,二次备课同中见异。

集体备课必须有纸质教案或学案或讲学稿。

3. 调研考试后的"五会"常规

每次调研考试后必须精心开好"五会"，即全校调研考试数据分析会、备课组质量分析会、年级组质量分析会、班级教导会、家长会。

全校调研考试数据分析会主要是由教学副校长向全校教职工汇报每一个年级的考况，包括直接数据（区教研室要求的主要数据）讲解，明确每一学科在全区的地位；数据直接反映出来的问题，要分析到班到科到人；下一步教学改进措施建议。

备课组质量分析会主要是分析考况，分析到每一道题的命题思路、得失分情况，从而总结前阶段教学的得失，提出下步教学改进策略。会前，备课组长要按题型对成员分析进行分工，一人分析大家建议。

年级组质量分析会主要是年级组长组织备课组长进行本学科质量分析，简要说清楚考试反映出来的优势与不足及平时的做法，提出下步改进措施和需要的协调与帮助，年级组长部署后期工作。

班级教导会由班主任组织，各科任教师围绕课堂教学、学风、作业落实等畅所欲言，对关键学生的学科学习状况进行分析，提出想法与其他教师共享。

家长会由班主任组织，科任教师参加，家长和学生一起开。科任教师进班向家长、学生通报学科考况、学生学科学习情况，提出学科学生学习与家长配合要求。优秀学生介绍学习方法与习惯，优秀学生家长交流学生在家的学习督促做法。班主任表彰优秀和进步学生，提出新要求。如需要，家长会可增加学校大会环节，主要形式是讲座与表彰。

4. 学生学习生活常规

除《中小学生守则》的规定外，还需训练下列常规。

早睡早起。每晚睡前按明天学习要求整理书包，洗漱睡觉。早6点起床，着校服，洗漱完毕径直上学。

守时守点。早8点前，完成锻炼、过早、清洁，进入早读状态。中午12:50进班清洁、自习、午休。放学后清点学习用具，做完清洁径直回家。毕业班均提前10分钟。

健体健康。餐后散步，30分钟内不准进行跑步、打篮球、踢足球等剧烈运动。有不能运动身体特质的学生必须向班主任、体育老师主动如实报告，不参加运动。少吃零食多喝水，进餐七分饱，碗筷用后归位。

课堂守规。入班即静，入座即学。有问举手，礼貌问答。坐姿端正，听从导引。不接话拉话，不顶撞老师，不干扰同学。认真听讲，积极思考，努力完成学习任务。

课间文明。不准疯、追、打、逗，不准撩人。不乱扔废弃物，垃圾入袋入箱。爱护公物，保护环境。非放学时间出校门必须有班主任批条。见老师、长辈主动问好，有礼貌。

诚信立人。诚信借阅，还书及时。诚信考试，成绩真实。诚信待人，仁爱为心。

5. 班主任工作常规

守班到位。早7：30，下午13：00到班，敦促学生做好上课前的准备：作业、清洁、午休等，批阅家校联系本，处理有关事宜（毕业班均提前10分钟）。大课间、班会、集会、研学实践与学生一起参加。

培养能力。面向全体，培养学生自主管理能力，在此基础上挑选骨干协助班主任管理班级，协助科任教师带领全班同学自主学习。指导学生设计班级文化（班规、环境、制度等）。

家校协调。组建班级家长委员会参与学校、班级有关管理。定期向家长通报孩子在学校的学习生活情况。在个性问题上与家长协商孩子教育问题与方法。

班科联系。定期组织班级科任教师分析讨论阶段学情，制订教育教学协调改进计划。主动邀请科任教师参与班级活动。

训导训育。周一早升旗仪式后，针对上周学生表现及本周要求进行训导，针对某一典型事例召开主题班会进行训育。

学习研讨。主动研究班级管理模式、方法，总结学生教育规律、经验，成文交流。积极参与各级各类教育培训。

6. 安全工作常规

门卫常规。早上开门前清点安保器材，确保可用。按时开、关校门。外人进校问询登记、学生出校凭条。下午（晚自习）放学后清校，巡查校园，断电锁门。

巡查常规。分管干部每日三巡，早上检查设施设备、消防器材，中午检查用水用电、花草树木，晚上检查门窗关闭、值班记录。

值班常规。早7点前到校门口值班，检查门卫工作、学生仪表及周边安全环境。中午在操场值班，督促学生行为文明。下午放学时间到校门值班，学生走后清校。课间巡查校园场地、楼道，处理偶发事件。下班前填写值班记录。

定期安检。总务处每学期开学前对校舍场地、树木花架、护栏门窗、体育设施、消防器材进行安检，确保正常使用；灭火器到期更换、保养、换药；每月末对水电使用情况及各种用电器、广播器、饮水机、水池等进行检查，及时维修。班级财产管理员每天放学负责锁门、关窗、关电器。

道三：课程的运用与研发——学校发展的持续活力

课程主要分国家课程、地方课程和校本课程。

校本课程主要是两类，即国家、地方课程校本化课程和自主开发的课程。国家、地方课程校本化的做法就是备课组根据课程标准、考试说明和学生基础编写的讲学稿（教学案）、作业本、学科新教材等，也即学科类校本课程。自主开发的校本课程主要的做法：一是在研究分析学校教师学科差异性、特长后，确定研发课程；二是根据社会需要、环境需要和学生成长需求而师资缺乏，与校外有关机构合作开发的课程，主要以社团的形式实施。自主研发的课程一定是符合教育需要、社会需要、个人家庭需要的个性特长培养或个性修炼的内容，也即活动类校本课程。

道四：系统提高教育教学质量——学校发展的竞争核心

质量是办学生命线，是具有很强的实践意义的，质量存，学校兴；质量亡，学校息。办学，如果长期努力看不到成果，就会出现质量不自信，随之就是恶性循环，好的年头要看运气。

只要有中高考的存在，应试质量就存在。即便没有中高考，只要有人才选拔，就必须讲求质量！这是社会和家庭的心声。

初中不同于小学和高中，有自身的质量提升特点。

首先要有核心竞争力。生源结构特点要求学校要有自身的教学核心武器。讲学稿是提高课堂效率的最好载体，需要集体智慧，所以，集体备课至关重要。独有的训练体系是提高应试能力的法宝，不仅需要集体智慧，还需要借助"外力"，最好是利用信息技术手段，如智学网这样的平台提供的资源就很好。

其次要有系统安排。七年级学生不宜在学习上抓太紧，关注点放在各种习惯的培养上，要特别关注学生对学校办学理念认同的情感培养、对班主任及科任老师的亲近关系建立、对班级集体和同学友情的依恋、对作业的认同等，一周一小结。八年级开始树立竞争意识，特别注重学生作业习惯和订正习惯的养成，适当增加学习的时间，开展竞争性活动。八年级防止两极分化，必须加强对学生的严格管理，增加对后进生的帮扶时间和责任教育。七八年级对学生学习的检测最好一月一次，及时订正。九年级是提高成绩的关键，但不是一开始就营造紧张氛围，要循序渐进，让学生在不知不觉中"掉进"老师的学习安排之中。元调或二调之前可增加学习时间，如晚自习，确保作业质量；半月一测，保证进度和教学效度。元调之后到新课结束，再增加学习时间，如早自习提前20分钟左右到校晨读记背，以学科落实为主。第一轮复习开始，特别强调"确定性"复习巩固，必须"早、午过关"，每一个早晨和中午必须要有明确的任务，以小卷为载体，中午保证半小时的集体午休，形成"条件反射"。还是半月一测。最后的综合复习讲求"集体研讨，各自为政"，集体研讨指综合训练，各自为政指补偿训练。综合训练的密度、强度要视师生教学情况确定和调整，密度要提前做好控制，每次强度以学生能承受为准（只能意会不能言传）。5月份是学生和老师最累的时候，要适时关心调整，干部要参与进来，在值守上替换老师。九年级特别强调集体备课效果，综合训练阶段尤为凸显研究和整合及师生状态调整。学生笔记本、积累本（错题本、难题本）、分科试卷册很重要。

还要有激励措施。对老师倾注人文关怀，对学生倾注长辈智者式关心，多用在行动中，少用在口头上（口头多了，容易让人发烦和厌倦，甚至产生逆反心理）。阶段性的鼓励和奖励兑现比终端一次性奖励更符合师生心理需求，更能调剂心情，张弛有度。九年级的激励要提前一年谋划。经常性动员是很有必要的，尤其是九年级，中考前300天、200天、100天，元调、四调考前30天动员最好有校长的讲话。

另外，临界生不能定太早。九年级元调之前，密切关注将来可能上线的学生（潜力），不让其掉队。元调后可确定临界生，结合学情自己定。保四调和元调线上的学生非常关键。临界生的辅导，经验做法是测讲练结合，来自不同班级的学生，多方法比多知识重要。平时的临界生辅导还是"各人的孩子各人抱"。

保障措施如下。

1. 团队作战，形成合力

九年级工作中有三个团队：领导团队、班级团队和学科团队。领导团队由九年级领导小组成员组成，主要任务是围绕总体目标，制订和指导实施九年级工作落实的计划、方案和措施。班级团队由班主任和科任老师组成，主要任务是围绕班级目标开展教育教学活动。学科团队由备课组教师组成，主要任务是开展集体备课，确定新课、复习课和周测月考的训练题的内容、标高和时长。学校对质量的评价将以团队为单位进行考评，因此，团队的每个成员都要心往一处想、劲往一处使，既分工又协作。

2. 组织活动，提高竞争力

组织三种活动：竞教比学活动、研读活动和同步考试活动。竞教是对教师而言的，具体指教师按照教学目标的要求，采取分层推进的办法，按计划上好每一节课，不抢进度、不开快车、稳打稳扎；比学是对学生而言的，具体是指学生在老师的指导下，有目的有计划地参与课堂学习，做到听懂会做。组织老师研读近几年元调、四调和中考试题，并开展相应的交流活动；组织老师学习研究考试说明，理解和掌握中考的新动向和新特点。期中考、元月调考和四月调考期间，组织老师参与同步考试，通过老师的亲自作业达到自我反思、自我提高的目的。

3. 奖励推进，聚焦目标

分设阶段奖励和终端奖励。阶段奖励为元调和四调目标完成奖励，突出团队，以班级普高上线人数和备课组学科有效人数为主要评价要素。终端奖励为中考目标完成奖励，团队和个人并重，在学校普高目标完成的前提下，奖励班级、备课组和个人。

在平时课堂，各个学科老师紧盯目标，通过检测找出学生不足，利用纠错方式，帮助学生及时弥补短板；统考成绩公布后，各个学科老师盘点目标，从规范、准确和熟练三个层面分析学生得失分情况，利用专题突破、错题重做、补偿训练，帮助学生堵上漏洞。

工作要求如下。

（1）领导团队在制订计划、指导实施和敦促落实的基础上，关心老师身心健康，主动帮助老师解决工作和生活中的困难，做好服务。

（2）班主任的工作重点要始终放在班风和学风的建设上，为每个学生创造一个"有学、乐学和善学"的班级氛围。

（3）备课组的集体备课要在平时训练题的筛选和检测题的命制上下功夫，群策群力，通力合作，发挥团队作战优势。

（4）科任老师要对学生从严要求，注重教学过程的严谨和规范，积极参与各级各类教研活动，提高课堂教学的效率。

道五：做好教师职业生涯规划与潜力评估
——学校发展的稳固根基

为什么有很多年轻教师缺乏上进的动力？为什么有很多中年教师出现职业倦怠？为什么有很多老年教师只想教"爹爹书""婆婆书"（上没有质量的课）？其原因可能跟教师职业生涯规划有密切的联系。为什么会有"教不好书的人去当领导"？为什么又会有一些专业技术优秀的教师离开讲台走上行政之路？我把这类问题归结于教师的"错位发展"，其原因可能与缺乏对教师的潜能评估有关。

帮助教师做好职业生涯规划非常有必要。2007年我从新加坡留学归来,趁热打铁做了个个人课题"教师职业生涯设计与规划",研究成果获湖北省教科所一等奖,同名论文获中国教育学会21届年会(2008年)论文评比一等奖。在这篇论文中我认为——

设计规划教师职业生涯,是促使教师潜能得到极致发挥,促进教师专业化发展的重要内容,也是教育行政部门和教师自身迫切需要解决的一个重要问题。

20世纪80年代,教师专业化成为世界教师教育的潮流。《中华人民共和国教师法》颁布以后,我国教师的身份由"国家干部"转变成为事业单位的专业技术人员,教师从特殊的行业逐渐转向普通的职业。但是目前面临的情况并不乐观。

(1)教育行政部门还没有为教师规划职业生涯。

当前,我国教师还不是真正意义上的普通职业,教育行政部门还没有规划教师职业生涯,现实给我们提出了两个值得注意的问题:

其一,职业年龄分配出现"空白"区域,不利于教师专业化发展。一名教师入职后,经过一年的见习后转正成为一名初级教师(23岁左右),约五年后,经过评聘成为一名中级教师(28岁左右),再过约五年后,可以申请评聘中学高级教师(33岁左右),而退休的年龄为男60岁,女55岁,教师退休前有20余年的"空白"。

其二,小角度"金字塔型"晋升,抑制教师专业化发展。由于有严格的编制限制,从中级教师开始,一定比例的教师分批进入中学高级教师行列。中学高级是中学教师职称的顶峰,只有极少数的教师通过自己的努力和学校的培养,或获得区、市、省、国家级骨干教师,省特级教师等荣誉称号,或选择学校中层干部职业,校级干部及其他行政职业。教师晋升、晋级呈小角度的"金字塔型"发展。

(2)教师普遍缺乏个人的职业生涯设计。

为什么选择做教师?改革开放以前,教师的社会地位不高,教书可以"糊口"。改革开放以后,教师地位逐渐上升,许多人选择做教师还是为了拥有一个"铁饭碗"。21世纪后,选择做教师则主要是因为教师这个职业比较"稳定"。到底有多少人选择做教师是被教师这个职业的特性所吸引呢?虽然没有做调查统计,但我相信,答案是不容乐观的。

从当教师那天起,他(她)就一头扎进了应试大潮。通过三年或六年的努力,教师熟悉了教材,熟悉了学生,熟悉了课堂,了解了教育的显性和隐性规则,也融进了学校。他们中的一些佼佼者开始进入各级领导和专家的视野,开始有了自己的奋斗目标(或成为教学骨干,或成为科研能手,或进入管理行列),不过还是没有系统的职业生涯设计。而大部分教师则进入评聘职称的行列,按部就班地完成教育教学工作,很少有教师全程关心自己的职业前景,教师普遍缺乏个人的职业生涯设计。

那么,如何设计规划教师职业生涯呢?

1. 教育行政部门规划教师职业生涯

要规划教师职业生涯,规划者必须知晓教师职业生涯发展特点。虽然现在没有人对教师职业生涯发展做专门的研究,但一些学者(尤以美国学者为先)对普通的职业生涯发展规律所研究的成果可供借鉴。如美国职业生涯管理专家萨珀的五阶段生涯发展理论,施恩教授九阶段职业生涯发展理论,加里·德斯勒教授的五阶段职业生涯发展理论。我国学者也提出了五阶段的职业生涯发展理论。他们对每一个阶段都总结了主要任务及成就满足感,他们的研究有两个很重要的共同点:

(1)从成年到45岁左右,是职业建立、动摇、稳定阶段,这一阶段的主要任务是学习、适应、选择职业,最终稳定自己的职业发展目标,并有所成就。

(2)45—65岁的职业维持阶段,这一阶段的主要任务是评估早期职业生涯,维持属于个体的工作职位与成就,并面对新的人员的挑战。

教师职业生涯发展规律有其特殊的一面,教师的成长阶段与学生的成长密切相关,而且伴随着循环性、差异性、稳定性。根据教师职业的这个特点,我们可以将教师职业生涯发展划分为以下几个阶段。

第一阶段为职业准备阶段(18—23岁),主要任务是接受必要的技能知识和职业教育,确立初级职业目标。

第二阶段为职业建立阶段（23—30 岁），主要任务是展示和发展自己的技能和专长，确定职业发展方向。

第三阶段为职业成熟稳定阶段（30—45 岁），教师充分展示自己的才能，在历经十余年的成功与挫折后，职业技能日趋成熟，逐渐认同教师的职业价值，并形成独具特色的教学风格与人格，形成终身职业发展目标。

第四阶段为职业维持阶段（45 岁—53/57 岁），教师在自己的专业工作领域已经有一定的地位，进一步发展的期望逐渐减弱而保住已有地位和成就的愿望逐渐增强。为了不至于过早淘汰或应对后辈的挑战，他们也涉猎其他领域以充盈专业知识。

第五阶段为职业衰退阶段（53/57 岁至退休及退休后），教师开始准备退休后的生活，此阶段教师职业发展的动力日益减少，回忆占据较多时间，教师回顾总结一生的职业过程与成就，眷恋失去的时光。

规划教师职业生涯，教育行政部门首先要改进目前的教师晋升、晋级格局，可将教师职业生涯区分为三个途径：教育教学（中）、教育科研（左）、教

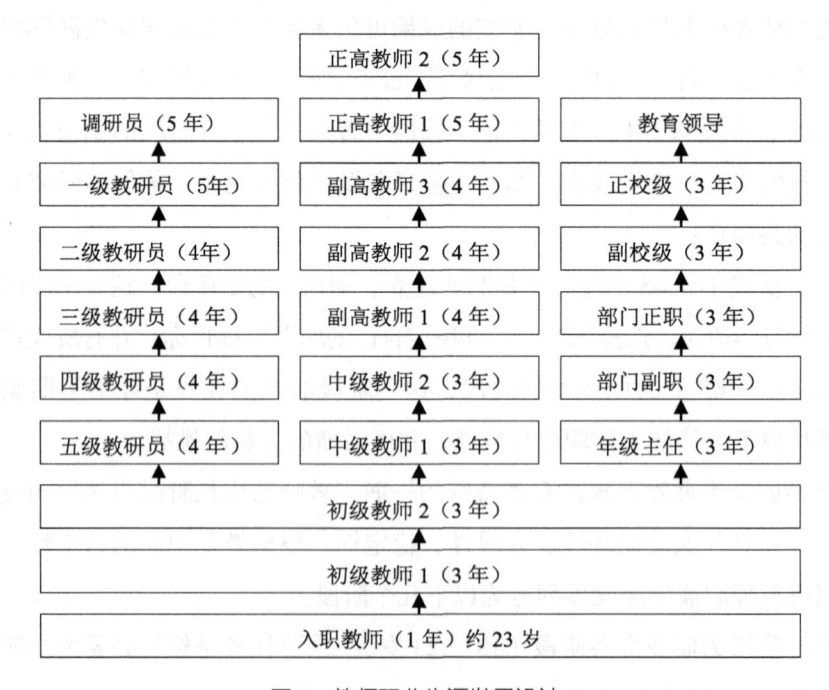

图 1　教师职业生涯发展设计

育行政管理（右）发展途径如图1所示，以供入职教师参考，提高教师专业化效率。

其次，应该根据职业生涯发展规律，细分每一阶段的年限分配。如图1所示，按正常职业生涯发展进程，45岁左右，教育教学发展途径的教师达高级教师3，教育科研发展途径的教师达到一级教研员，教育行政管理途径的管理者达正校级，均接近教师职业生涯发展顶峰。45岁后，教师维持职业发展成就。

2. 教师设计职业生涯

人生的意义、价值是在工作中体现的，教师职业生涯周期短（普通中学教师三年为一个小循环周期，十至十二个周期就结束了职业生涯），需要很好地进行设计。

（1）充分认识自己。

认识自己比认识他人难，准确地自我剖析、充分认识自己是设计职业生涯的第一步。

教师的自我剖析就是让教师对自己的需求、能力、兴趣、偏好等进行全面的认识。需求、能力可以决定职业倾向但不能决定职业生涯成败，兴趣只能作为职业生涯设计的参考，偏好是左右思维的最重要因素，教师的自我剖析要集中在挖掘并发挥自身的思维优势与潜能，发现并回避自身的不足，并通过反思不断完善自己，提升品位。

（2）深刻分析所处的职业环境。

学校是教师职业生涯发展的舞台，教师所处的职业环境就是学校。不同地域、不同类型学校的文化与环境直接影响着教师的成长过程与生存质量。

教师深刻分析所处的职业环境的重点是确定个体潜能、思维优势与环境之间融合的结合点，要善于分析对自身发展的有利与不利条件，找到职业生涯发展的途径与方法。

（3）确定职业发展方向。

经过3—9年的教学实践，教师对自身与学校、自身与教育的关系有一个较为全面的认识，可以在教育教学、教育科研、教育行政管理发展途径中选择一条作为自己奋斗的方向，坚定不移。

(4) 短、中、长期设计结合,及时调整。

短期职业生涯设计一般为 3 年以内的目标与任务。这个目标与任务应是非常具体而且能达到的。

中期职业生涯设计一般为 3—9 年的目标与任务。这个目标与任务指向应是非常明确的,教师要在这个设计期内坚实职业发展基础。

长期职业生涯发展一般为一生的目标与任务。这个目标与任务是稳定的,基本不变。

职业生涯发展的短、中、长期设计之间逻辑联系紧密,前者是后者的"投入",后者是前者的"产出"。值得注意的是,教师要用发展的观点来看待这种结合,适时调整,以适应多变的职业环境。

3. 教师职业生涯发展的保障机制

(1) 改进用人机制——明晰管理途径。

目前的教师用人机制如图 2 所示。

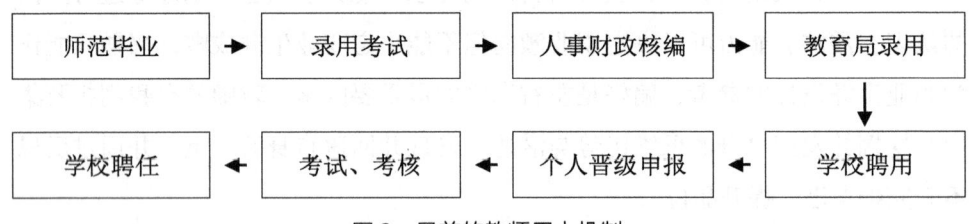

师范毕业 → 录用考试 → 人事财政核编 → 教育局录用 ↓
学校聘任 ← 考试、考核 ← 个人晋级申报 ← 学校聘用

图 2　目前的教师用人机制

这种用人机制有以下几点不足。

其一,师范院校并非按照未来社会教师岗位需求数量进行招生,入职教师供需不匹配、学科结构不合理的现象较为突出。

其二,用人多头管理,教育人才的培养与选拔受限,不利于教育长足的发展。

其三,教师来源比较单一,教师职业终身制难以打破,不利于教师的遴选。

其四,教师聘、评、用脱节,不利于准确、客观地评价教师,教师队伍建设活力不足。

用人机制改进势在必行，教育行政部门可根据未来学科教师的岗位需求制订计划，各级师范院校根据计划相应招生（签订至少4年的合约），聘、评、用权力下放到学校，形成教育行政部门考核学校，学校考核教师，人事、财政部门支持的新用人机制。这种新用人机制既有利于教师的专业化培养与发展，又有利于教育长远有序的进步。

（2）完善培训机制——构建终身学习体系。

信息时代的知识经济迅猛发展，知识更替日新月异，知识管理趋向成熟，教育已经成为拉开国与国综合实力差距的重要因素，成为一个国家飞速发展的阶梯。教育发展的关键是教师的发展，那种一个文凭管终生、一支粉笔打天下的局面将一去不复返，取而代之的是新资讯科技的广泛运用，是学习型社会与学习型教师的普及。能够完成这个新的使命的形式就是培训，不断进行培训。

反思我们当前的教师培训，虽然有时间、有地点、有内容、有形式、有目标、有考核，但培训多功利色彩而少实用价值，培训内容更新慢，培训缺少针对性的计划，缺乏专业教师。我们必须完善教师培训机制。

建立一支稳定的专业性强的培训队伍是首要任务，而且是最重要的任务。培训教师的教师应该是专业思想坚定，专业技术过硬，专业钻研精神强，具有开拓意识，善于学习国内外最新专业知识的人。

适时超前的短期、临时培训计划是很实用的，这是由知识更新周期变化快的特点决定的。

强制性培训与灵活机动的培训相结合。学科专业培训与教学技术手段的培训属于强制性培训，每一名教师都得过关。其他与职业相关的知识技能培训则讲求灵活机动，兼顾教师的教学任务与精力。

建立教师交流平台。区域内外、国内外的交流是提高教师培训的重要途径，教师在交流、讨论、沟通中取长补短，提高专业素养。

通过完善培训机制，着力构建教师终身学习体系，使教师职业生涯充满活力。

（3）健全激励机制——满足职业发展需求。

与其他职业相比，教师职业更具倦怠性。越来越多的教师工作缺乏幸福感，没有归属感，甚至失掉责任感，这对教师职业生涯发展是极为不利的，长此以往，必然带来教育水平的整体滑坡。我们必须健全教师激励机制，调动教师职业激情，满足教师职业持续发展需求。

一是因人而异。安排教师岗位要适合教师的思维偏好与专长。教师越来越看重工作对自己生活生命的价值和意义，做擅长的工作，做喜欢的工作不仅可以提高工作效率，而且可以大大提高工作满意度。

二是岗位挑战。有挑战，才有来劲的工作，并由此而产生责任心、成就感，持续增强后续动力。

三是激励与绩效结合，坚持正面激励。激励，无论是物质激励还是精神激励，是正面激励还是反面激励，是内在激励还是外在激励都应该与绩效考核相结合，坚持正面激励。

（4）建立评价机制——保障职业生涯设计实施。

评价机制是支撑教师职业生涯设计的构架，它是一个长效机制。

①教师评价的主动权应该在学校。

教师几乎全部的工作时间都在学校里度过，教师的职业道德表现、业务能力水平、人际关系情况、个人兴趣与特长、喜好厌恶，甚至教师的潜能，学校领导班子基本上都能比较准确地掌握，因此，教师评价的主动权应该在学校。

②开发教师评价体系。

用一把尺子（即教学成绩）来衡量所有的教师，是对教师个性的抹杀，而抹杀个性就是扼杀创造性。我们需要开发一套完整、科学的教师评价体系。这个评价体系应该全面涵盖教师的职业道德素质、教育教学专业素质、领导素质，评价体系要有评价主客体、评价内容、评价目标、评价指标、评价级别、评价周期、评价结论与运用，还应兼顾教师个性特征。

③教师评价结论的运用。

教师评价的结论为晋升、晋级、评先、表优提供依据。但教师评价不能"一锤定音"，要根据教师职业生涯发展的各个阶段进行。对每个阶段的评价结论，教师必须有认可或不认可的意见，若连续几年的评价均不能达标，或评价结论变化是下滑趋势，则教师要面临级别与工资奖金的原地踏步或退步。

④教师诉求途径。

既然教师评价的主动权在学校,那么校长的作用是显而易见的,校长既要认真履行职责,又必须真心真意关心教师的成长与进步。为保证评价的公正与公平,我们必须建立教师诉求机制,明晰一条诉求途径,保障教师的合法权益。

教师职业生涯设计与规划是适应教师专业化的重要举措。教育行政部门通过规划教师有效的职业生涯,使教师职业道路变得清晰,并通过一代一代教师的努力,提升教育的效能。教师个人通过职业生涯设计,将自己的偏好、兴趣、能力、个性、所处的外界环境进行综合分析,确定最佳的职业发展目标,并拟定达到这个目标的途径,完成教育赋予的使命,实现人生价值。

教师职业生涯设计与规划又是一项系统工程,需要来自各方面的支持。这项工程若取得成功,教育幸甚,教师幸甚。

对于教师的职业发展方向,其实在教师参加工作10年左右就可以做出较为准确的判断,我们称之为潜能评估。潜能评估是保证队伍可持续发展的关键,也是引领教师专长发展,避免过早过多产生颓废教育情结的有效之路,它是一个课题,是一个系统工程。

道六:形成教育合力——学校发展的健康环境

一个人在成长过程中的角色分别是孩子、学生、公民,教育的最大作用就是让每一个人都具备这些角色的良好素质,这就是学生的全面发展。所以,教育是综合事业,仅仅依靠学校是不够的,需要家庭、社区、公共服务部门的紧密支持和配合,形成合力。

家庭教育是最直接最关键的合力。家庭教育首先是家庭环境氛围的营造。家庭环境不在乎奢华,整洁、干净、东西摆放整齐有序即可。其次是家庭成员的关系。关系和谐有利于孩子的健康成长,维系和谐的密码是父母亲爱、子女孝顺。还有家庭活动。家是港湾,是亲人栖息之地,健康的家庭活动如家务、聚会、郊游等可以让家庭更和睦,更温暖,更有吸引力。不健康的家庭生活如打麻将、经常性吵架、家暴等则可以让家庭变得冰冷、无趣、毫无留恋。长期温暖促进人格健全，长期冷漠促使人格分裂。人格健全的学生，接受常规教育的速度和程度都很好，人格不健全的学生，接受常规教育的难度就很大，需要更多的精力和方法，有的甚至要借用心理治疗等外力。

社区教育是对学校教育的重要延伸。社区是公民生活的最基层单元，社区里发生的每一件事都牵扯到社会的"神经"，是社会的缩影，因此，了解一个国家、地区的风土人情、发展状况最好的途径就是深入社区之中。我们的学生从社区中来，接受完教育之后又会生活到不同的社区之中，社区早已经和我们密不可分。教育不能脱离社会，学校不能脱离社区，而社区教育的作用还没有被提到议事和发挥的日程上来，孩子在社区里的成长目前基本上还处于"放养"阶段。生活即教育，生活即课程，菜场、商店、养老院、幼儿园、医院、习俗、民间艺术等，处处都是学习的课堂，这些都是在学校课堂中学不到或学生没有学到的，它们恰巧是生活的技能，也是教育的目标所指。由此可见，社区的建设应该是政府着力要投入的，而现实却是微乎其微。那种学生放学后到各自的社区学习不同的手艺、技术，哪怕是找个地方完成学校布置的学习任务的情境，都是奢望，都是梦想。无怪乎专家们总是指责学校教育，总有人说学校培养出来的人除了读书，什么都不会。现在知道原因了，社区教育的缺位而已。

公共服务部门的支持与配合是学校教育稳定前行的保障。教育是最大的民生，各行各业的发展都离不开教育，每一个家庭也都离不开教育，教育的稳定前行是所有人的期盼。首先是教育的安全保证，需要公安、城管、食药监、房管、环保、水务、供电等部门的支持。其次是教育的发展保证，需要人社、财政、编办、国土资源、税务等部门的支持。还有教育自身的配合，需要教育各行政部门的指导与支持。因此，政府各组成部门都应建立对学校教育的支持职能，主动给予高度重视。对教育的投入就是对未来的投入，国家如此，家庭亦如此。不能让学校消极被动地为经费、教职、厕所、设备、环境等问题四处作揖还不见结果。

道七：校长必需的演讲——学校发展的号召影响

就职演说非常重要，它是校长给予新学校全体教师的第一印象，也是校长施政纲领宣讲的第一课，关系局面的打开和今后工作开展的进程。校长演讲宜言简意赅，目标清晰，措施明确，强化引领，必须"一炮打响"。

开学典礼上，我必须演讲。这种场合，我的演讲主要分四部分，一是新学期祝愿，二是回顾展望，三是办学理念宣讲，四是校长寄语。

校长的每一次演讲，也是校长办学思想的一次提炼。比如，我在一次演讲中要求我们的学生努力成为未来社会的精英需具备以下五个方面的素养。

第一，柔顺的品质。清朝第五位皇帝雍正即位后，将寝宫由乾清宫搬到养心殿，手书"中正仁和"制成牌匾挂在殿中，时刻勉励自己。"中正仁和"的意思是"中庸正直仁爱和谐"。中庸，要不偏不倚；正直，要不歪不斜；仁爱，要宽仁慈爱；和谐，要协调融洽。这里面处处隐含着"柔顺"的内涵。皇帝尚且如此，何况百姓；封建社会尚且如此，何况现在。我希望学生时代，首先从修炼"柔顺"开始。柔与刚相对，顺与逆相悖。刚易折柔能存，逆易伤顺显爱，初中生是长身体和长知识的关键阶段，柔顺是这个阶段的好品质，刚逆则会给将来的身心带来伤害的隐患。所以，从现在开始，我们要时刻修炼"柔顺"品质，无论是在家里、社区还是在学校，任何时候都要柔和些，顺着点，不要动不动就耍脾气好冲动。柔顺修炼到家了，将来才有"刚柔相济"的可能。

第二，严谨的习惯。在小学，我们接受了各种习惯的培养，中学阶段，我们对习惯培养定下了更高的要求，那就是严谨，主要表现在两个方面。一是有条理。早上几点钟起床，几点钟过早，几点钟到校，中午什么时间休息调整，晚上什么时间做作业，几点睡觉都要非常精确。早自习干什么，自习课干什么，每天的作业如何安排，如何进行阶段复习，学校课程与培训课程怎样协调等，都要事先考虑。二是要适度。比如，吃饭要考虑量和质的问题，不能多也不能少，每餐吃个七分饱就行了；要区分正餐和副餐，那些方便食品、零食只能偶尔调剂口味，不能当正餐天天吃。比如平常说话，"音量"不要太大、太小，以听清楚为标准。比如玩耍，必须定时间，不能"废寝忘食"。比如同学交往，不能太亲密也不能太疏远，保持一定的距离为美，等等。总之，说话做事都要有"度"，有"分寸"。

第三，缜密的思维。学习成绩的差异、生活习惯的差异，其实就是思维的差异。缜密的意思是细致精密，谨慎周密。怎样才能把自己的思维变得缜密呢？我想主要从两个方面去努力。一是讲系统。我讲的系统是将零散的东西整理成整体。比如，我们学习了一门课，这门课就是个系统；学习了一个单元的知识，这个单元就是一个系统；我们学习了一节课的内容，那这一节课就是一个系统。那么，每一个系统都是由相关联的零散知识构成的，我们把这种关联制成关系图来学习就是系统的学习。二是重细节。我们经常听到这样的说法：哎呀，这道题我会做，就是因为疏忽大意了；哎呀，这件事我能做好的，就是忘了做；哎呀，我们班本来可以得第一名的，就是那个环节没想好，等等。其实，这些都是细节的问题，细节是可以决定成败的。俗话说，好记性不如烂笔头，我希望大家遇事多动笔写下来，写下来了，可以减少"细节"的失误。当然，缜密的思维不是一天两天能修炼成功的，需要我们不懈的努力，那就从现在开始吧。

第四，坚毅的精神。坚毅指的是坚定而有毅力，首先要有执着的精神。郑板桥写过一首诗叫《竹石》，我想绝大部分同学都能背：咬定青山不放松，立根原在破岩中；千锤万击还坚劲，任尔东西南北风。我们干任何一件事情，只要是认准了的，都要像郑板桥笔下的竹子，执着，不能半途而废。在执着的精神里，还有一种冒险精神，就是不怕失败，不惧权威，只有亲身去做了，才知道执着的内涵和成功的体验。其次是专一。现在，外界的诱惑实在是太多太多了，要想成功就必须抵御各种诱惑，就必须有专一的精神。学习是艰辛的生活，学习都有枯燥期，比如我们刚开始学习乐器，感觉很好，可是到了一定程度，枯燥期就来了，甚至一看到乐器就烦。学过乐器的都会有这种经历。下棋、舞蹈等都是这样，文化知识学习也不例外。为什么有的同学越来越爱学习，有的同学越来越怕学习呢，原因就是在枯燥的时候前者有专一的精神而后者没有，这就是区别。所以，要想成为精英，一定要有坚毅的精神。

第五，无我的境地。一谈到精英，很多同学都会认为是个人英雄，是自我的标榜，其实不然。精英之所以成为精英，是因为他为更多的人带来了财富，这恰恰是一种"无我"的境地。我们经常陷入"自我"的怪圈，有的还不能自拔，所以烦恼自然就越来越多。怎样才能达到"无我"的境界呢？我认为可以从两个方面去努力。一是修炼利他思想。我们说话做事多从别人的角度去考虑，这就是换位思考，多考虑给别人带来多大的帮助，只要是有利他人的事我们就去做，有利他人的话就说，反之不然。其实，我们在成就别人的同时又何尝不是成就自己呢。二是合作。合作指的是发挥团队力量，这个道理很好理解。比如，我们上学期举办的文体竞赛活动，靠一个人的力量肯定是不行的，必须依靠团队的力量，有专人策划，有专人负责训练，有专人负责节奏，有专人负责计分等。在我们的学习生活和工作中，个人奋斗固然重要，但有非常多的事情需要团队的合作。可以这样说，一个成功人士的背后一定有一个优秀的团队。这就是合作的力量。当然，合作只能用在正能量方面的事情，不能用在歪门邪道上，比如，参加考试就不能合作，合作就是作弊。稍做总结如下。

一是柔顺的品质。忠于祖国，爱惜名誉；孝顺父母，尊敬师长；关爱他人，善于配合。

二是严谨的习惯。少说多做，慎言慎独；恪守三德，守时守信；节食健身，日事日毕。

三是缜密的思维。正向反思，导图结构；系统思考，化繁为简；细心全面，思定而行。

四是坚毅的精神。不惧失败，不言放弃；执着专一，分解目标；扬长补短，追求成功。

五是无我的境地。以他人之心为心，以圣人所贵为贵；淡泊明志，荣辱不惊；一日三省，无为不争。

在一次演讲中，我专题谈校风，我认为也要求师生做到以下几点。

第一，礼仪规范。中国是礼仪之邦，学礼仪、行礼仪是中华传统美德。2600多年前，春秋时期法家学派的代表人物之一的管仲在《管子》这本书中提出"礼义廉耻，国之四维"的理念，并成为2000多年来中国人的共识，礼的地位可想而知。西汉时期还有专门的著作《礼记》影响至今。礼，涵盖的内容十分广泛，短时期里不可能全部学到，但是，最基本的规范礼仪，却是我们必须学和行的。比如，爱国礼有很多，在学校里最具体的就是国旗礼，规范的国旗礼是怎样的呢？当国歌响起，国旗冉冉升起时，要立正行注目礼，少先队员要行队礼。再比如，待人接物礼有很多，在学校里最具体的就是师生见面礼，学生到校第一眼见到老师要问老师好，老师要回礼"好"或"同学们好"，上课下课也要行礼；同学之间也要讲礼貌，借东西有借有还就是礼，等等。这些在中学生守则和行为规范中都有详细的要求，我们要学要行。总之，我们要彬彬有礼。

第二，风度大方。风度指人的言谈举止和仪态。我提大方的风度主要是对男性而言。大，是相对于小而言，如大气、大度等。方，指的是"端""正"，如方向、方圆等。造物主是很有讲究的，绝大部分生物都有雌雄之分，而且赋予他们天生的本性。人类的男性就天生主阳、主刚，女性天生主阴、主柔。阳者大也，刚者正也。具有阳刚之气的男生，其风度就是要大气、方正，天性使然。虽然，也有一些男生，或由于先天的变异或后天的环境影响，具备很多女生的特质，但他们毕竟是少数。所以不能一概而论。总之，是男生就要"大方无隅"，意思是最大方的东西没有角落。我希望我们学校的男生都是"大方绅士"。

第三，气质优雅。气质指人的相对稳定的个性特点和风格气度，也反映人的言谈举止和仪态。我提优雅的气质主要是对女性而言。优，是相对于劣而言，如优质、优等等。雅，指的是"好""正"，如雅量、高雅等。优雅的对立面就是"劣俗"。我们形容男生的美有"潇洒""帅气"等词语，形容女生的美而经常用"沉鱼落雁，闭月羞花"（西施王昭君貂蝉杨玉环四大美人）来比拟。还有"环肥燕瘦"（唐玄宗的杨玉环，汉成帝的赵飞燕）之说，杨玉环是胖的怎么就列入四大美人呢？这就是气质。女生因可爱而美丽，因优雅而尊贵。我希望我们学校的女生都是"优雅淑女"。

第四，品位高上。品位，指矿石中有用元素或它的化合物含量比率，含量越大，品位越高。品位这个词用在人身上，就是对事物的鉴赏和分辨能力了，那就是修养的高低。高相对于低而言，上相对于下而言，我对大家的要求不言而喻了，我们的品位要"高"，要"上"。我们在学校里接受教育，除应对考试是必需的外，还有更重要的任务，就是学会做人做事，学会生存生活，学会与人相处，学会学习创造，这就是修养。如果说考试是分水岭，那么修养就是进步的阶梯；如果说考试是一时的事，那么修养就是一辈子的事，孰重孰轻，也是不言而喻。总之，我们要"品位高上"。

再比如，我在演讲中提出：做有仁爱之心的理智君子。

一是以他人之心为心。先贤老子李聃说："天地不仁，以万物为刍狗；圣人不仁，以百姓为刍狗。"说的是天地和圣人是不讲偏爱的，有偏爱就有不公，要尊重每一个生命。前辈教导我们说，在生活中，要时常进行换位思考，始终欣赏他人、善待他人、关心他人、理解他人、帮助他人、学习他人、团结他人、借鉴他人，这就是以他人之心为心，这样做不仅强大了自己内心，更收获了他人之心。这是我们的理智。

二是任何时候都有团队精神。物以类聚，人以群分，物体与物体之间都有相对联系，人是不能脱离集体而单独存在的。我们一直生活在亲戚、朋友、老师、同学、家庭等各种群体之中，我们还生活在各种组建的"微信、QQ、FACEBOOK 等社交群"中，群体中的每一个成员都是相对独立的，都有独特的思想，要想保持"群"的稳定，我们就不能以自我为中心，必须有团队精神，要不然，"群"就垮了，"群"就要解散了。这是我们的理智。

三是经常核算时间成本。成本，简单讲就是投入的资源。做生意要讲成本，要不然随时做折本的买卖。做事要讲成本，要不然会前功尽弃。做人也要讲成本，要不然会一失足成千古恨。我们这里要给大家推介一种成本，那就是时间成本。时间是稀缺的资源，意思是我们在单位时间里只能做某件事，做了这件事就不能做别的事。比如，我们某节课在教室里学习，你就不能说这个时间段里我们既在教室里上课同时又在操场上活动。因此，在做学生期间选择做什么就显得非常重要。学生时代的主要任务就是学习，时间一去不复返，我们都得核算好学习的时间成本。这也是我们的理智。

我还在一次演讲中要求师生要心存敬畏。

心存敬畏，首先要敬畏自己。人之初，本无善恶之分，人之末，却有千古流芳和遗臭万年之别。其中的变化道理，我想，每一个人都懂一些。佛家有三毒，分别是"贪""嗔""痴"，所谓"贪"，指的是对欲望的执着；所谓"嗔"，是对于喜怒的偏执；所谓"痴"，是对于爱好的偏执。无所畏惧，任性独尊，就是"贪""嗔""痴"的典型表现。一旦人们趋之若鹜，将导致"礼乐崩溃"，国将不国。佛家还有治"三毒"的妙方，那就是"戒""定""慧"，即戒治贪、定治嗔，慧是智慧的慧，治愚痴。每一个人的内心世界都有很多个"我"，有"真我""善我""美我"，也有"假我""恶我"和"丑我"，对人生非是如贪嗔痴戒定慧的判断总是这些个"我"斗争的结果。我们要敬畏自己，在漫长的人生道路上，始终让"真善美"主导生活。

心存敬畏，又要懂得敬畏他人。物以类聚，人以群分，在我们的生活中，总免不了要和他人打交道。怎么打交道呢？儒家的核心思想是"仁爱"，《孟子·离娄下》中，记录了孟子的这样一句话："仁者爱人，有礼者敬人。爱人者，人恒爱之；敬人者，人恒敬之。"它道出了与人打交道的方法和原则。每一个他人，都有一个他人的自我，我们不能轻易地去用我的自我观点评判他人的是非善恶，我们必须像敬畏自己一样去敬畏他人，懂得尊重、信任，懂得关心、爱护，懂得容忍、原谅，"以仁存心，以礼存心"，用一生的努力去做一名真君子，以仁爱之心为心，换得人人的"仁爱"之心，如此，"仁爱"则会成为社会普遍的认可。我相信，只要人人都献出爱，人人都敬畏人，我们的生活就会处处充满阳光。

心存敬畏，还要敬畏天地万物。"天地玄黄，宇宙洪荒。日月盈昃，辰宿列张。寒来暑往，秋收冬藏。闰余成岁，律吕调阳。云腾致雨，露结为霜。"这是《千字文》的开篇第一段，虽然讲的是天文气象常识，却也给我们提出了"道"：天地交，万物通。《道德经》里有这样一句话，"道生一，一生二，二生三，三生万物"，说的是天地、万物是按自然规律运行、生长的，只能顺势，不能"逆天"。我以前相信"人定胜天"，相信"敢为人先"，后来看到有人肆意妄为，胡作非为，我就知道有人曲解了这两个词的含义。为什么会有人曲解这两个词的含义呢？究其原因，就是没有心存敬畏之心。敬畏天地万物，珍惜自然和社会赋予我们的美好事物，感恩自然和社会赋予我们的双重财富，并将美好事物、双重财富传递出去，就会三阳开泰，天长地久。

除了开学典礼，学生的毕业典礼我也是必须要讲话的。我是这样认为的，学生要毕业了，作为他们的母校的校长，应该给他们留下将来回忆初中生涯的只言片语。这类讲话多是人生道理的激励，我每一篇都认真写，用心去写，文体也不限于讲话稿，有几次都是以散文（诗）的形式写的，我希望我的学生能够听到不同的美的声音。

另外，有些是教育理念的宣讲，是对教师工作的新认识，在一次演讲中我希望全体教师努力做"三型"教师，我做了如下阐述。

1. 做文化型教师

文化型教师有四大能力标志。

一为学力。古今中外文化灿若星河，人无法全面涉猎，也不需要全面涉猎，教师只需要将学生学习期间涉及的相关文明（一般指人文素养、社会科学素养、自然科学素养、艺术素养、实践技能等五方面）做相关的研究和了解。研究的主要对象是专业领域中的五个方面，了解的主要对象是专业外的五个方面，诸如国学的基本知识，宗教信仰的基本常识，现代管理学、教学论、德育、艺术类、心理学等人文、科学、艺术的基本理论及基本实践操作能力等。

二为影响力。套用管理学对于影响力的界定，教师的影响力，指的是用学生乐于接受的方式，改变学生惯用的方式及思想和行为的"功力"，也可以说是教师对学生的文化感染力。这种"功力"有深有浅。深的，可以影响学生的一生。浅的，有可能如同清风拂面，感觉而已。"功力"需要教师不断训练，日积月累。文化型教师就是那些"功力"深厚、影响力巨大的教师。

三为梦想力。《中共中央　国务院关于分类推进事业单位改革的指导意见》（2011年）指出，教育属于公益事业，义务教育划分为公益一类。我认为，当前基础教育的梦想就是实现"公益教育"。这个梦想的拦路虎就是教育的不公平，那些诸如公办教育产业化之类的做法就是拦路虎，就是阻碍教育梦想实现的绊脚石，不应成为公办教师追逐的目标。教师职业已经烙上"公益"印章，教师必将之视为职业梦想，为促进学生的教育机会、教育过程和教育结果三大公平而努力工作。

四为定力。当下，教师职业的社会地位似高还低，教育产业利益的诱惑随处可见，不良教育信息不断侵蚀着教育的良知，实现教育梦想的道路可谓荆棘丛生。没有信念，教育的梦想就是空想。教师定力就是坚守职业操守，先用上善若水的胸怀净化社会的污垢，后用大智若愚的手法改变学生的心智，用"捧着一颗心来，不带半根草去"的执着为实现教育的梦想贡献一生。

文化型教师特性：儒雅、遵道。知识渊博且不断更新，真善美朴且表里如一，知廉明耻且行为世范，无为有节且持之以恒。

2. 做智慧型教师

智慧型教师有四大能力标志。

一为资源整合力。信息世界是平的，浩如烟海的教育教学资源通过搜索引擎瞬间可得，整合便捷，运用自如。课堂教学容量越来越大，黑板加粉笔已经不够用了，还需要使用电子白板。适应信息社会的巨变需要教师快速掌握基本的信息技术，加入教育云这个大家庭，与全国各地的教师进行无障碍交流，使用最新的资源进行最新潮的教育教学。

二为内化力。内化力主要指的是将学习资源转化为学习资本的能力，它是教师学习的动力、毅力和能力的综合体现，也是教师专业化水平竞技的本质。学习的宽度越宽，学习的深度越深，学习的容量越大，教育教学的反思就越多，教育教学的能力就越强，判断处理问题的思路就越清晰。教师对教育教学规律的认识和辨析能力是通过持之以恒的内化得来的。

三为创新力。创新是一个民族进步的灵魂，是国家兴旺发达的不竭动力。不同年代的孩子有着不同的表现，每年的新生总也不同于老生，教师不能循规蹈矩、墨守成规，而是要有创新力，勤于改进，敢于改变。具有创新意识的课堂永远都吸引着学生孜孜不倦地探求新知，具有创新力的教师永远都是学生最喜欢的教师。任何时候，教育都呼唤创新力。

四为创造力。创造力是指产生新思想，发现和创造新事物的能力，是智慧型教师最重要的能力特征，也是有别于普通教师的核心因素。教师的创造力就是形成新的教育教学经验和新的学识，这种经验、学识不一定符合科学规律，但一定是实用、有效或者高效的。有创造力的教师最受尊重。

智慧型教师特性：新潮、睿智。对于电脑和网络资源使用熟练灵活且精益求精，虚实结合且追求时尚。对于日常修为，善学勤思且总有妙想，革故鼎新且追求卓越。

3. 做服务型教师

服务型教师有以下三大能力标志。

一为控制力。服务有有偿和义务之分，公办义务教育学校的教师只能提供义务服务。私立学校、培训机构、家教、私人办班等有偿服务的诱惑很大，我们得时刻控制住自己对不菲收入的欲望，尽管教师的合法收入很低。服务的对象——学生能力表现、家庭条件状况、社区环境等——参差不齐，但"有教无类"是我们服务的宗旨，不能厚此薄彼，不能嫌贫爱富，不能"弃车保帅"，也不能放手不管，我们得时刻控制住情绪。控制力是服务型教师最基本的能力。

二为协调力。反映服务质量的指标之一是服务者与被服务者之间关系和谐，而和谐的关系要靠协调来维持。教师需要协调的关系主要有学生与学生之间的，学生与家长之间的，学生与教师之间的，学生与社区之间的，学生与朋友之间的，学生与校外人员之间的，等等。协调力强的教师与学生的关系更加紧密，更有利于教育作用的发挥，实现教学相长。协调力是服务型教师最典型的能力。

三为应变力。服务不一定被"被服务者"愉快地接受，服务也会经常遇到意想不到的问题，需要教师有非常强的应变能力。应变能力强的教师遇事能化难为易、化繁为简、化险为夷。日常教育生活中也不乏变易为难、变简为繁、变夷为险的现象，这跟应变力弱有很大的关系。熟能生巧，磨砺能成功，应变力是服务型教师最显著的能力。

服务型教师特性：亲和、机巧。对人，善利不争且平实常足，宽容大度且平易和蔼。处事，老练机智且灵活善变，勇于担当且负责到底。

同时，我还总结提出了以下"三型"教师基本标准。

文化型教师——儒雅、遵道

广泛了解中国传统文化，知晓"四书"主要内容；对西方文明有所涉猎，关注西方最新教育信息；表达清晰，声音清脆；衣着整洁，仪态大方；谦恭礼让，不卑不亢。

严格遵守教师职业道德；对教育学、心理学有较深的研究；专业基本功扎实；清楚本学科与其他学科之间的联系并充分利用联系；教给学生生存、生活之道；引导学生终身学习。

智慧型教师——新潮、睿智

熟练操作使用多媒体设备；熟练运用相关软件制作课件；较为熟练地使用网络平台，整合网络资源；关注媒体最新教育信息；选择性地吸纳媒体新创语言。

专业领域有独到见解，形成独特的训练体系；善用、常用启发式教学，培养学生批判和分析能力；了解所教每一位学生的能力背景，能准确及时地评价学生的进步；善于组织课堂教学，让全体学生参与到教学中；具备演绎推理能力，精通教授方法；灵活、机智处理好课堂内外偶发事件；待人处事中庸。

服务型教师——亲和、机巧

善待学生，容忍学生过错；正视学生个体差异，对待学生一视同仁；相信学生能达到要求；了解学生的家庭生活状况及人际关系，培养学生热爱生活和积极学习的态度；照顾学生的情绪变化，语气轻柔，面带微笑或柔中带刚。

善于取得同事和学生的支持；与同事合作，努力提高教学质量；与家长合作，让家长参与到学校的教育教学活动中；有能力向家长准确反馈学生的学习状况；经常改善教学环境，保持学生学习兴趣；能根据学生的状态调整教学方法；能正视自己的工作能力与状况并不断拓展能力。

教育思想的形成一定有一个过程，这个过程就是身在前沿和前线。我不是教育家，但我有很深的教育情怀，我希望成长为与众不同的校长，因此，每到一所学校工作，总是力求将这所学校的思想精髓进行总结提炼，不断提升自身的教育境界。以我到第四中学任校长为例，在前任基础上提出了"崇本尚行"的教育理念，并以此作为本文的结语，具体如下：

崇本，要树立"五本"观念。

治校之"本"——章程与制度。章程明确学校性质、办学理念、共同愿景、发展使命、权利与义务、管理实务、资产使用等细则，是治理学校的纲领性文件，是学校持续发展之统领。制度明确各个岗位的权限与职责，规定各项工作的流程与途径以及业绩评价的内容标准与结果运用，是治理学校的根本保障，是学校日常运转的支撑。章程与制度可以有效地防止"一个校长一个法"，校长自主办学必须在章程与制度的统领下。

发展之"本"——教师。教师专业化成长与发展状况直接决定着学校发展的速度与品位。骨干教师的层次、数量与教师专业能力整体提升的速度、与教研成果教学业绩成正比，后者使得办学影响力与日俱增，学校成为名副其实的"名校"便指日可待，这是学校的追求。我们需要树立的观点是："名校"是由"名师"锻造的。

教师之"本"——学生。学生是教师职业存在的必然，学生的每一次进步都是教师辛勤工作的幸福回报，都体现着教师的职业理想和成就。只有"名学生"才能成就"名教师"。我校生源由辖区内三所小学整体对口组成，不同小学发展不平衡，同小学不同学生进步不均衡，只有让每一位学生都取得进步，都有好前程，我们才有职业的幸福感、成功感。

学生之"本"——修身。学生接受学校教育的过程是由学会到会学，从而拥有终身学习的能力，归根结底还是修身，主要体现在德、智、体、美、群五个方面，即修社会公德、家庭美德、职业道德，修基础知识、基本技能，修健康身心，修审美情趣，修合群合作，体现家国情怀、单位责任。这些都是未来社会精英必备的基本品质。

教学之"本"——教材。教材凝聚着几代教育专家集体的智慧，是知能的规律体现，是师生之间最主要的媒介。教辅资料是"辅"，不能当"主"，且资料泛滥，良莠不齐，只能参考，以教辅资料充当教材是歪道。利用好教材，在吃透教材的基础上编写校本教材，如讲学稿、训练册等才是正道。即便是应试，也不能脱离教材，可以这样说，中考的每一道题，几乎都能在教材中找到原型。

尚行，要做到两点并理解每一点的要义。

一是知行合一，要义是知易行难。通过学习掌握知识和技能是系统工程，理论知识只有转化成实践能力才具活力，要求学生必须手脑并用。用眼、用耳、用鼻、用嘴去感知，容易。动手操作，难。有过实验教学或实践活动的老师都会有这个经验。而一旦具备了动手操作的能力，感知则变得更易。因此，不论是科学探究活动还是人文探究活动，都得以学定教，该到实验室、探究室去的还是要去，该走班的要走班，该实地考察的还是要实地考察，该动手的还是要动手，不能用演示、视频代替具体操作，更不能讲演了之。

二是学以致用，要义是不用非学。运用所学的知识能解决问题，这样的知识是有用的，学习一定要有实用主义精神。学习了不用或不会用，这不是真正的学习态度和能力。所以，学习内容上要精心挑选、设计，学习套路上要强化训练、落实，学习形式上要注重实效、灵活。也正因为如此，符合校情生情的讲学稿编写和训练体系构建是实用的。另外，学以致用也许可以回答"钱学森之问"。

崇本尚行，既是传承，也是发扬，更是创新的动力和源泉。

践行学习型组织理论 促学校管理由繁杂转为简单

武汉市第三十二中学 俞秀玲

一、问题提出

学校管理是一项长期、艰巨、复杂的工作，随着管理规范化、制度化、精细化在学校的逐步推广，不难发现，一些学校的组织机构变得越来越臃肿，制度越来越烦琐，文件越发越多，事务处理呈现机械化和官僚化趋势，推诿扯皮现象严重，管理效率低下。

通用电气前 CEO 杰克·韦尔奇曾说："管理就是把复杂的问题简单化，把混乱的事情规范化。"管理之道也是简化之道。把事情变复杂很容易，而把事情变简单却不简单。实现简约管理，还原学校管理的本真性，将其概念化就是"学校管理的教育性"。它不仅是一个具有逻辑性的理论命题，还是一个具有应用性的实践课题。前者意味着学校管理活动具有教育的属性，后者意味着解开学校管理症结的企图。人的可塑性与管理的可控性作为"学校管理教育性"的基础，决定了"学校教育不能没有管理，学校管理不能遮蔽教育"，这需要我们准确把握事物的本质和规律，去粗取精，去伪存真，由此及彼，由表及里，尤其要顺应自然，避免事情的人为复杂化，沿着最简捷的路径，简化处理烦琐问题，高效实现终极目标，让学校的管理回归教育性，由繁杂走向简单。

学校管理是包括教学管理（教学思想、教学组织、教学质量）、教师管理（教师的选拔、任用、培养、考评）、学生管理（思想品德管理、学习管理、健康管理、组织管理、课外活动管理等）、总务管理（财务管理、生活管理、校产管理、环境管理、安全管理等）等方面在内，由学校管理者在一定社会历史条件下，通过一定的组织机构和制度，采用一定的方法和手段，带领和引导师生员工，充分发挥学校人、财、物、时间、空间和信息资源的最佳整体功能，卓有成效地实现学校教育目标的一种组织活动。

陶行知先生曾说："校长是学校的灵魂，一个好校长就是一所好学校。"作为学校最具"权威"的管理者，校长如果不能正确认识这个岗位赋予的责任与使命，不能主动地去作为与担当，不能积极地去成就与改变，不能默默地承受与付出，那么学校和师生将很难有所发展，学校管理的效能也会大大降低。

学校管理在学校教育中应该为促进学生、教师和管理者自身的发展提供相应的环境和条件。比如，为了促进学生的发展，管理者就应该引导教师把工作的重心从"教研"转向"学研"。再如，为了促进教师的发展，管理者应构建开放的、学习化的、以教师自主探究为基础的、能够最大限度地支持和帮助教师专业发展的机制。学校管理与企业管理和行政管理的不同在于，学校管理应该是"教育管理"，因而必须突出教育性。校长在管理中首先应该注重教育性，实行教育性管理。学校管理应该从属于教育，并为教育服务。

二、理论基础：学习型组织理念

彼得·圣吉是学习型组织理论的集大成者。从组织管理理论的演变过程来看，学习型组织源自不同的管理思潮，代表过去管理理论的渐进的过程。1990年他出版的专著《第五项修炼——学习型组织的艺术与实务》成为美国连续三年名列畅销金榜的一本著作。什么是学习型组织？著名行为科学家哈佛大学教授克里斯·阿吉瑞斯认为，组织学习就是一个发现错误并修正错误的过程；管理大师斯蒂芬·P.罗宾斯指出，学习型组织是一个不断开发与变革能力的组织；哈佛商学院的管理学教授戴维·加文指出，学习型组织是一个能熟练地创造、获取和传递知识，并以新知识、新见解为指导，勇于修正自己行为的一种组织。彼得·圣吉将其概括为一句话就是"能够设法使各阶层人员全心投入并有能力不断学习的组织"。为此他还提出了构建学习型组织的五项修炼：自我超越，改善心智模式，建立共同愿景，团队学习，系统思考。他认为这是学习型组织"一生的学习与实践计划"。就学校发展而言，他的观点十分重要。它解释了组织学习是正在成长一代的必备知识。

管理的真谛在于发挥人的价值、发掘人的潜能、发展人的个性。而学习型组织理论是一种运用非强制方式和非权力性影响力在人们心目中产生潜在说服力，从而把组织意志转变为成员自觉行为的管理模式。将学习型组织理论用于学校管理，理论上可以改变我国当前"学校管理研究处于一种相对停滞和沉闷的状态，其中尤为突出的是面对市场经济的大潮，面对新型的学校管理实践，理论的'积蓄'似乎已被用光"的现状。

彼得·圣吉等人提出的所谓"学习型"组织，就是以共同愿景为基础，以团队学习为特征，以扁平化的横向网络系统为组织结构。它强调"学习+激励"，不但使人勤奋工作，而且尤为注意使人"更聪明地工作"，它以增强企业（学校）组织的学习力为核心，提高群体智商，使员工活出生命的意义，自我超越，达到企业（学校）组织财富速增、服务超值、产品质量优秀的组织既定目标。

三、践行学习型组织理论，促学校管理从简单走向"简单"

校长是学校行政最高负责人，校长的任何决定都会影响学校的发展。校长负责制从根本上说是"一长制"，如果校长不能准确把握自己的定位，没有清晰的学校管理思路，没有专业的学校管理知识，就会陷入过忙或者过闲的两种极端状态：第一种是学校时时、刻刻、事事都等着校长拍板，那么校长就会被动地陷入学校的大小事务中，胡子眉毛一把抓，事必躬亲，事无巨细，这样做的后果是不但校长自己很累，其他干部教师的主观能动性也得不到发挥；第二种则是校长稳坐指挥台，当好传声筒，底下各自为政，搞定了事。两种状态的最后结果肯定是事与愿违,学校的管理不顺畅,管理的品质就成为学校工作的痛点。因此,校长在学校管理中应该准确定位:总揽不包揽,宏观不主观,果断不武断,放手不撒手。

(一)立规矩,为学校科学管理提供行动指南

美国管理学大师彼得·德鲁克提出有效管理理论,强调管理的作用不仅是应该做些什么,更应该是要怎样才能做得更好、更有成效。就其字义来看,效能是指一事物潜在的影响和改变其他事物的能力,但在管理工作中,效能不仅指某事物蕴藏的能力,而且指它运作或活动所产生的积极的结果。

首先,规矩应该包含各种制度、要求和工作流程(环节)。学校的制度应该包含规范性制度、程序性制度、评价性制度和奖惩性制度。根据学校的特点,管理的最低级目标也是最难的目标首先应该是规范管理。学校管理体系的形成实际上就是以规范且高质量完成一件又一件小事为基础,在此基础之上对学校各项管理进行整理归纳与提炼而形成的。清晰的目标、缜密的计划再加上雷霆万钧的执行力,一定能提升学校的管理质量。

其次,立规矩之前,学校要和各类干部教师(包括学校毫无存在感的教职员工,体现学校对每位教师的尊重,增强每位教职工的主人翁意识)进行充分沟通,研判规矩的合理性,既要避免一言堂,又不能过于"以人为本",一切都要以学校实际情况为出发点,围绕怎么把事情做成、做优来讨论。规矩的形成一定要有一个自上而下、自下而上最终正式发布的过程,有些规矩(要求、制度)必须通过教代会。

再次,规矩定好了,如何充分发挥它的作用,而不仅仅是写在纸上、挂在墙上,就需要落实,也就是执行力的问题。执行力的强弱决定了规矩对学校管理作用的大小。细化工作流程,明确职责与分工是最优的办法。即让每一位被管理者知道做什么、怎么做和有怎样的要求。同样的工作,要不断地在做中学、学中做。第一次就是要把工作要求与流程弄清楚,完成就行;第二次结合实际情况进行优化,必须精细;第三次就要做成样板,形成范式。以后相同的工作即使换了管理者基本上也可以照着做,即使要修改,也只是细节上的问

题。学校应急性工作其实并不多，每个部门每个月及时梳理总结反思优化自己的工作，经年累月，各部门的工作任务就很清楚，工作流程也很清晰，再加上一定的反思力与执行力，工作效率、工作效能肯定会提升，团队协作能力也会加强，干部教师的负担也会大大降低，学校的管理也会更加简单。

总之，简单的管理其实就是按照职责分明、目标清晰、流程清楚的要求把每项工作都由一种常态做出一种状态，形成鲜明且高效的工作范式。假设学校各方面的工作都能形成一系列的范式，学校就能从规范校向特色校迈进了。

（二）聚人心，为学校有效管理提供思想基础

建立学习型组织需要对领导有效地引领。在学习型组织中，校长要为组织注入活水就必须扮演好设计师、服务者和引导者（教师）的角色。

1. 做好设计师的角色：树立发展愿景，增强教师信心

校长要做好学校的愿景工作设计。校长的设计工作首先是做好发展愿景、价值观的设计；设计学习的过程，使组织成员都能有效处理他们所面临的重要课题，并不断实现超越。服务者角色是指校长要有"自己是仆人的意识"，要变成愿景的仆人，永远忠于自己的愿景。共同目标是彼德·圣吉所说的第三项修炼"共同愿景"——打造生命共同体，它是建立在学校组织及其教职员工的价值取向一致基础上的、能激励人奋发向上的、共同追求的愿望或理想，这也正是学习型组织理论所说的"标杆学习"。其实，校长有时也能体会到当将军的幸福。当校长最幸福的时候莫过于一群人在他的带领之下和他一起全力以赴，实现一个又一个目标，哪怕是小小的目标。实现"心往一处想，劲往一处使"的过程就是提升管理效能与品位的过程。2019年5月6日，我空降到第三十二中学，做什么？怎么做？经过深入缜密的思考，遵从内心的声音，根据学校实际情况，我作为新校长表态，也为了提振老师们的士气，提出三个"一"。一个大目标：从现在开始，全体第三十二中学人为学校的复兴和崛起而战！一个小目标：全体教职工奋战44天，为2019中考达标（基标、中标、高标）全力以赴！这既明确了我们的工作方向、工作主体，也指明了工作重点。一个极容易落实的制度：考勤。这既解决某些老师中途开溜的问题，又体现学

校管理上的变革。

自我超越的修炼是学习型组织的精神基础。它是指突破极限的自我实现或技巧的娴熟，学习如何扩展个人的能力，创造出自己想要的结果，并且塑造出一种组织环境，鼓励所有的成员自我发展，实现自己选择的目标和愿景。组织应强化个人对于组织是真正有益的观念并提供支持个人发展的组织环境。组织与成员之间应建立"和谐、优美与均衡"的"盟约"关系。从 2019 年开始，我校中考连续三年完成教育局下达的高标，连续两年在全区做中考备考经验交流。多年中考的胜利提振了老师们的士气，提升了老师们的干劲，更加增强了老师们干事创业的信心。近年来，学校就是通过高质量地完成一件又一件的事情，全方位提升学校的质量。比如，武汉市义务教育达标校的创建，教育家型校长培养工程专家入校，武汉市"十三五"重点规划课题的结题，武汉市小班基地校实验工作检查学校……学校把每一次检查都当作一次专业知识的学习和学校管理策略的历练，用实践来检验我们的管理。我记得东庐中学的陈康金校长和浙江干训中心的李更生教授在我校指导工作时说，俞校长，无论是谈学校规模还是办学条件，中国大多数学校都是像你这样的学校，探索这样学校的办学比探索极少数优质校的办学更具现实意义！你们学校硬件条件一般，但师生的精气神是最好的！老师眼里有光、学生相当自信，学校有活力、有生命力。专家的话又一次让我们感受到做点事、做成事的幸福，同时给了我们很大的鼓舞。搞好学校管理，最重要的是把人管清楚，这种管不是简单意义上的靠制度去控制，而是要向古代先贤要智慧。我的体会就是管人要管心，管心要知心，知心要关心，关心要真心。思想上互相沟通，工作上互相协作，生活上互相关心，行动上互相协调。管理的根本是经营人心，只有团结人心、净化人心、调动人心才能万众一心。心的能量远比我们想象的要大得多！管理的实质是影响他人为目标而工作，一名优秀的校长，应该用自己不凡的人格魅力铸就高超的领导艺术，从而提升管理品质！

2. 做好服务者的角色：加强沟通助力聚人心

学校的主要功能就是育人（学生、全体教职工），他育和自育是最简单的两种育人方式。学高为师，身正为范。教师是学生的引路人，校长是学校的引路人。实行学习型组织理论的学校管理中，要促使个体积极地超越自我，就要允许他们从错误中学习，鼓励教师和学生敢于冒险，开发他们的独创性。要求管理者引导教师加强教育理论的学习，深入把握精髓，要鼓励教师阐明行为的缘由，开通教师表达心声的渠道，热情鼓励其冒险。通过与教师的深度谈话和讨论，一方面可培养他们的独立思考和判断的能力，使他们进一步厘清什么对他们最重要，了解现状，产生创造性张力，更好地实现自我超越；另一方面，可使校长进一步依据个人愿景，汇集、整合出更合理的共同愿景。

首先，校长要加大跟老师的单独沟通力度。不忙的时候，校长可以请一到两位老师到办公室谈心，提前准备好咖啡或者茶，提前备好课，怎么跟老师谈，跟老师谈什么，尽量让老师多说，慢慢把老师引导到自己关注的主题上来。操场、实验室、办公室都是谈心的好地方，清洁工、处务员、食堂师傅都是谈心对象。有时候，一两句简单的问候就会让教职工倍感温暖，甚至一个称呼的变化就会改变老师的状态。

其次，校长还要为老师与老师之间的沟通提供机会。这就需要充分发挥工会的作用，让工会主席和委员们认识到每位老师的急事难事也是学校的大事，涉及老师们的事情，学校都会充分尊重老师们的意见。比如，每年学校为每位老师送上生日大片、教师节组织文艺活动、为退休老师举办隆重而简朴的荣休会。疫情期间，凡是愿意把孩子带到学校的老师，学校成立儿童团，指定工作相对轻松的老师专职带娃，安静的校园也会因为有了孩子们的欢声笑语更有活力，老师们也会情不自禁地受到感染，减轻工作上的焦虑，心情也不再那么烦躁。

3. 做好教师角色：校长魅力暖人心

教育领导者要确立角色意识。学校发展的关键是教育领导，教育组织内的任何一个人都能参加教育领导的行动，它是交互影响的历程，并导向学校的共同愿景。校长是学校领导和管理角色的复合体。领导是校长带领全校员工做正确的事情，管理是校长要带领大家正确地做事情。

第一，校长要做好教师的角色。教师角色是指校长首先应该是一名优秀的教师，是学生的好教师，特别是教师的教师，能够促进每一位教师学习，培养每一个人对组织系统了解、支持和建设的能力，实现管理效能的最大化。校长要想带领全校教职工正确地做正确的事情，首先必须从思想、人格、个性、能力等方面不断地塑造自我，形成强大的感召力、影响力和凝聚力，从而更好地统领学校工作、推动学校发展。制度是为学校科学管理提供行动指南，而执行力则决定了学校的管理品质。执行力的强弱决定者是人，是学校的每一个人，包括教职员工、学生、家长、保安、清洁工。校长应该用自己的人格魅力去影响带领、调动学校的每一位教职工和学生，让每位师生都能在自己的岗位上主动作为、全力以赴地发光发热；即使有些同志竭尽全力后工作完成得不够好，但是相比原来已经很有进步了，学校也要加以肯定，并及时给予其指导与帮助。

第二，校长在用人之前要识人。根据每个人的不同特点和需要，有时要学会锦上添花，更要雪中送炭，有时要主动，有时还要装点糊涂。总之，校长要智慧地拉近与被管理者的距离，只有实现共商、共建、共享、共赢、共荣的良好生态，学校管理才会拥有坚实的思想基础，学校工作的推进才会更加顺畅。管理魅力实际上更多的是管理智慧，即更多地强调人心、人性以及人自我发展的规律。人生唯一确定的就是不确定的人生。那么，管理最大的不确定就是人的稳定性。作为管理者面对不稳定的管理对象首先要保证自己的稳定性，用自己的磁场去吸引、改变被管理者，努力实现同频共振。校长要清晰地认识到学校管理过程中难免会遇到一些与众不同，甚至有些无计可施的被管理者，应该调整心态，降低期待，不离不弃，等待时机，绝不能选择放弃。教师这个团队最大的长处就是有尊严、好面子，让团队通过时间和环境去使之改变，校长也要暗中发力。尊重、信任、关怀、依赖、肯定每一位教师，真心实意地为每位教师的发展和幸福指数的提升尽心竭力的校长肯定能得到大家的认可，振臂一呼，赢粮景从，撸起袖子共克时艰的场面肯定会有的。

我曾经分管二桥中学芳草校区时，学校刚刚成立，学校教职工平均年龄29岁，我的年龄在学校里是前几名，在年龄和资历上都有话语权。由于学校刚刚开办，除了5个正编老师以外全是合同制，整个学校朝气蓬勃，正如初升的太阳；一年不到的时间我调到第三十二中学，从一所初中名校到了一所腰部学校，角色由分管变成了真正的一把手，我的年龄和资历在这个学校成为倒数，一下子从中年教师变成了所谓的"青年教师",学校成立66年,这所学校教师平均年龄48岁,20年前也是一所名校,各级荣誉的老师都有,且都是在编老师。但学校、教师的发展停滞了几年,刚刚结束的九年级四调成绩跌入了建校谷底,整所学校毫无朝气和活力。两种不同学校的现状决定了我工作的变与不变。不变的:一是教育初心和使命的坚定。立德树人是教育的根本任务,为党育人、国育才是我们的初心和使命。二是教育情怀的坚守。每个人都是独一无二的宝贝,我们要做的是用情用智提升师生幸福一生的能力。三是治校理念的持续。依法治校,决定了学校办学的规范;以德治校,决定了学校的风气与品位。校长千万不能因为自己和他人身份、资历的变化区别对待任何一位教师。智慧引领,率先垂范,敢于作为、勇于担当、乐于奉献、善于学习、勤于思考这是一位合格校长的基本素养,绝不能因为环境的改变而改变。在工作中我变的地方有两个具体的点:一是课堂,由规范到变化;二是关心,由专业的成长、情绪的调控到生活、身体的关心和家庭的关心,比如说:孩子入学、老人就医等方面。校长的魅力不只是人格上,应该还包括专业上的精通、处变不惊的定力、持之以恒的耐力。校长要成为学校所有人的依靠,要能解决他人解决不了的问题,这就是校长最大的魅力。

(三)铸文化形成共同心智模式,为学校内涵发展持续赋能

所谓心智模式,简单地说就是我们每个人理解和看待周围世界的思维模式。心智模式影响我们的认知方式,而通常人们不易察觉自己的心智模式以及它对行为的影响。因此,"学习如何将我们的心智模式摊开,并加以检视和改善,有助于改变心中对于周遭世界如何动作的认知。对于建立学习型组织,这是一项重大的突破"。

1. 健全制度,让冰冷的制度变得有温度

管理学校,若一味只想依靠制度与规定,绝对是痴人说梦,因为单纯依靠制度去控制和束缚教师的学校,是没有生命力和创造力的。学校管理要讲情理。学校系统是一个知识密集、文化层次相对较高的社会系统。有关研究资料表明,在这个系统中工作的教职工,对于尊重、关心、爱护等情感上的需要,

较之其他群体有更为强烈的追求。这就使得讲情理在学校较之在其他行业更为重要，更具价值。邓小平同志曾说，"一个学校的负责人，不去跟学生谈话，甚至于跟教员都不大接触，那能算是一个合格的学校管理者吗？"又说，"所谓管理得好，主要是做好人的工作"。衡量学校管理工作是否真有成效，关键不是看开了几个会，制定了多少文件和制度，而是"要特别注意调动教育工作者的积极性"。教师是有思想、有情感、有尊严、有需求的"人"，学校制度除了体现规范的作用外，更应体现关爱、激励、尊重、人文的功能，从精神需要的角度出发，让制度会说话，让每位教师将各种规定、要求变成一种行动自觉，真正实现从"要我这么做"变成"应该这么做"，这正是人性化管理文化形成的过程。人性化管理是在制度化管理的基础上融入爱和尊重，使冰冷的制度充满人情味。所以，学校在管理过程中不要简单地一把尺子量到底，要聆听教师的声音，广泛地交流思想、融洽感情，让管理者和被管理者把制度"理解好、执行好、完善好"，让教师乐于接受管理，让学校因管理而发展。

2. 树立典型，营造风清气正的育人环境

学习型组织理论的第五项修炼要求人们运用系统的观点看待组织的发展。它引导人们，从看局部到纵观整体，从看事物的表面到洞察其变化背后的结构，以及从静态的分析到认识各种因素的相互影响，进而寻找一种动态的平衡。系统思考是指思考及形容、了解行为系统之间相互关系的方式，帮助我们看清如何才能更有效地改变系统，以及如何与自然及经济世界中最大的流程相调和。

第一，树模块典型。学校首先要以团队为单位，构建校长、书记——校级干部——中层干部——教职工（年级组、备课组）——学生（班级、年级）的五层级引路模块，具体就是学生看老师，老师看干部，中层干部看校级干部，校级干部看校长、书记。教育管理者一定要成为师者之师，成为学校师生的精神领袖。分块培训尤为重要，我校利用行政会时间对干部进行培训，培训内容围绕教育方向、工作作风、工作方法、心理调适、活动反思等方面。通过干部队伍状态的改变，提升教师对学校的信任度。在干部作风上，学校把责任担当作为检验干部人格的标准，必须做到六不许：不允许对老师简单回复我不知道、不该我管等推辞性语言；不允许上推下卸，实行首问责任制；不允许没有调研分析就简单报告；不允许无备选方案就汇报，方案必须给出选择题而不是填空题；不允许报喜不报忧；不允许当二传手。

第二，立个人榜样。团体学习是指发展团体成员整体搭配能力和提高实现共同目标能力的过程，即指转换对话及集体思考的技巧，让群体发展出超乎个人才华总和的伟大知识和能力。当团体真正在学习的时候，不仅整体产生出色的成果，成员成长的速度也比其他的学习方式更快。在团体中进行的讨论和深度会谈，可以让每个成员的想法开展自由交流，以发现远比个人深入的见解，从而克服有碍学习的自我防卫。在现代组织中，学习的基本单位是团体而不是个人。因而，团体学习就显得尤为重要。

有些学校为了培养某位教师，把所有的荣誉都放在一个人身上，能给的全给了，给不了的也要创造机会给，我个人不赞同这种做法。学校工作要干好是需要每一个人的努力。一所升学率超级高的学校就一定是优质的学校吗？学校的办学质量应该是从学校管理、教育教学、师生成长、学校发展等多维角度去衡量，升学率确实决定了学校的地位，但校长（特别是薄弱学校）不要为了成全那有希望的少数，丢了可怜的大多数。育人的质量才是学校工作的核心。美德的培养、习惯的养成、自信心的增强、学习力的提升都需要学校兢兢业业地谋划。成长比成功重要，努力比聪明重要。学校承载了学生全方位的培育任务，无数的教师是教育的主体，学校要善于发现、树立主体中的优秀分子作为标杆，引领方方面面的工作。非专业的荣誉要多给，老师也是在赞赏中成长的。

3. 设立正确导向，引导学校高质量发展

校长要特别重视工作中的第一次，通过一件事的处理，不但要探索出处理事情的流程、要求，更要形成学校的某种导向，继而上升到价值观的一致。从2019年9月到现在，学校把区学科带头人、优青、十佳班主任、教务主任（副主任）、年级组长等骨干教师20多人送出去专职轮岗交流一年，特别是今年学校把教务副主任和一名骨干班主任送出去交流，换了一名刚刚入职的合同制教师来我校工作。这样做就是为了让全体教职工明白为学校发展做出过卓越贡献的老师一定会得到学校的关注与肯定，任何人只要有为一定有位，这就是学校的导向。轮岗交流已成为我校最高的荣誉，校长千万不能为了自己的政绩耽误教师的前程。同时，学校还要加强对重点教师的重点培养，这种培养是通过各项比赛和专家引领帮助教师成长。

总之，学校管理如果能把教职工认可的制度严格落实到位管理就会简单、通畅；如果在制度的落实当中能结合人的特点，关注人性和人成长的规律，赋予制度以生命和情感，形成独具特色的学校管理文化，就能最大限度地提高工作效率、发挥管理效能，最终实现师生得到成长、学校持续发展的愿景。校长好当，搞定学校的事，平稳过好每一天；校长难做，规划、特色、课程、课堂、德育、防疫都得做，都得做好。名校校长，有钱、有人、有地位、有业绩；薄弱校校长，没钱、没人、拼了命做出来的成绩也只能聊以自慰。俗话说，家家都有一本难念的经，面对任何现状，校长一定要学会借势、惜势、造势、趁势，为教育做点自己能做的实事。

百年大计，教育为本。教育事关国家兴亡，民族发展。校长应规范办学、以德立校，让每一位师生都能遇见最好的自己，帮助他们拥有幸福一生的能力。校长在平时的工作中要加强学习、加强沟通，学会思考、主动反思、大胆放权、懂得宽容、知道示弱、张弛有度，不断提升自身领导力，牢记立德树人的根本任务和为党育才、为国育人的初心和使命，走高质量发展之路，打造家门口的好学校，办好人民满意的教育！

教育的"1+1"是个变数
——将德育与智育相融合的实践与思考

武汉市经济技术开发区第二中学　刘沁桥

三年前,笔者所在的学校为武汉市经济技术开发区官士墩中学,学校建校三年来,将每年的十二月确定为德育与教学相融合主题活动月,坚持集中开展一年一度的"艺术文化"教育活动。每当活动接近尾声,都会有一台精彩的"艺术博览会"呈现给全校师生及所在社区各界人士,将主题教育月活动推向高潮。每届的创意设计和精彩演出都令人记忆犹新:2018年的主题为"激情起舞,'畅'响官校"。篮球社团展示了篮球操"我是MVP",孩子们的表演动感十足、活力四射。2019年的主题为"五育并举,融合育人"。由本校美术教师王云梦设计的"官校手绘树"既有创意,又有寓意,赢得与会嘉宾啧啧赞叹。2020年的主题为"融美于学,以美育人"。"花样跳绳"和"艺术击剑"等节目自然是令人眼睛一亮、耳目一新,全校师生为之振奋,激动不已。

在学校教育工作中,我们将德育和智育有机融合,开发出既完整,又完美,且适合学生需求与特点的课程资源;在学校治理结构上,我们打破因部门割裂、"分工分家"而导致课程实施过程中各自为政的格局,为课程的统整实施提供了组织保障;在育人目标上,全校师生,特别是在教职员工中思想认识高度一致,为完成立德树人根本任务形成了合力。

课程设计:"1+1"力求大于"2"

课程是学生人生起飞的跑道。课程设计最大限度地将德育和其他各学科教学紧密融合。自主开发的"新生入学课程""开学典礼课程""家长会课程""校家社课程"等有效地克服了德育工作碎片化现象的问题。按照课程的要求将德育落细落小落实,不仅让德育类课程和学科类课程的深度融合成为现实,而且还使学校形成了完整的校本课程体系,在育人过程中发挥着重要作用,体现出重要价值。

十二月的"艺术文化"主题教育活动是关键的"融合点"之一。各个学科的课程都会融入艺术学科的特点,同时孩子们也会将各自丰富多彩、创意十足的作品展现在全校师生面前。艺术形式是主题月活动的载体,但其核心内容集中体现了贯穿全年的德育与智育相融合的过程与成果。这样既囊括了艺术表演与欣赏、各相关学科教学,又体现了学生礼仪礼貌、规矩规则、纪律制度、团队合作等诸多方面的教育,从而将教育"放大镜"的倍率调到最大。

"体育嘉年华开幕式课程"的设计是另外一个关键的"融合点"。课程的设计以三年为一个循环周期,每年的主题相互间存在内在逻辑:"历史长河"拉开人类源远流长的悠久发展背景,着重让学生了解祖国灿若星辰的优秀历史文化,并引以为豪、志存高远;"世界民族"再次将研究视角从个体上升为民族集体人格的高度,引导学生坚持民族认同、国家认同,力求放眼全球、拥抱世界,走向更美好的未来;"探究发现"站在人类理性的视角,从历史中穿越,回归现实与科技使命,启发学生利用科学知识探究未知世界,造福人类。三个主题分别涉及历史、地理和生物等学科,由近及远、由现在至未来、由零至整、由实到虚,尤其是将课堂搬到"操场"的体验式学习,符合学生身心发展规律以及渴求知识和探究世界的心理本源,最大限度地实现了德育和智育的融合。

清华大学谢维和教授指出:当今教育最大的不幸就是德育和智育分离。教知识的人不管品行,管品行的人不重视学术;中小学校分管教学与分管德育的(副)校长"不相接洽,或背道而驰"。幸运的是,从建校之日起,我们在课程教学的设计中，始终坚持"大课程观"，最大限度地考虑如何将德育和智育从课程上紧密融合。这样的深度融合，对学生目前的发展和未来的成长发挥着巨大作用，呈现出"1+1"大于"2"的效果。

管理履职："1+1"可以小于"2"

将教学和德育工作"分而置之"，在当前中小学的学校管理中并不鲜见。基于德育工作和教学工作的重要地位，在日常管理中管理者将绝大部分时间和精力都用在这两个方面的工作上。良好的学校管理应将二者相融合，并非人为地分离或简单地相加，以达到提高管理效能的目的。

坊间对德育工作的理解，如同流传的顺口溜，"说起来重要，做起来次要，忙起来不要，出了问题最重要""智育是学校的生命线，德育是学校的风景线"。这些非主流的认识虽有言过其实的嫌疑，但它们的确反映出对德育工作认识上的偏差与误解。

还有教育人士在批评这种"重智""轻德"现象时非常简单地认为：如果基础教育学校仍然一味地追求分数，那么德育几乎就是不可能的。听起来好像强调了德育在学校教育中的重要性，但仍然是将德育与智育对立起来了。貌似德育与智育，或者说培养青少年学生的道德品质与提高他们的知识水平与认知能力就一定是水火不相容的。

陶行知先生曾经强调，"德育与智育本质上是统一的，即知识的学习与品行的修养两者是统一的，而且服从于同一的学习心理之定律"。若强分为二，必致自相矛盾，必致教知识的不管品行，管品行的不管教知识。在学校管理运行过程中，也的确存在着管理者认识上的误区：认为德育和教学是学校工作的两条腿，把智育看作教学知识范畴的工作，将德育视为品德行为之类的职责；误以为知识学习与品德修行是受不同的原理支配的。因此，在同一所学校之中分管德育和分管教学的（副）校长之间出现缺乏沟通与协调，甚至"争学生""争老师""争投入""争时间"等背道而驰的现象，不乏其例。

在这些怪象的背后，似乎智育就成了压制德育的"罪魁祸首"，抓德育就不得不放弃或者忽视学校、教师以及学生对学业成绩的追求。还有的教师不无委屈地为"重智""轻德"的倾向辩解，将不重视德育的现象直接归因于教育考试评价体系和标准。

笔者所在学校建校初期的管理组织结构设计只有两条线：一条线是德育和智育组成的"课程线"，另外一条则是由行政和后勤等组成的"服务线"，其设计意图之一是希望在学生成长的道路上，将德育和智育课程体系从设计到实施融为一体，追求"融合和扁平"管理带来的高效。

随着客观因素的变化，学校已将原来统整教学和德育职能的"课程教育中心"一分为二，组建了"学生发展中心"和"课程教学中心"，但是沿袭了过去的做法，坚持将形式上分开的德育和智育"中心"由一名（副）校长分管。这样就构建了一个超大型的课程教育中心，仍然维持了将德育和智育以课程的形式统整推进的局面，加强二者之间关键的"融合点"，于是就获得了组织上的保障。

德育与智育相融合的整体设计，既需要管理者具有系统思维意识，也需要学校治理机构的有效整合。可以说，二者相融合的整体设计为课程的体系化和序列化奠定了坚实的基础。从学校治理机构设置以及人员职责分工着手，将德育与智育相融合，加强沟通与协调，实现管理效益的最大化，有效地消减了管理部门之间的"摩擦力"，消除了相关履职人员之间的"反作用力"，将学校管理与运转的耗能降到了最低，呈现出"1+1"小于"2"的特点。

育人目标："1+1"最终等于"1"

学校治理结构的设计应与学生的发展需求相适应，与学校的办学理念相配套。学校的运行需要管理者、科任教师、服务保障等人员合理分工，将课程育人、文化育人、管理育人落到实处。坚守在教育教学一线的班主任和科任教师，虽然对德育和教学各负其责、各司其职，但都应该视德育为己任，将德育贯穿于教育教学的全过程。

2019 年年底前，武汉市教育督导专家到学校随机抽取，全程观摩了本校体育老师陈静芳的"障碍接力跑"一课。课毕，督导专家给予高度评价：这节课"通过分解练习法和游戏竞赛发展学生的下肢力量、协调能力、灵敏性等身体素质，提高越过障碍的能力。通过学习激发学生的创新能力、增强学生勇敢坚强、不怕困难的优良品质，培养合作精神和竞争意识，将德育、智育和体育三者融合为一"。

行是知之始，知是行之成。实践是获取认知的必须途径，只有实践才能出真知，《中小学德育指南》强调德育的实践性也就是这个原理。为了实现全程育人的目标，在全校性主题活动的感召下，不同的年级和班级在不同的时段也采取活泼的形式组织开展主题活动，让学生在实践中去感悟和体验，去磨砺和提升。

八年级每年十一月举行"韧性教育"德育主题教育活动，组织全校八年级同学在校区附近的后官湖远足拉练。在8个小时内完成21公里的徒步行走，寓意着八年级全体同学磨炼意志，争做21世纪的幸福少年。徒步活动既是一次体力和耐力的大比拼，又构建了一个实践的大课堂。八（8）班的班长，为了组织好班级的远足，他提前一个月开始组织班委会成员设计班级远足方案，包括活动安排、注意事项以及安全预案等。在远足的体验过程中，他跑前跑后做班级的引导员和服务员，还负责户外活动课程的讲解和实施。一场远足不仅磨炼了同学们的意志，还锻炼了组织协调能力，也让全年级各个班级团队更加紧密的融合。

德育和智育的内容、功能、作用、途径等各自有所侧重，强调二者深度融合并不意味着可以相互替代，更不可能撼动德育的"为首"地位。无论是课程资源的整合、治理结构的设计、管理者和教师的分工履职，还是不同载体的有效利用等，最终都是为了完成立德树人根本任务。正所谓"1+1"最终等于"1"。

> 教 学

构建教学"生态圈",打造教育"绿水青山"

吴家山第三中学教育集团　徐　静

1987年7月,我从师范学校毕业,怀揣教育的梦想,回到自己的母校——东西湖区荷包湖中学任教,开启了自己的教育生涯。

荷包湖中学、新沟中学、恒大嘉园学校、吴家山第三中学……我从一名普通教师逐渐成长为一位管理者,一些关于教育的理念开始在脑海里出现,并逐渐成熟:"教育即生长""教育即生活",教育需要学习者积极参与到复杂世界的互动之中。

在我看来,学生接受教育不仅仅是为生活做准备,更是开阔视野、发现新知的过程,是他们受兴趣、好奇心和个人驱动,并进行有意义尝试的过程。在后来的理论学习中,我逐渐认识到,这就是全人教育的最基本主张:全人教育要关注人生经验,而不是狭隘的"基本技能"。

2018年后,我先后担任吴家山第三中学和东西湖初级中学校长(武汉市吴家山第三中学教育集团),我把更多时间和精力投入到教学平台搭建、教师专业发展赋能和学生综合素养提升等三个要素,致力于构建学校生态,打造教育"绿水青山",创造足够的空间,让每一位教师和学生,都在学校的生态系统中找到自己的位置,自由生长。

秉承"伴学生成长,享教育快乐"的办学理念,学校始终坚持"营造师生快乐成长的精神家园"的办学目标,并在"反身修德、乐学尚礼"校训的引领下，在学校"坚韧简约，勇于争先"的校风和"小疑必问，大事必闻"的学风中，为实现让孩子成为"心智卓越的强者"的培养目标而不懈努力。

一

成长心得

苏霍姆林斯基说，如果你想成为一个好校长，那你首先就得成为一个好教师、一个好的教学专家和好的教育者。

校长只有成为教育教学专家，才能成为教育家型校长，才能真正实现专家治校，才能培养出更多优秀的教师，才能办出有特色、有品位的学校，也才能做出令人向往的教育。

校长对教育的"站位"高度，直接影响到学校办学质量、教师专业化发展水平和学生综合素质的培养。因此，作为一校之长，必须向时代求教，求变创新，解析教学"生态密码"，构筑适合学校发展的教学生态。

正如北京教育学院校长研修学院副院长孟瑜所言：随着时代的发展，校长要不断学习新事物，并督促自己进步，从而和时代接轨，能娴熟地运用新理念和新技术，积极引导学校建设。

构筑课堂教学生态　推行"差异·适应性"教学模式

随着教育改革的深入，越来越多的学校都提出了"质量＋特色"的学校发展目标。这种"靶向式"目标的确定，构建了新时代学校的发展格局，吴家山第三中学也不例外。

围绕这一目标的实施，我从教学平台搭建入手，提出了学校课程建设"全天候"、课堂教学改革"全频道"的改革创新思路，走出构建教育生态第一步：教学生态，要求教师高端思维，深度学习，并创造条件满足师生课堂教学创新，使之成为全体教师课堂教学的"生态密码"。

健康的教学生态，是通过学科学习、生活德育、科学评价等，引导学生认识自己的潜能大小、优势劣势，从而确立阶段性目标方向，在高度自主的学习中，不断提升追求目标过程中的幸福"指数"。

课堂因材施教，调动学生学习积极性。吴家山第三中学数学老师罗敏红的"含参不等式组中整数解专题"课前，她布置了自学探究的任务，并在墨水屏端发布习题进行检测。课中，她根据学情数据分析，针对学生的疑点和难点，以问题为导向进行课堂教学。为了激发不同层次孩子学习的兴趣，她采用"坐庄法"和"三个人走，一个人留"的小组合作策略组织课堂教学。

建设高效课堂，促进学生差异发展。建设高效课堂，营造平等、轻松、民主、高参与性的课堂氛围，是打造健康教育生态的基石。

吴家山第三中学教育集团不断实践探索教学模式，推出"差异·适应性"教学模式，采取"确定教学思想—构建学科模式—提炼总模式—确立子模式"的推进策略，设置创设情境、呈现目标、合作探究、交流展示、拓展提升五个教学环节，在教学过程中做到从差异出发、尊重差异、促进学生差异发展。

这样的学习"共同体"，能基于不同学生的认知特点，差异化地帮助学生，还能通过调动学生的学习主动性，确定他们个性化的"小目标"，让学生不仅看见自己的"山"，还能明白"一山更比一山高"的道理：与优秀者同行，向更高的目标迈进。

小组合作学习，引导学生释放能量。小组合作学习是打造高效课堂的有效载体。吴家山第三中学教育集团推进小组合作学习的课堂教学模式，尊重学生个体差异，激发每个学生与生俱来的创造性，让每一个学生参与到课堂中来，接受平等的教育，不断取得成长。

这种学习模式对老师而言是一种压力，但可以让每一位学生在有限时间内，掌握每一节课的重点和难点，同时可以"能量释放"，有更多时间弥补其他课业留下的缺憾，有更多时间参加课外文体活动，全面发展。

二

成长心得

每一位教育工作者都会面临一系列现实的问题：教师面临区内学科年级

成绩排名、职称、评先评优，还有家长关系的维护，校长面临办学品质、升学率、各种检查和会议。如果校长能抵制各种"政绩"观的影响，教师潜心教学，就有可能保持校园的一片宁静。

因此，作为校长，应带领教师们静心教学，静心读书，静心思考，摒弃浮躁之风，保持教育理想和初心，逐渐养成执教的"极简主义"、目标明确的"专注主义"和一以贯之的"长期主义"，传承吴家山第三中学长期沉淀的"卓越"校园文化。

构筑教师成长生态　实施"激励·发展"评价模式

建设专业的合作学习的教师团队，是学校的立校之本，也是高效课堂的灵魂。基于此，我走出构建教育生态的第二步：教师专业成长生态，即通过集中培训、开课展示、反思研讨等形式，实施"激励·发展"评价模式，让每一位老师都把自己的教学目标转换为学生的学习目标，通过恰当的教学形式，让学生在一个个项目挑战中，不断完善自己的素养目标。

以名师为核心，构建学习共同体

按照全面关注、分层培养、重点打造的培养思路，以特级教师和名师工作室为核心，构建学习共同体。学校现有四个名师工作室：阮征名师工作室、汤文贵名师工作室、王立文名师工作室、万建光名师工作室，立足学校，辐射全区，带来的最显著变化是：区域内高素质教师群体不断壮大，参与者获得更快的专业成长。

每年学期伊始，学校都会组织教师"开学第一课"——"青蓝工程·师徒结对互听课"活动，精心组织新教师诊断课和骨干教师展示课活动，充分发挥骨干教师传、帮、带作用，有效推动全校教师专业化成长，提升课堂教学水平。

作为刚刚创办仅一年的新校，东西湖初级中学同样重视构建学习共同体。去年秋季学期开始，骨干教师团队引领示范，进入新教师班级上课、批改新教师班级的作业，手把手地把批、教、改、辅的每个细节呈现给新教师。

学校还聘请数学特级教师长期蹲守东西湖初级中学数学组，指导年轻教师备好课、上好课，并联合未来中科启动教师队伍专业化成长项目，对英语、道德与法治、历史学科引入专家团队进行入校指导及专业培训。

此外，学校通过外培内修，选派班主任参加各级各类研讨培训，提高班主任专业水准；以王立文名师工作室、青年班主任工作坊为阵地，充分发挥学校优秀班主任和骨干班主任的引领和辐射作用；组织学校班主任工作论坛，推动班主任专业化发展。

教师学习共同体也促进了名师工作室的成长：阮征名师工作室升级为湖北省名师工作室，王立文名师工作室被《中小学班主任》杂志封面推介，汤文贵名师工作室被《新作文》杂志封面推荐，万建光老师被评为"2021年荆楚好老师"，朱婷、田璐、周丽、罗佩、王立文等5名教师获得"区学科带头人"荣誉称号，刘祺、刘舒婷、王璐、吴迪、尹海兰等5名教师获得"区优秀青年教师"荣誉称号。

借鉴名师工作室的经验，吴家山第三中学教育集团成立多个青年教师工作坊：数学青年教师工作坊、英语青年教师工作坊、班主任青年教师工作坊，2022年共开展了81次研讨活动，扎实有效的教研活动提升了学区乃至东西湖区教师的素养，促进了骨干教师队伍持续、健康、向好发展。

以教研为先导，促进教师专业发展

为了推动东西湖教育质量的整体提升，吴家山第三中学作为领航学校，走在最前面，拉动学区教研，共同进步。

2021年9月，武汉市初中数学省级名师工作室牵手开放活动暨湖北省阮征名师工作室基地校授牌仪式活动在吴家山第三中学成功举办，学校被授牌为基地校。吴家山第三中学和学区联盟学校开展每周一次大教研，做到聚焦课堂、精准教学、联考联析、教研璧合，实现资源共享，全面提升了学区教育教学质量，学区活动得到教育局大力支持和高度认可。

阮征老师主持的省"十三五"规划重点课题"中学数学反思性教学的策略研究"、王立文老师主持的省"十三五"规划重点课题"主体性德育实践建构及操作策略研究"、许泽方副校长主持的市"十三五"规划重点课题"初中生同辈群体偏差行为评估与矫正策略的研究"、田璐老师主持的省"十三五"规划课题"以辩论会为载体培养初中学生批判性思维的策略研究"顺利完成结题工作。

吴家山第三中学教育集团以促进教师的专业化发展为根本，发挥好教科研先导服务功能，让教育科研成为教师幸福工作的追求。教师的专业技能、教学水平、科研能力都得到不同程度的提升，并在教学中发挥了很好的示范引领作用。

以质量为杠杆，搭建教师展示"舞台"

好的课堂千篇一律，讲究精讲、多思、常练，教师引导学生看、听、想、说、行。优秀的教师懂得如何化繁为简，帮助学生在关键知识点抽丝剥茧，维护学生良好的学习状态。

这是吴家山第三中学和东西湖初级中学对教师提出的要求，也是构建教师"成长生态圈"和对教师团队进行"能量管理"的终极目标。

为实现上述目标，学校制定了以下以质量为杠杆的"目标考核体系"。

向课堂常规落实要质量。针对教师的专业发展程度，通过理论学习、教学实践、专家引领等方式进行有针对性的培训与辅导，通过提升教师专业素养改变课堂生活，为有效提升学生的学习能力服务。

向高质量课堂教学要质量。从单纯关注学生的学习效果，到关注学生综合素质，特别是做人素质的质量，把自然人培育成社会人，走向成功人。

向高质量备课（集体）要质量。发挥集体智慧的集思广益，是提高教师整体上课水平和课堂质量的最有效方式。在吴家山第三中学教育集团，每一位学生面对的是十多位老师，因为，每一位科任老师都吸收了别人的先进经验，再经过自己的咀嚼和回味后，才登上讲台。这就是学校对高效课堂的另外一种解读。

与此同时，学校为教师专业化发展搭起了多个"舞台"，激励教师释放教学能量：理论舞台——开展高效课堂论文评比活动，展示教师的理论水平；教学舞台——组织校内展示课、模式考核课活动，展示教师教学水平；竞争舞台——学校在实施绩效奖励等常规管理的同时，出台了对先进教师的晋级奖励制度。

吴家山第三中学教育集团组织学区教师技能大赛、学区教师"双减"劳动竞赛，鼓励教师积极参加各级各类教育教学评比活动，以此促进教师专业成长。2022年，周丽老师的课例"电磁波的海洋"获湖北省"基础教育精品课"

一等奖,罗佩老师获湖北省中小学班主任基本功大赛一等奖,朱婷老师获湖北好课堂评比初中数学组一等奖,刘小璐老师参加武汉市五项技能大赛决赛获二等奖,10名教师参加区教师"双减"劳动竞赛,刘小璐、易莹两名老师脱颖而出,将备战市级竞赛,吴迪获区班主任基本功竞赛一等奖,占文静获区思政课教师教学基本功竞赛一等奖,吴佳伟、刘玉侠分别获区语文和道德与法治优质课比赛一等奖。

全体教师坚持在教中学、在学中思,全年所撰写的论文在省级及国家级期刊上发表36篇,在上级行政部门组织的教具制作、论文、教学设计评比活动中45人次获省市奖项,32人次获得省市优秀辅导奖。

近年来,教师专业化成长成绩斐然:自2005年至今,教师在各类业务竞赛中,获国家级奖28项,省级奖56项,市级奖126项。

三

成长心得

教师团队管理是一门艺术。

师生关系、教师情绪直接影响一所学校的教育品质。作为学校管理者,如果一味强调教师专业化发展,期盼他们成为能塑造学生品格、品行的好老师,而不关心他们在学校工作中的安全感、归属感、幸福感和价值感,这样的教师管理机制肯定是缺乏温度、不健全的。

期盼吴家山第三中学教育集团的每一位老师,都能和谐共生、团结活泼,形成良性的工作共同体和成长共同体,共同营造健康的"团队生态圈"。

构筑团队沟通生态 创新"倾听·双向"管理模式

著名教育家李镇西多次建议年轻老师尽量做到"四个不停":不停地实践、不停地思考、不停地阅读、不停地写作。只有做到这"四个不停",专业发展才会更顺利。

根据上述理论,我设计了"倾听·双向"教师团队管理模式,通过教师日常，让所有的教师都成为学校管理的参与者、见证者。同时，在打卡交流过程中，校长、部门主任和普通教师，都能换位思考，提升格局，教师团队在这种有温度的"有痕交流"过程中，缓释了工作和生活压力，不同性格、能力和特点的教师，都能站在教师"一家亲"的 C 位。

打卡计划，共享育心美好时光

实施打卡活动，初衷是引导教师落实"四个不停"。通过"教师朋友圈"打卡，大家将教育教学中动态的素材凝聚成静态的文本，让教师教育思想外化，提升教育水平和思想水平。

人性化的打卡要求：

对象：鼓励全校教师参与，45 岁以下教师必须参与。

宗旨：可以提出困惑、帮人支着、分享智慧和经验、随手拍美好瞬间……每一个人都能在圈子里收获成长和教育灵感。

栏目：①柴米油盐诗酒茶：除了工作，还有生活；除了苟且，还有诗和远方；分享你的生活情趣、家庭趣闻、育儿故事、好友相聚；②有疑必问，有问必答：教育教学中，或者生活琐事中，遇到的困难和困惑，有疑必问吧，也期盼着大家可以有问必答；③随手拍最美瞬间：用美好的眼睛去捕捉美好，用温暖的心感受美好，随手拍一拍，美好的瞬间，与大家共享；④教学教育论坛：分享教育故事和智慧、对日常教育工作的反思和感悟；⑤阅读时光：最好的时光，在书里，如果你爱阅读，一起打卡……

打卡内容字数不限，可长可短，推荐 200 字左右；积极向上的价值观，不要传播谣言，更不要说一些不利于国家和社会团结、校园和谐的不当言论。

有温度的打卡范式：

第一类：唤醒自我型

大半年过去，突然发现，曾经在艰难情境下的写作现在看起来充满了美好，对于过去的放弃，现在充满了深深的遗憾，总在假设，如果当时挺一挺，将生活的记忆及时记载，大半年的精彩瞬间现在还可以随时呈现，那么多真实的生活工作现在还会历历在目。可是，逝者如斯夫，岁月流逝，过往的生活现在居然忘怀，很难想起……

于是，想重拾打卡，不仅为自己，也为更多年轻的教师。有时候，逼一把，可以让教师们化茧成蝶，华丽转身，成就自我，毕竟，惰性是人的天性。

第二类：策略梳理型

正面评价，发现你的美

班会课，想了一上午怎么开呢？想了好久，想着把最近班里的情况都好好梳理一番，尤其是班里那些问题学生，但是感觉他们耳朵都要起茧子了，说他们只会让班级其他学生感觉班级很差。

所以就开始"巧立名目"，"最近贡献奖""最近总结奖""最近健康奖""最近发言奖""最近作业奖"，囊括了班级绝大部分学生。

然后就是最好搞一个班级抽奖活动，本来想把那几个学生排除在外，后来又想或许尊重他们获得的效果更好，问题简单点一下，然后不特意强调负面的行为，而是也给他们机会进行抽奖，希望他们能够珍惜。

如何进行家校沟通

当家长把自己孩子说得一无是处时，冷静！不要贸然加入批判的队伍。因为他可能只是情绪的发泄，甚至在内心还希望从你嘴中说出不同的话，而获取些许希望。

这时，你需要跳出对家长的顺势思维：

"某某妈妈这我就要说您了啊，哪有这么说自己孩子的。每个孩子都有他的可爱之处啊。我跟你说，你家娃可会做事、关心人啦。他上次就帮我……所以，不要再这么把孩子说得一无是处了哈，我们一起来引导嘛，每个孩子的花期不一样，静待花开。（跳出坑，肯定孩子具体的闪光点）当然，您说的这些问题确实存在，我建议您在家里……（针对孩子问题给出具体、可操作的建议）总之，我们一定要相互配合，一起帮帮孩子，以后我引导您孩子的时候，您一定要全力支持我的工作哦！"

第三类：成长自觉型

今年升为新八年级，我们的教室从二楼搬到了四楼。以前都是返校第一天，带着孩子们一起做教室卫生来迎接新学期，今年的开学注定不一样，只能我亲自上场了。中午吃完饭，赶紧带着我的小帮手——儿子，来到了教室，打开新的劳动工具，开始哼哧哼哧扫地、拖地、抹桌子……此时教室里授课设备视频和声音都没有关，班里孩子在屏幕那端上自习写作业，不知怎么，也忘记是谁起了个头，于是就变成了我跟儿子在教室里一边打扫，一边跟对面的学生聊天。拖到一处地，我抱怨太难拖了，需要一个力气大的，儿子说叫"贺子壮"来，对面的贺子壮听到笑死，连忙说："老师您放着，您放着，开学我来拖，八年级的拖地任务我都包了！"哈哈，电脑两端的我们都笑翻了。

这样的场景真美好，即使隔着屏幕，却没有一点隔阂。真实的我们，真实的互动，真实的欢声笑语，此刻的我们，心，紧紧地连在一起。我的儿子、我的孩子们，都在一起。

第四类：自我反思型
学会放手

以前上高中的时候，室友叫我"金妈妈"，因为我总在操心，总在大包大揽。现在当了班主任，我更是大包大揽，总是不放心学生，什么都想替他们做好，现在我发现我错了。越是这样学生的能力越得不到发展，相反还在很大程度上限制了他们，也许也影响了他们的学习自主性。经过尝试，我想我应该放手了，让他们大胆地去尝试自我管理、自我评价，用同龄人影响同龄人。

第五类：成果展示型
叶婷老师班级的英语思维导图。
杨芳老师的最美办公室。
吴迪老师班级的树叶作品。
对话倾听，营造双向沟通氛围

通过日常打卡对教师团队进行管理，不仅人性化，有温度，还有广度和深度。在此过程中，通过设置"管理员""观评员"岗位，让大家在日常打卡中，挖掘潜能，拓宽视野，提高审美。

管理员：每天对优秀的打卡日志设置"加精华"，对优秀的点评设置"热评"，优秀的日志还可以推荐到微信群，提醒大家观看。

观评员：全校教师轮流撰写《观评日志》，梳理前一天所有日志的内容，提炼关键词并进行评价。

优秀观评范例：

【3月31日观评 观评员 胡加俊】

（2021年4月1日）

看到省教科院领导来到学校指导三中的课题研究工作，颇有感触。田璐课题组的课题历时三年，得以进入结题阶段，这期间无不浸透着课题组成员辛苦的付出。今天，就课题为话题，谈谈自己在老师们打卡中的发现。

课题研究，官方定位为：在教育科学领域内，有明确而集中的研究范围，能够通过研究解决的具有普遍意义的问题。

而在实践教学中，真正要把教育问题上升到课题研究高度，老师们没有时间和精力。但若如徐静校长所说的，"教育科研其实就是发现问题—分析问题—解决问题的过程"，转换思维，把日常教学中发现的教育教学问题都当作教育课题研究，提出是什么、为什么、怎么办，并形成科学、个性的解决问题方式，岂不人人成了科研型教师！

问题即课题，三中老师如是做：

许泽方校长针对如何提高学生学习主动性，开展了个性化作业的研究，让不同类型的学生做不同类型的作业，学生学习有目标、有动力，积极性自然调起来了。

王庆老师通过孩子看家长，通过教育孩子也促进了自己的成长。教育的相互性得到了体现。

刘小璐老师发现学生懒得整理错题的问题，研究出"抽题法"，并准备尝试"指定整理法"，以培养学生养成整理错题的习惯。刘老师是个睿智的老师，没有"讲台一声吼"，而是巧变方式，循序渐进，静待花开。

于丹丹老师发现学生课堂打瞌睡问题，积极探求原因，寻求应对方法。

通过一个测试，骆增增老师发现学生做题没注意细节，并提醒自己，在今后的教学中要多强调。

在实验操作中，李丽老师给学生总结出实验操作步骤，并及时反思自己过于"保姆"，没有培养学生自己总结知识的能力。

叶文静老师认识到教育应该是孩子、家庭和学校三者的有机结合，认为

"如果责任边界模糊，就会阻碍家庭与学校之间的良性沟通，影响家校共育的效果"。

老师们发现的这些问题，都可以当课题来做。三中的老师们做得非常好，没有把问题停留在发现阶段，都在积极探讨对策，这就是教研精神。

教学即研究，三中老师如是做：

魏娜老师在英语听写中发现，学生整理了易错单词还是犯错，反思道："学生在习得知识的过程中是一个循环反复的过程，因此在教学中要引导孩子温故知新，要让孩子们易错的知识点反复暴露出来，加深印象，巩固所学知识点。"

吴天娥老师尝试用思维导图帮助学生建构章节和单元知识体系，这"激发学习兴趣，提升记忆力、思考力和学习力"。

余霞老师敏锐地发现手机问题是一部"血泪史"，并利用打卡平台，倾听家长的声音，寻求解决之道。通过家长与孩子的对话，把尖锐的矛盾化解于平和的交谈中，拉近了亲子关系，也解决了教育问题。这个方法值得大家学习。

曾蕾老师"从语文视角观剧"，妥妥的语文知识的迁移，印证了"生活即语文"这句话。

在问题中探索，在探索中实践，在实践中反思，在反思中成长。三中的老师一步一个脚印，走出了自己的科研之路。

成长即成果，三中老师如是做：

王立文老师笔耕不辍，让自己一位数学老师具有了语文气质，被刘书记慧眼识金玉，发现了一位"文理皆通"的名师。

宋维霞老师为了激发学生竞争力，坚持三年的班级竞赛活动开展得井然有序，并制定了详细的规划，有奖惩措施，有成果展示，让同学们在快乐中成长，在成长中快乐！

许雅云老师"放慢时间"，用她的爱心，保护了一位小男孩敏感而又有自尊的内心，让孩子在宽容和关爱中成长。我想，全班同学在这场"等待"中，也学会了宽容和尊重。

杜涛老师把3D打印与"给祖国献礼"相结合，足以见证学校的创客研究上已有了先人一步的成绩。

"课研的过程就是老师成长的过程。"徐静校长如是说。一个学校的长足发展，课研是兴校的必经之路。

人因思而变，思想是获得更有意义和更有效生活的唯一途径。

三中教师在蜕变，就如小米手机在蜕变成小米汽车，这是质的飞跃，是引领三中教育的飞跃，我们期待那一天的到来！

四

成长心得

学校的发展，不仅是设计蓝图上的发展愿景，更要一步一步将其变为现实，优秀的校长，一定有足够的能力承担起学校战略发展的责任。从这个角度说，应该甘于寂寞，敢于直面平淡而有意义的生活，勇于担当，坚守理想和良知。

有人说：一所学校，如果没有自己的校本课程，没有自己的特色课程，如果仅仅使用国家统一的课程，学生就没有选择的机会，就没有多种发展的可能，学校也就没有个性化的教育，更没有教育的内涵发展。

英国数学家、哲学家、教育理论家怀特海在《教育的目的》一文中说："学生是有血有肉的人，教育的目的是激发和引导他们的自我发展之路。"

这句话，一直伴随着我的教育生涯，也是我从事教育的人生"路标"。课程是育人的载体，更是育人的灵魂。我始终坚持重构课程的积极探索，带领团队重构课程，融合育人的实践。

构筑学生素养生态　创新"实践·体验"育人模式

一个有机的教育生态，不仅仅有学生和教师，就如同一株植物，不仅仅有花和果实，还有茎、枝、叶，以及埋在泥土里的庞大根系。这个根系，就是吴家山第三中学教育集团创新实施的"实践·体验"育人模式，即构建教育生态的第三步：学生综合素质提升生态。

"培养心智卓越的强者，让家长社会满意"。这是吴家山第三中学教育集团一直追求的目标。在"实践·体验"管理模式下，学校坚持促进学生的心智成长，在全体教师的伴随下，学生的学习支持系统（学习能力和心理健康）、动力系统（学习动机和意志品质）、调控系统（元认知能力、自我效能感）等都得到健康发展，引导学生挑战自己、完善自己和超越自己，从而成为学习和生活的"强者"。

重构三大课程模块，培养学生心智

"山不让尘乃成其高，海不辞盈方有余阔"。依据国家课程，在落实国家课程标准的基础上，吴家山第三中学教育集团将国际课程地方化、地方课程校本化、校本课程特色化、特色课程微型化，实现课程重构，走上课程多样性、丰富性和可选择性的良性"生态化"轨道。

围绕"心智卓越的强者"目标，在"卓越教育校本课程群"整体构架统领下，构建了具有国际视野、符合吴家山三中文化精神、基于每个学生自身特点的个性化课程体系，构建"心灵之约""智慧之门""强者之路"3个课程育人模块，自主研发36本校本教材，开设35门校本课程，通过心理课程、阅读课程、艺术课程等，滋润学生心灵，丰富孩子心理。

在学校"科创课程"的建设与实施中，学校以综合实践课、信息技术课、第二课堂为主阵地，将基础课程、特色课程、试点课程、社团活动、科创竞赛、校际交流展示等多种形式有机结合，践行学校科创课程的定位与目标，将基础课程"快乐发明""基于Arduino的开源硬件"纳入综合实践课程；将Scratch和Microbit编程融入信息技术课程；利用第二课堂开展"我爱机器人""飞向蓝天"等特色课程。

发展"科创教育"特色，提高学生动手能力

吴家山第三中学915班学生刘子昂，从小就对信息技术有浓厚兴趣，通过学习编程，对嵌入式开发有了浓厚兴趣，对stm32等主流开源硬件、焊接等有深入了解，在学校老师的带领下参加了多项科技创新比赛，获得武汉市中小学生无线电制作二等奖、武汉市科技创新大赛二等奖等。刘子昂说，在此过程中自己增长了见识，获得了许多新的知识，课余生活也因此变得丰富。

吴家山第三中学打造具备多种先进"黑科技"的人工智能教室、开设10

多种不同难度的科技课程、开展多项创客类教育活动……以科技发明为抓手、以创客技术为支撑、以项目式学习为形式，大力发展科创教育、科技教育，成绩亮眼。

学校将"科创教育"定位为学校特色，确定了不同时期的发展目标。仅在"十二五"期间，学生在发明、机器人领域就有国际奖项13人次，全国一等奖27人次。近几年，又有62名学生先后在省市乃至全国的科技竞赛中获奖，并荣获"全国知识产权试点学校""小平创新实验室"等6项国家级荣誉称号，出版《小创客学物联网》等5本科创校本，初步形成武汉领先、湖北知名的态势。

近年来，全校共有1310项学生发明收到国家知识产权局的专利受理通知书。近三年累计拿到17个全国机器人竞赛一等奖，在全区乃至全市居于领先地位，学校还被评为全国人工智能示范校、全国知识产权示范校等。

组织举办特色活动，提升学生综合素养

按照"一抓精细管理，二抓活动质量，三抓特色品牌"的科技发展规划，学校将科创教育活动和培养学生科学素养联系起来，训练学生养成观察、思考、分析、质疑、交流和讨论的习惯，着力培养学生的想象力和创新能力，让学生能在校园里享受到快乐，适应未来的生活，承载社会的责任。

举办全国科普日相关活动、参与创客直通车、参加创意发明等各类科技创新竞赛活动、展示学生科技创新教育最新成果、交流科技创新教育先进经验，促进科技创新教育持续深入开展。

2018年，吴家山第三中学代表武汉市参加国际设计之都项目；2019年1月，与中国地质大学联合举办学生文创设计冬令营；2019年3月代表武汉市设计之都参加了联合国教科文组织"设计与教育——城市实验项目"的交流与研讨；2019年3—6月，承担省市创客教育导师培训，共200多名学员到校学习并观摩学校创客教育的开展；同年5月，承办东西湖区2019年校园科技节，11月，首次参与武汉设计双年展活动……

学校和华中师范大学人工智能教育学部专家团队一起精心研制了《武汉市吴家山第三中学集团校数字化转型促进高质量发展行动计划（2022-2025）》，

对"科创教育"建设进行顶层设计，拟建设"云上三中教育集团""五育一体学生数据中心""跨学科教育实验室"。

学校在不同时期，积极承担相关创新课题的研究，探索在创新活动中能有效提升学生综合素养，特别是问题解决能力的教学模式；建立适合学校的创新活动课程内容、形式、评价体系，全面提升相关教师的科研能力与专业素养，引领学校"科创教育"特色发展。

传承传统体育项目，促进学生健康发展

跆拳道、足球、动感健美操、击剑、舞蹈、轮滑、啦啦操……作为走出王霜、吕悦云等国脚的老牌体育特色名校，吴家山第三中学承袭"以体启智，以体育人"的办学传统，在课程模块的框架内，开展以足球、击剑、轮滑为代表的体育特色项目，培养了一批批学习成绩优异、兴趣爱好广泛的阳光少年，女足、击剑、冰球等特色项目呈现良好的发展态势，在省市、国家级的比赛中均取得优异成绩，并具有一定知名度和影响力。

吴家山第三中学女足获得武汉市青少年足球比赛五连冠、武汉市第九届青少年女足冠军、湖北省首届青少年校园足球初中联赛女子组冠军等多项荣誉。学校击剑队连续三年荣获全国中学生击剑锦标赛男子佩剑初中组团体冠军。冰球项目申报了全国校园冰雪运动特色示范学校，并首战全国轮滑锦标赛，取得少年男子甲组第五名的成绩，迈出了湖北省校园轮滑队参加全国赛事的第一步。

在"实践·体验"育人模式下，通过实践活动与体验，促进学生健全成长，激发学生潜能，引导学生理解每一个人所承担责任的广度和深度，学会尊重和负责。

后疫情时期校级微课平台在课后作业辅导中的应用与评价

武汉市长虹中学　袁雪峰

新型冠状病毒疫情给教育带来了巨大的影响，我国已经率先进入"后疫情时期"，这次史无前例的大规模在线教育不仅有效减轻了疫情给教育系统带来的冲击，为"战疫"大盘的稳定做出了积极贡献，还将给中国教育变革留下新的基因，开启新的起点。这在客观上加速了学校教育理念变革的进程，促进了社会对在线教育的认知，引发了对教育发展趋势的思考，将进一步推动疫情后学校教育向线上线下融合发展转型。"我们再也不可能、也不应该退回到疫情发生之前的教与学状态！"5月14日教育部新闻发布会上，教育部高等教育司司长吴岩如是说。

通过疫情期间的教学，大多数学校配备了基本的线上教学和学习的硬件，在一个学期的实践探索中，教师通过培训、自学等多种方式已经熟悉线上教学原则和方法，作为"数字原住民"的学生很快就适应了线上学习方式，只是在自律性、时间规划等方面需要教师、家长的监督和引导，家长更新完善了家中的信息化教学设施，并在实践中逐渐掌握了"教学助理"所需具备的知识和能力。

随着技术的发展、手段的更新，学生的学习不再只是单纯地听老师讲课，被动地做作业，他们可以利用校园网络做到自主选择学习内容，带着疑问参与到课堂的学习之中，利用校级微课平台反复学习没有学会的课程。老师们也可以利用现代信息技术将课程的重难点内容录成微课供学生们提前学习，上课之前利用大数据了解学生自主学习的情况，从而科学地选择课堂教学的内容。

长虹中学运用现代信息技术进行教学起步早，起点高，范围广，效果也比较好。在本文中，将重点介绍长虹中学校级微课平台在课后作业辅导中的实践与评价的研究。

一、建立校级微课平台对学生进行课后作业的辅导是整个教学活动的一个环节，它需要教师转变教育教学的观念，转变教师的角色，在此基础上，教师对教学进行整体设计

（一）教师要加强学习现代教育教学理论，掌握更多现代化教育教学手段

在我国基础教育课程改革和教育信息化背景下，时代对教师的专业发展提出了内在的要求，对教师的教育观念和教育行为提出了全面而深刻的挑战。它要求教师反思、完善甚至转变许多习以为常的教学方式、教学行为，提高教学技术。

学校教育的本质内涵是塑造人，要以人为本。教师课堂教学内容要从以知识为中心向以学生的全面发展和能力培养为中心转变。因此，教师要转变课堂教学的方式、方法。

课堂教学的根本途径是实现学生的主体地位。叶圣陶讲："教师教各种学科，其最终目的在达到不复需教，而学生能自行探索，自求解决。故教师之教，不在全盘授予，而在相机诱导。必令学生运其才智，勤于练习，领悟之源广开，能熟之功弥深，乃为善教者。"教师"教"的最高层次不是教懂，教会知识，而是教会学生做人的道理和使其终身受益的学习方法。

教师应是学生学习的引导者，教师在课堂教学中必须做学生学习的引导者，创造性地利用课堂资源，千方百计地与学生一起创设最佳教学情境，营造

情景交融的心理氛围，使学生以研究者、探索者的身份动手做、动眼看、动情读、动口议、动脑思、动手写，独立地投入教学活动。课堂教学不是教师个人的主宰。教与学要互相沟通、互相对话、师生互动、生生互动，课堂实施多向信息传递。师生应是教学合作的伙伴，师生应共同学习，共同研究，共同切磋，教学相长。

多年来，长虹中学实施的"五让六步教学法"与新课程改革的教育理念是高度契合的。

信息时代的教育环境不断地发展变化，现代教育技术在信息化的教育活动中发挥出越来越重要的作用，教师必须尽快地掌握现代教育技术，才能提高自己的知识水平和业务能力，才能适应信息时代的教育发展。现代教育技术的目的是促进教育效果的优化，而教育技术是指媒体技术和系统技术的总称。要真正做到技术与教学的完美结合，必须要有广大教育工作者以现代教育观念做指导，以现代学习理论和教学理论为依据，应用系统理论方法去调动、协调和处理教学系统中包括媒体技术在内的各种要素，为学习者创造更加良好的学习环境，才能真正地、满意地解决教学问题。

（二）统筹规划，利用微课平台对学生进行课后作业辅导应成为教学的有机部分

我校的微课平台并不是独立于教学之外的一个信息技术平台，它的建成与应用必然涉及教师教学目标的变化，涉及课堂教学内容的改变，涉及学生学习方法的改变等。

教学活动有内在的规律，大体上讲，一个学科的教学活动要经过学生自主学习（课前自学），教师实施课堂教学，学生完成课后作业等不同的阶段。每一个阶段的作用也不相同，学生课前自主学习主要是在已有的知识之上掌握基础知识；在课堂上，学生通过自主、合作、探究等学习方式，在教师的引导下掌握重难点知识；学生完成课后作业主要是加强对知识的巩固与内化。当中间的某个环节的学习内容或学习方法改变时，必然影响到其他环节的学习内容与学习方法的改变。

学生利用微课平台进行课外作业的辅导后，教师的教学活动也要相应发生改变。在我校建立微课平台以前，学生完成课外作业，第二天才能交给教师批阅。教师在批阅的基础上要对学生的作业完成情况进行整理统计，选择学生共同存在的问题作为下一节课讲授的内容。现在，学生课下完成课后作业，遇到不懂的题目，可以在微课平台上看教师的辅导微课；如果还没有弄懂，学生可以在线提问，弄懂的学生可以在线帮助，教师也可以在线辅导。学生完成作业的情况通过微课平台即时反馈到教师那里，教师依据反馈的情况可以做出教学内容的调整。

二、制作高质量的微课是学生利用校级微课平台进行课后作业辅导取得良好效果的前提

为了让大多数教师具备制作微课的能力，学校创造条件对全体教职工进行多轮信息技术与课程融合的培训，并且建立了激励教师制作高质量微课的机制。

长虹中学对教师的信息技术与课程融合培训依照全员培训与重点培训相结合的原则进行。其中，全员培训主要侧重于三个方面：首先，是对全体教师进行现代信息环境下先进教育理论的培训，使他们能够转变传统的教学观念，主动运用教育信息技术选择教学内容、教学方法，优化教学结构；其次，是教学设计方法的培训，使教师能够很好地规划和设计自己的教学；再次，是教育信息技术与课程整合模式培训，使教师了解信息化教学展开的具体进程与方式。

重点培训则是对学校教学骨干及参与课题的教师的培训，对他们的培训侧重于训练信息技术与课程融合的实际操作能力，使他们能成为运用信息技术进行课堂教学，特别是微课制作的引领者与示范者。

在培训方式上，长虹中学采取"送出去、请进来"的方式。随着信息技术与课程融合进程的推进，国家、省、市、区四级教育部门以及学校每年都有对教师进行信息技术与学科融合方面的培训。学校大力支持教师参与各级培训，

努力解决教师培训的后顾之忧。另外,长虹中学还与华东师范大学、华中师范大学、湖北大学等高校建立密切的联系,定期组织高校教师到我校来开讲座,给我校带来信息技术与课程融合方面最新的信息,介绍信息技术与学科融合的具体实例。培训教师坚持做到:有问必答,有疑必解,有障碍必排除,使每一位教师在一定的时间内都能熟练掌握信息技术并能够运用到自己的教学中。

与此同时,学校采取一系列措施激励教师制作高质量的微课。学校的三大赛事:微课制作大赛、同上一课大赛、信息技术与课程融合大赛,大大地激发了教师制作微课、运用微课的热情。学校还将推优评先与大赛的结果联系起来,激励教师们都能制作微课,运用微课进行教学,并且涌现出一批高质量的微课。学校从三大赛事中选拔出优秀教师参加区级、市级的交流比赛活动,提高教师的认识,开阔教师的视野,学习先进的经验与技术。

此外,课题组成员必须运用信息技术上课题汇报课,部分党员必须运用信息技术上党员示范课,每个年级平常的课堂教学中必须有一定比例的教师运用信息技术来上课,这些优秀的课程,为广大教师提供了很好的借鉴。

学校组织全校教职工观摩"长虹中学优秀微课"展,并组织沙龙,共同探讨"好的微课有哪些标准""如何制作高质量的微课"。学校利用教师集会的时间,请优秀微课的作者详细介绍作品的制作过程。经过两年多的努力,长虹中学的教师基本上都会制作微课,大部分教师能熟练地运用微课进行教学,每年有一批教师制作的微课在各级各类比赛中获奖。

三、提高学生自主学习的能力,使学生养成自主学习的习惯是学生校级微课平台进行课后作业辅导取得效果的保障

(一)建立新型的师生关系有助于提高学生自主学习的能力,有助于学生养成自主学习的习惯

现代课堂教学应建立民主平等、共同参与、互相合作的新型师生关系。我们从以学生发展为本的课堂教学理念出发,看今天学生在课堂教学活动中的地

位，学生就不仅仅是教师教学的对象，而应成为课堂教学的主体，学生本身也应该成为课堂教学活动的"资源"。

不可否认的是，课堂教学活动中的学生还是一个不成熟的群体，通过教育和教学活动，可使其得到不断的发展并走向成熟。但同时，我们还必须注意到，课堂教学活动中的学生又是一个充满情感、活力、个性的生命群体。在课堂教学活动中，教师和学生的人格地位是平等的，学生和学生之间的人格地位也是平等的。教师和学生、学生与学生在教学中都应充分尊重对方的人格、情感，这是课堂教学活动中教师与学生、学生与学生之间产生互动、交流、合作的基本前提。

在新型的教学活动中，教学是教师的教与学生的学的统一，这种统一的实质是交往。把教学本质定位为交往，是对教学过程的正本清源。所以，在教学过程中，强调师生间、学生间的动态信息交流，这种信息包括知识、情感、态度、需要、兴趣、价值观以及为人处世、行为规范等；通过这种广泛的信息交流，实现师生互动，相互沟通，相互影响，共同发展。信息技术在教学过程中的普遍应用，可以为多向交往提供有力的技术支持。

强调学生是学习的主人，倡导自主探究的学习方式。倡导自主探究学习方式就是要把学习过程中的发现、探究、研究等认识活动凸显出来，使学习过程更多地成为学生发现问题、提出问题、解决问题的过程。

自长虹中学开始建立校级微课平台以来，学生的自主学习能力得到了强化。学生面对课外作业中不清楚的地方，已经习惯运用微课进行自主学习，并在网上分享学习的成果。

（二）当学生利用校级微课平台进行课后作业的辅导时，教师既要大胆放手，又要做到适当监管

在教学活动中，教师要充分信任学生，放手让学生自主探究，但这并不意味着教师完全可以放手不管。对于学生的自主学习，教师要有监管的意识和手段。否则，对于一部分学生而言，很有可能达不到应有的学习效果。

在我们的研究过程中，绝大部分学生能按照老师的要求来完成课后作业，

遇到不能完成的题目，才利用校级微课平台进行辅导。但也有极少数的学生在课堂上的学习目标没有完成，以致课后作业不能动手，于是每次作业都需要利用微课来进行课后作业的辅导，从而滋生惰性思想，丧失独立思考的能力，一段时间后，这些学生的学习即使利用校级微课平台来进行辅导也不能达到教师的目标。还有个别学生，存在懒惰的思想，不管课后作业能不能完成，一律都参照微课来组织答案。这两类学生之所以没有达到学习的目标，一种是好的学习习惯没有养成，一种是思想上存在问题。这两种情形都需要教师的监管。这就要求教师对每一个学生的情况做到了如指掌，在学生完成课后作业后定期或者不定期地进行抽查、检测、询问等。遇到确实不懂的，还是要因材施教；遇到心理有问题的，要及早地疏导。

四、建立有效的反馈与评价体系有助于校级微课平台的进一步完善，从而提高学习效率；有助于教师从整体上掌握学生课后作业的完成情况，调整教学计划，做到因材施教

反馈与评价体系是整个校级微课平台的眼睛和耳朵，微课平台没有反馈与评价系统，教师将无法知道学生完成课后作业的过程情况，无法知道学生会在哪些题、哪些步骤上存在困惑，无法知道学生使用微课辅导课后作业的效果如何。简单地说，没有反馈与评价系统，教师只能从网上看到学生是否完成了课后作业，而不能清楚地了解学生完成作业的具体情况。这种情况对于教学而言是有着诸多弊端的。

反馈与评价体系有助于校级微课平台的进一步完善。我校的校级微课平台并非是静态的，它会根据使用者的反馈与评价信息进行调整。虽然我校有一套关于微课质量的评价标准，但依照这个标准选出来的微课是否就一定适应学生，那还很难说。学生个体是千差万别的，学生的学习基础也各不相同，因此不同的学生对微课辅导课后作业的感受是很不一致的。在我校的实践中，也出现过这一届学生对某些微课很满意，而下一届学生却又觉得效果一般的情形。学生使用校级微课平台对课后作业进行辅导之后对微课做出的反馈与评价，有

助于教师掌握微课的使用效果，有助于教师进一步完善或调整平台上的微课。学校规定，如果有超过15%的学生对使用的微课不满意时，教师必须找到原因并重新制作微课。在实践中，我们也会有意识地在一些重点题型上放上两个甚至两个以上的微课供学生自主选择。

经过实践，我们发现反馈与评价体系有助于教师获取学生学习方面的第一手资料，便于教师对学生在学习能力、知识积累、交流能力、个性品质等方面进行诊断。学生在完成课后作业的过程中，遇到不懂的地方，可以在校级微课平台上进行留言反馈，教师可以掌握学生学习的基本情况。对于班级学生共同的问题，教师可能即时在网上予以解答，并指出学生存在的问题在哪里；或者教师依据学生答题的情况，迅速调整学生学习目标，强化学生掌握得不好的知识点。

反馈与评价体系有助于加强师生、生生之间的交流，有助于引导学生形成健康的人格，形成奋发进取、团结协作的意志品质。现代社会，网络与生活息息相关，网络交流是现实生活的一种延伸，同时也是现实生活的一种反映。有研究表明，现实生活中不善于表达的学生，在网络上交流可以变得很活跃。有一种观点认为，教学活动本质上就是一种交流活动。在网上交流，学生几乎没有了交流的压力与障碍，这有利于学生释放天性，有利于他们健康人格的形成，有利于师生之间、生生之间平等地交流。对于学生反馈与评价信息，教师依然在尽到监管职责，要引导网络语言的健康方向。对于学生在反馈信息中出现的不文明用语要及时制止并给予教育。

五、利用校级微课平台对学生进行课后作业的辅导，建立相应的评价机制，有效地提高了我校的教育教学质量

（一）促进了教师教学方式的根本转变，培养了一支高素质的教师队伍

通过几年的研究和实践，我校教师的教学观念更新了，课堂教学水平整体

有所提高，特别是青年教师成长进步明显。2021年、2022年两年的高考成绩再创长虹中学历史新高。这两年里，我校有12人在市区两级赛课中获奖。近几年里，每年都有一大批教师制作的微课获得省、市、区级的各种奖项。

（二）促进学生学习方式的根本改变，培养学生的创新精神和信息素养

在信息化的学习环境中，学生的学习方式发生了重要的变化。学生的学习主要不是依赖于教师的讲授与课本的学习，而是利用信息化平台和数字化资源与教师开展平等对话、合作交流，并通过对资源的收集、分析、处理，掌握新知。在实验过程中，我校学生学会了多种学习方式：①会利用资源进行学习。②学会了在情境中进行自主探究、发现的学习。③会利用学习软件和学习平台整理信息、架构新知的学习。在实验的过程中，我们着力培养了学生利用信息技术获取资源的技能，培养了学生利用信息技术进行情境探究和发现学习的技能，培养了学生利用信息技术进行协作交流的技能。

（三）促进学校校本资源库的构建，推动了学校的发展

校本资源库内资源来源于学校音像资料室。学校每年都花费一定的资金购入一些素材、课件、视频课堂等，把符合当前课程的一些资料上传入库。

由于大量的教师具备了自主开发的能力，所以不少教师将自主开发的资源包括自己设计制作和开发的优秀课件、案例上传保存。

还有来源于网络的有效资源，教师们在自行制作微课的时候，收集了很多对教学有用的高质量微课，可以在教育教学中运用，也上传到资源库。

我们还汇编《校级微课平台在课后作业辅导中的实践与评价研究》的研究成果，包括论文、优秀案例、教学设计、教学模式报告、教学反思等，成为我校信息化教学的宝贵财富。

六、后疫情时期，利用校级微课平台对学生的课后作业进行辅导，是一项长期而艰巨的任务，还需要随着时间的推移和实践的深入不断更新和改进

（一）我校个别教师在利用微课平台进行课后作业辅导的过程中，依然不肯放手让学生自主地去学习，反映出教师对学生自主学习的不信任

借助信息技术这一手段，可以促进教学思想和观念的转变，引起教学内容、方法、模式的更新，也应该形成师生角色的新转化。但应用信息技术不是减轻了教师的劳动的强度，而是对教师提出了更高的要求，即：教师应当有更宽广的教育视野、更强的信息技术处理能力、更灵活的与学生进行沟通的能力。教师的教学设计要从以知识为中心转变为以资源为中心、以学为中心，整个教学的资源是开放的，学生在学习某一学科内的知识时可以获得许多其他学科的知识，学生在占有丰富资源的基础上完成各种能力的培养，学生成为学习的主体，教师成为学生学习的指导者、帮助者、组织者。利用信息技术所提供的自主探索、多重交互、合作学习、资源共享等学习环境，把学生的主动性、积极性充分调动起来，使学生的创新思维与实践能力在整合过程中得到有效的锻炼，这正是创新人才培养所需要的。

个别教师依照多年的教学经验，不肯正视新时代信息技术迅猛发展的实情，抱着旧的教学观念不放，只相信自己的讲解能供给学生多少知识，殊不知自己却放弃了对学生自主学习能力的培养，这正是教学上惰性的表现。

（二）教师对学生的学习情况要实时跟踪，实时管理，实时引导

与不能足够信任学生相反的另一个极端是个别教师太放任学生，学生在课堂上按教师的要求自主进行学习，这往往是可控的行为，但学生完成课后作业却并非完全可控的行为，这就需要教师付出智慧，擦亮眼睛，认真判断了。例

如，某生网上的作业完成得很漂亮，那么教师该如何评价这个学生呢？如果不是认真地观察，可能教师就会对这个学生大加赞赏了。依照我们的经验，一个学生如果课堂表现很优秀，而且每次作业都完成得很好，那么他（她）的学习能力大概率是很好的。但当这个学生有几次或者几科的测试不理想，那么就应该怀疑他（她）自主完成作业的真实性了。简单地说，教师要通过一段时间的了解、观察，判断这个学生学习的基本情况，如果出现了作业完成较好而学习成绩不佳的状况，就应该采取措施，帮助学生真正提高完成作业的质量。

（三）教师一方面要努力提高教育教学的水平，另一方面也要提升信息技术的应用能力。这两方面应该相辅相成，共同促进学生的学习

学生利用校级微课平台进行课后作业的辅导，必然要求有高质量的微课。可以说，微课的质量决定着对学生课后作业辅导的质量。教师只有在自己的业务上孜孜以求，不懈努力，才能准确地判断出课后习题中的重难点、关键点、易错点等，才能在讲解时把握重点，击中要害，使学生达到事半功倍的效果。而熟练地使用信息技术来录制微课，则可以提高微课的质量，更利于学生的接受与学习。

教育教学的对象是学生，随着时代的进步、科学的发展，我们的学生对教育教学的内容、手段、方法的要求也越来越高，唯其如此，教师的不断学习和进步成为教学水平提高的题中应有之义，"后疫情时期"看似是一个有特殊事件带来的特有时代，其实，随着信息化对人类生活的影响，教育教学中大量运用现代化手段，尤其是信息化手段是教育发展的必由之路。我校进行的"后疫情时期校级微课平台在课后作业辅导中的应用与评价"的实践和探索，是顺应时代发展和学校具体校情的有效尝试。实践证明，我们建立的平台、开发的资源和师生们熟练掌握的技术为当前乃至于相当长一段时间的教育教学提供了有益的保障和帮助。

"基于长短课的分层课堂"的探索与实践

武汉市光谷第七初级中学　孙奇誉

"双减"政策背景下，学校在教育教学中的战略主导地位进一步凸显，学校作为教育教学主阵地，再次聚焦了社会对高质量教育的期待。"双减"要想真正地落地起效，提高学校课堂教学的效益无疑是重要的措施之一。只有提高学校课堂教学的质量，尤其是"家常课"的质量，做到一传到位，才有可能真正减轻学生的课业负担。武汉市光谷第七初级中学（以下简称光谷七初）对课堂的提质增效进行了探索。以改革教法与学法为切入点，系统变革，重建课堂，构建"基于长短课的分层课堂"模式。

一、课堂模式产生的背景

（一）时代要求

"双减"政策明确了学校教育主体地位和主导作用，强调"提升课堂教学质量""健全教学管理规程，优化教学方式，强化教学管理，提升学生在校学习效率"。所以，光谷七初紧紧抓住课堂这一教学质量的主阵地，系统变革，提质增效。

（二）教学现状

光谷七初作为一所偏远薄弱学校，老教师教学观念陈旧，而青年教师大多数入职未满 3 年，亟待培养。课堂效率普遍低下，学校亟须改变教学现状。

（三）学生现状

基于家庭教育的不足，我校学生学习基础和学习能力普遍较弱，学习兴趣不浓，学习习惯不好，严重缺乏自主学习意识。

（四）以往课改情况

学校曾于 2009 年开始学习杜郎口中学的"三三六"模式，形成了"学本课堂"教学模式，也取得一定的成绩。但是，后期受制于硬件条件、课堂评价、教师素质等客观因素，没有坚持下去，但部分骨干教师有较丰富的小组合作模式下的教学经验。

二、课堂模式的内涵与核心要素

（一）"共喻"课堂模式的内涵

1. 课堂理念：教，喻也

光谷七初的办学理念为"共喻"教育，"喻"意为"使知晓、使明白"，出自《礼记·学记》的"君子之教，喻也，道而弗牵，强而弗抑，开而弗达"，很好地阐释了学生的学习需要自主，教学的最终目的是让学生学会学习，"教"即"喻"（见图 1）。

2. 课堂愿景：让学生自己会学，让学生自己学会

课堂以任务驱动、"学友"合作来激发学生的学习兴趣，给予每一个学生展示自己的机会，促进学生参与课堂。倡导学生通过同伴互助分享学习过程、交流思想方法，真正实现学为中心，共生共进。

3. 课堂原则：教师主导，强化设计引导；学生主体，强化自主学习

教学是师生双方互动的过程，老师通过精心设计教学，引导学生自主学习，在任务驱动和小组、学友合作中，更加积极地参与课堂，从而提高学习效率。

"基于长短课的分层课堂"的探索与实践

```
                    ┌─────────────────┐
                    │    课堂理念      │
                    │"共喻"办学理念下的"喻教"理念│
                    │ 教,喻也,道而弗牵,强而弗抑,开而弗达 │
                    └────────┬────────┘
                             ↓
┌──────────┐          ┌──────────┐          ┌──────────┐
│ 课堂愿景  │ →       │  "共喻"   │       ← │ 课堂原则  │
│学生自己会学│          │   课堂    │          │教师主导,强化设计引导│
│学生自己学会│          │          │          │学生主体,强化自主学习│
└──────────┘          └─────┬────┘          └──────────┘
                             ↓
                    ┌─────────────────┐
                    │  课堂辅助策略    │
                    └────────┬────────┘
        ┌──────────┬─────────┼─────────┬──────────┐
   ┌─────────┐┌──────────┐┌──────────┐┌─────────┐
   │ "433"   ││"三级任务驱动"││ "学友"互助 ││ "双限"  │
   │ 教学流程 ││  课堂构架  ││ 学习模式  ││ 作业管理 │
   └─────────┘└──────────┘└──────────┘└─────────┘
```

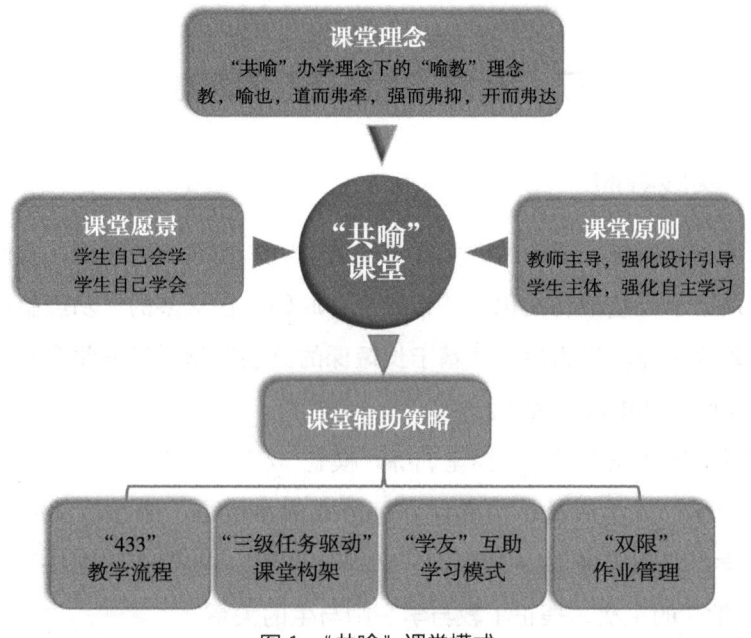

图 1 "共喻"课堂模式

（二）课堂模式的关键要素

1. "433" 教、学、练、评一体化教学流程

通过"长短课"的设置，一方面给予学生充分展示和评价的实践，一方面调出当堂训练时间，在课内形成"教－学－练－评"一体化教学流程。

2. "三级任务驱动"课堂构架

教师通过设计三个梯度的学习任务，驱动学生自主学习、合作学习、探究学习，培养学生自主学习能力。

3. "学友"互助学习模式

通过科学匹配伙伴（即同伴）结成两人一组的"学友"，让"学友"二人之间互相主动帮助或求援来获得知识和技能，提升学生自主解决问题的能力。

4. "双限"作业管理模式

通过"双限"（"限制各科作业时长"和"限制各科作业提交时间"的简称）作业管理，利用课内训练时间，通过统筹和协调作业时间达到控制作业总量的目的，减少学生作业总量的同时提升作业效率。

三、实践参照与理论基础

（一）实践参照

新课程改革以来，成功的课堂改革经验与教学模式不断涌现。我们结合学校实际，根据学校基础和文化的"相似性"原则，在众多的成功经验中，选择了以下课堂改革经验作为建构"基于长短课的分层课堂"任务驱动互助学习模式的实践参照，从中汲取智慧。

1. 洋思中学"先学后教、当堂训练"模式

洋思中学"先学后教、当堂训练"模式的本质是，课堂教学的全部过程都让学生学，是对传统教学的革命，改革了"教"与"学"的顺序，改变了"教"与"学"的主次，摆正了教与学、师与生的关系。

2. 武汉市六十四中"爱心课堂"互助学习模式

"爱心课堂"互助学习模式，是以爱心为师友关系纽带、以"师友小组"为基本的学习组织单位、以"互助学习"为基本的学习形态的课堂教学模式。

（二）理论基础

1. 最近发展区理论

最近发展区理论是由苏联教育家维果斯基提出的儿童教育发展观。他认为学生的发展有两种水平：一种是学生的现有水平，指独立活动时所能达到的解决问题的水平；另一种是学生可能的发展水平，也就是通过教学所获得的潜力。两者之间的差异就是最近发展区。

"基于长短课的分层课堂"的核心要素之一是"三级任务驱动"，通过进阶性的任务调动学生的积极性，超越其最近发展区而达到下一发展阶段的水平，然后在此基础上进行下一个发展区的发展。

2. 学习金字塔理论

学习金字塔理论认为，不同的学习活动，其效率（24小时后的保持率）是

不一样的。听的保持率是5%，看只有10%，讨论可以达到50%，而教别人则可以达到90%。高保持率（50%以上）的学习活动都是主动的，是通过合作的方式来完成。

"基于长短课的分层课堂"中的"学友"互助学习模式，就是通过结对学友在互相教会对方的过程中获得能力的提升。

四、课堂的功能目标、结构要素及说明

（一）功能目标

（1）通过"教、学、练、评"一体化的教学流程设计，帮助学生达成知识的结构化和体系化。

（2）通过"学友"合作，发展学生自主学习、合作学习、深度学习的能力，并构建共学共进的班级积极文化，让不同学科优势的学生发挥所长，让不同层次的学生在同伴互助中都得到提高。

（3）通过"三级任务驱动"，充分尊重学生学习基础差异和个体差异，实现课堂上的分层教学，使不同层级的学生都能在原有的基础上得到提升。

（4）通过科学的课堂构架和"双限"作业管理，提升课堂效率，减少课外作业，减轻学生课业负担。

（二）结构要素及说明

经过不断的探索，光谷七初形成了以"433"教学流程、"三级任务驱动"教学构架、"学友"互助学习模式、"双限"作业管理为辅助手段的"思喻"课堂模式，其主要结构要素如下。

1. "433"教学流程

（1）"433"教学流程从时间分配上的解读：40分钟长课+30分钟短课+30分钟练习课（见表1）。

表 1 光谷七初 2021—2022 学年度第二学期作息时间安排及作业布置安排

	项 目	起止时刻	时间（分钟）	备 注
上午	晨 会	7:50～8:00	10	
	早锻炼（升旗）	8:00～8:35	35	
	第一节课	8:35～9:15	40	
	第二节课	9:25～10:05	40	长短连堂课
	第三节课	10:15～10:45	30	
	第四节课	10:55～11:35	40	
	限时训练1	11:35～12:05	30	限时作业
午间	午 餐	12:05～12:30	25	
	限时训练2	12:30～13:00	30	限时作业
	午 休	13:00～13:45	45	
下午	第五节课	13:55～14:35	40	
	眼保健操	14:35～14:40	5	
	第六节课	14:50～15:30	40	
	第七节课	15:40～16:20	40	长短连堂课
	第八节课	16:30～17:00	30	
	延时服务1	17:10～17:40	30	七年级：限时训练+自主阅读 八年级：限时训练+拓展活动 九年级：体育锻炼+晚餐 各校队：专项训练
	延时服务2	17:50～18:20	30	

（2）"433"教学流程从教学环节上的解读。

"4"是指四个环节，分别为课前预习（不限时间）、课堂夯基（40分钟）、课堂突破（30分钟）、当堂训练（30分钟），四个阶段构成学生学习的完整流程，形成校内学习闭环（见图2）。

第一个"3"是指课堂上的三组进阶任务（基础型任务+探究型任务+综合型任务），既让学生循序渐进掌握知识，又让不同知识基础的学生有所选择，给学生搭建支架，激发学生主动学习，使学生的学习符合知识获得、转换和评价的规律，以生成完善的认知结构。

第二个"3"是指三个促学策略：任务驱动+当堂展示+限时训练。让学生在任务引导下主动学习，并及时输出及时反馈，帮助学生完成知识的结构化，让"教、学、练、评"形成一体化。

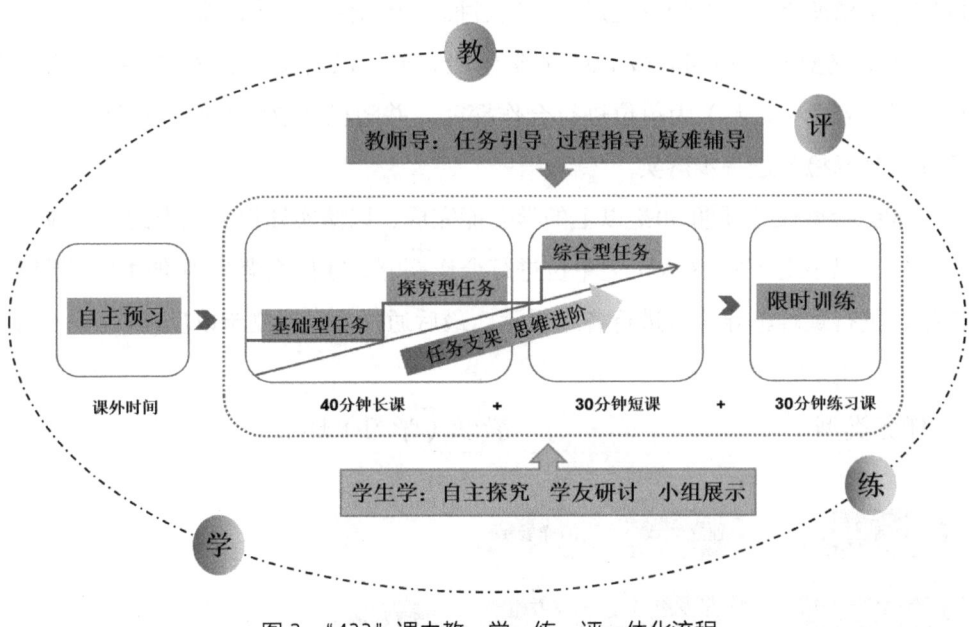

图2 "433"课内教、学、练、评一体化流程

2. "三级任务驱动"课堂构架

三级是指通过三组逐步进阶的任务完成三个阶段的学习，教师根据教学目标，分别按照容易、基础、较难三个不同的层级设计三组任务，分别为基础型

任务、探究型任务、综合型任务。进阶式任务研讨也对应学生思维层次的进阶和深化，以实现深度学习，促进高阶思维的培育和发展。

（1）对于任务设置，要遵循以下原则。

①一定要对核心任务设置梯度，给不同层次学生以不同任务，用"任务梯度"来驱动。（三级进阶）

②一定要对任务进行分解，给学生搭建问题台阶，降低难度，用"问题台阶"来驱动。（任务分解）

③一定要有当堂展示或当堂训练，用输出来驱动过程输入。（终端驱动过程）

（2）对于不同层级的任务，教学和学习环节及侧重点均有不同，具体教学（学习）环节如下（见图3）。

①基础型任务预期90%以上的学生能完成，以最基础的知识和技能为主要内容。要求所有学生均独立完成，并通过抽样展示促进学生落实。

②探究型任务预期60%以上的学生能完成，以落实重点知识和技能为目标。以学友组（2人）为单位进行合作探究，并随机抽取学友组进行展示，最后通过当堂检测进一步落实。

③综合型任务预期30%以上的学生能完成，以落实知识和能力的综合应用为目标，以小组（6~8人）为单位进行合作探究，在探究遇到困难时老师予以点拨，进行疑难辅导，再进行各组展示，最后通过变式检测予以反馈。

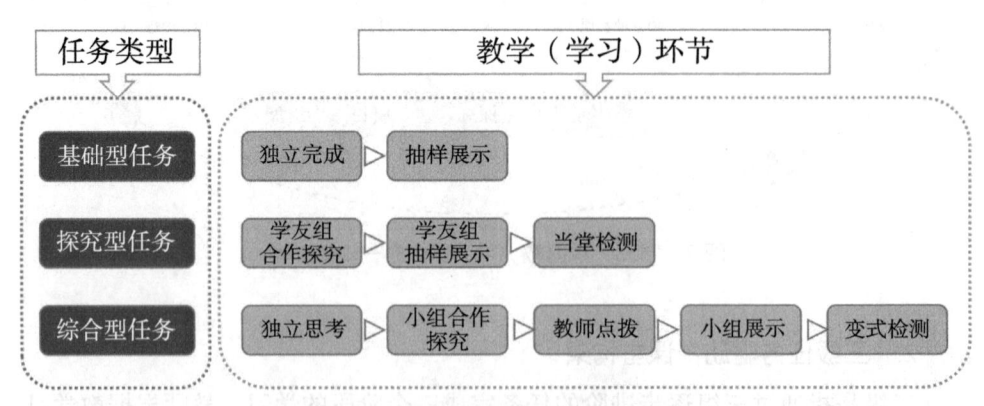

图3 "三级任务驱动"教学环节

"任务"是组织和落实教学任务的路径,"展示"是反馈学习效果的手段,"训练"是巩固学习效果的策略。该课堂构架旨在突出学生的主体地位,凸显"学为中心"。课堂上师生通过活动设计、问题导向、任务驱动、及时反馈……强化学生的"思",弱化教师的"讲",促进学生的"学",让学生真正成为学习的主人。

3."学友"互助学习模式

(1)组建学习小组(6~8人)。

①建组原则:组建学习小组遵循"组内异质、组间同质,互悦互补、共同提高"的原则,即综合考虑学生的各种因素来组建小组,使学友之间在情感上相互悦纳,在认知上相互补充、共同提高。

②组员分配:综合学业基础、学习态度、行为表现、发展潜力等多方面因素,将全班学生均衡分配到6个小组中。

③组内分工:每组设组长和学科组长。组长抓全组同学的学习和常规工作。学科组长每科1名,具体负责本学科学习开展、学习评价、作业收交等工作。

④小组命名:各组自行制定响亮的组名、明确的口号作为小组成员共同的精神追求,增强小组成员的团队意识和积极进取意识。

(2)配置"学友"(2人)。

"学友"即同在一个小组中的异质学伴,搭配成"学友"的两个同学在学业水平、能力倾向、个性特征上均存在个体差异,但是能在具体学习活动中互相帮助、共同提高。

将6~8人小组成员以学科能力为依据,分成学科A、B、C、D四个等级,通过科学匹配,组成3~4个学科学友组(例如数学A与数学C搭配成学友,英语B与英语D搭配成学友),每个学友组2人。

(3)编排座位。

每个学友小组都是2个人,同时前后桌的两个学友小组又可以组建成4人一组,称为"24"式排列,但一般以2人学友组为主,这样排列可以让A教C、B教D,也可以让A教B、C教D。每个学友组也可以是3人,同时前后桌两个学友小组又可以组建成6人一组,称为"36"式,这样排列可以让A教B、

B 教 C（见图 4），让每个学生都发挥自己的学科优势，同时弥补自己的短处，实现学友小组内部的互助学习，使学生广泛参与学习活动。

\"24\"式（一） || \"24\"式（二） || \"36\"式			
A B	A B	A C	A C	A B C	A B C
C D	C D	B D	B D	A B C	A B C
A B	A B	A C	A C	A B C	A B C
C D	C D	B D	B D	A B C	A B C
A B	A B	A C	A C	A B C	A B C
C D	C D	B D	B D	A B C	A B C

图 4 "学友"组合座位排列

（4）建立评价机制。

①设立小组成员积分评价项目：a. 课堂参与度（0~10 分）；b. 课堂纪律（0~3 分）；c. 作业完成（0~5 分）；d. 其他方面如文明卫生等（0~5 分）。

小组记录员参考上述 4 项指标，每日对小组成员和学友组打分量化，填在小组量化积分记录上。每周一统计好小组上周成绩，班主任及时利用班会以小组总结点评，并纳入学生综合素质评价之中。

②建立捆绑、动态评价机制：小组以组为单位进行评价，学友组 2 人捆绑评价，评价积分组员共享。学期初对各组和各学友组进行起始积分量化，以月为单位进行阶段量化，通过积分增量评价小组和学友组的成绩和表现。

③奖励方法：每周一小统计，每月一大统计，评选出月优秀小组、优秀小组长、优秀学友组，并给予奖励。

4. "双限"作业管理

"双限"是"限制各科作业时长"和"限制各科作业提交时间"的简称，主要通过五个转变实现作业的减量提质。

（1）减少教学时间增加作业时间，倒逼教师提高课堂效率。学生课外作业低效且失真，主要是因为缺乏理想的家庭作业环境以及有效的家长督促，这就需要学校统筹安排，尽量将校外作业移到校内完成。为此，学校将一节课由 45 分钟调整为 40 分钟，并通过课堂改革，构建了"长短课"知识结构化学习模式，整体上压缩了上课时间，每天上午和下午都留出30分钟作为学生自主学习时间。此举不仅为学生提供了较为充足的校内作业时间，保证了学生80%的作业能在校内完成，还倒逼了教师提高课堂效率。

（2）变统筹作业总量为统筹时间总量，倒逼作业时间变短。一直以来，因各科教师凭个人经验布置作业，学校很难统筹作业总量。光谷七初将难以实现的作业总量统筹变成了易于操作的时间总量统筹。学校成立课程管理小组，基于"五育并举"原则，将学生一天的学习活动进行重新布局和优化，排出"全校作业时段表"（主要为上、下午自主学习时段+课后延时服务前半段），再下发给各班进行作业时间分配，从学校管理层面控制了学生做作业的时间总量。

（3）变自行裁量为被动限量，倒逼教师减少作业。建立作业协调机制，由各班主任组织本班科任教师，结合班级实际情况研讨、协商各科作业需要的时间，达成一致后，在"全校作业时段表"内对各科作业时间进行分配，确定各科作业时长。时间分配遵循"一班一案、兼顾全面、倾斜薄弱、动态调整"的原则。班主任将作业时间安排表下发给各科任教师和全班学生，师生之间、教师之间相互提醒和督促，确保每科作业都不超量。作业的布置从教师的自行裁量到被动限量，由此实现了通过控制作业时间来控制作业总量。

（4）变开放完成为限时完成，倒逼学生优化习惯。各班成立以课代表为主要成员的作业管理小组。各科课代表每天提前找教师获取当天的作业内容，及时在"作业专区"板书出各科作业内容、完成的起始时间，并按时下发、收取、上交。由于全班学生同一时间做同一科作业且同时上交，所有学生都必须独立完成，杜绝了学生抄袭作业的行为。由于作业被要求限时完成，学生一改以往做作业时的散漫、拖沓、随意等习惯，变得专注、认真，学生学习习惯日渐转好。

（5）变"一刀切"为个性化，倒逼教师优化作业设计。建立班级作业反馈机制，鼓励学生及时反馈作业情况。由于个体的差异，不同学生在限定时间内能完成的作业量不同，在反馈机制下，提前完成的学生会主动申请增加作业，完成不了的学生会报告做作业的感受，这种由学生自发产生的增减作业的诉求，倒逼教师对作业进行分层和个性化设计。因为不能抢占作业时间，教师为了充分利用被分配的时间，会主动研究作业，自觉提高作业质量。

五、实施策略和路径

（一）构建班级互助文化

在班级授课制主导的传统课堂模式下，安排统一的教学内容，使用统一的教学方法，布置统一的作业，给予统一的评价。这种做法忽略了学生个体间实际存在的学习差距，长此以往影响学生的全面均衡发展。在新课改及"双减"背景下，为实施素质教育，全面提高学生的学习质量，提高课堂教学的效率，探索行之有效的班内分层教学策略势在必行。所谓"班内分层教学"就是在不打乱原班级的情况下，通过对学生分层、教学内容分层，对不同层次的学生区别施教，进行分层递进教学。"班内分层教学"充分体现了教师的主导作用和学生的主体作用，通过师生之间、学生之间的交互合作使课堂活跃有序，调动了全体学生学习的积极性，使不同层次的学生都能够完成学习目标，都能够充分发展，同时增强了学生的合作意识、助人为乐的良好品质和集体荣誉感，培养了健全的人格。

1. 主题教育，形成共同的价值愿景

价值观的领导是整个学校的首要领导。学校有目的、有意识地运用普适性的人类基本价值、当下社会的主流价值和办学理念，去引导、规范和整合学校师生的个体价值。引领学校共同教育价值观的形成，才能让学生成为价值观的阐述者、体现者、追求者和实现者。

光谷七初秉承着"以心喻心，共育成人"的办学理念，开展主题教育活动，教育学生在学校、同伴的影响下完成社会化和个性化统一发展。学校的办学目标为：培育一人，影响一家，服务一方。这种以"学生—家长—社会"为共同成长体的追求、形成"崇德爱生，乐教善导"的教风、倡导班内分层教学的课堂模式下，形成"学生自己会学，学生自己学会"的共同课堂愿景。在此影响下学生与学生间、教师与教师间、家庭与学校间能够三位一体互助发展，形成"互助互信，共勉共进"的校风。

2. 氛围营造，创设怡人的育人环境

搞好校园文化建设，创设优美育人环境，是提高办学质量的重要外部因素，因此我们力求让学校的每个角落都能用无声的语言来教育和熏陶学生。学校自确立"共喻"理念共同价值观后，即以此为出发点，进行校园环境建设整体规划，将每处都赋予明确的含义，使物质环境发挥精神作用。进入教学楼的转口处，映入眼帘的就是"心有天地，行有方寸"景观石，代表学生心中不仅装着自己，更要有他人、有社会，承担起作为社会一角的责任。进入连廊处，便是一个象征着互助互信的绿树装饰，每个班级、每个学生、每个团队，都是其中的一片叶子，唯有互助互信才能共同成长，便于分层教学的外部氛围引导。

学校还开设了"校园心理驿站"，开通了"留言墙""校长在线"、对话"直通车"等，弱化强硬的管理，强调平等对话。人性化的制度固化了校园文化，把"软文化"与"硬制度"熔于一炉，铸造出刚柔相济、软硬相容的"合金"式的规章制度，使得管理体现创新，体现人文色彩。教师直接面对的是学生，在制度执行中教师感受到被关爱与尊重，他们也会把这样的情感传递给学生。而学生与学生之间会有着良性循环，互助反馈，在班级内分层教学时才能有着"生帮生、生教生"的具体学习效果落实。

学校从"洁化、绿化、美化、教育化"四个要求着手，鼓励各班形成既有个性，又有特色的教室环境布置，形成了各班独特的人文氛围。如同家具设计会影响人的情感及感知一样，班级文化装饰同等重要。教室应该满足学生学习中便利、互动、活动的需求，可分为"三角四区"七个功能区（见图5），分别为图书角、卫生角、绿植角、信息区、统计区、流动区、创设区。马克思说过："人创造环境，同样，环境也创造人。"学校文化是一所学校的灵魂，诠释好学校"共喻"文化，就是要在精神、制度和环境三个方面不断认识和丰富"共喻"的内涵，进而使全体教师确立共同的教育价值观。

```
教室
├─ ❶ 图书角 ── 书籍、粉笔、练习本等公共物品
├─ ❷ 绿植角 ── 绿植、植物名、负责人名、养护要求，可不固定位置
├─ ❸ 卫生角 ── 拖把挂钩、抹布挂钩，整齐整洁
├─ ❶ 信息区 ── 值日表、班委表、班务职责表等固定化信息
├─ ❷ 统计区 ── 日常行为积分表、背诵订正、打卡表、进士榜
├─ ❸ 流动区 ── 班徽投票、班级日报、优秀作业、手抄报、打卡表
└─ ❹ 创设区 ── 心愿墙、作业墙、夸夸墙、我想说、光阴集、行动栏、挑战墙、求助墙
```

图 5 "三角四区"七个功能区

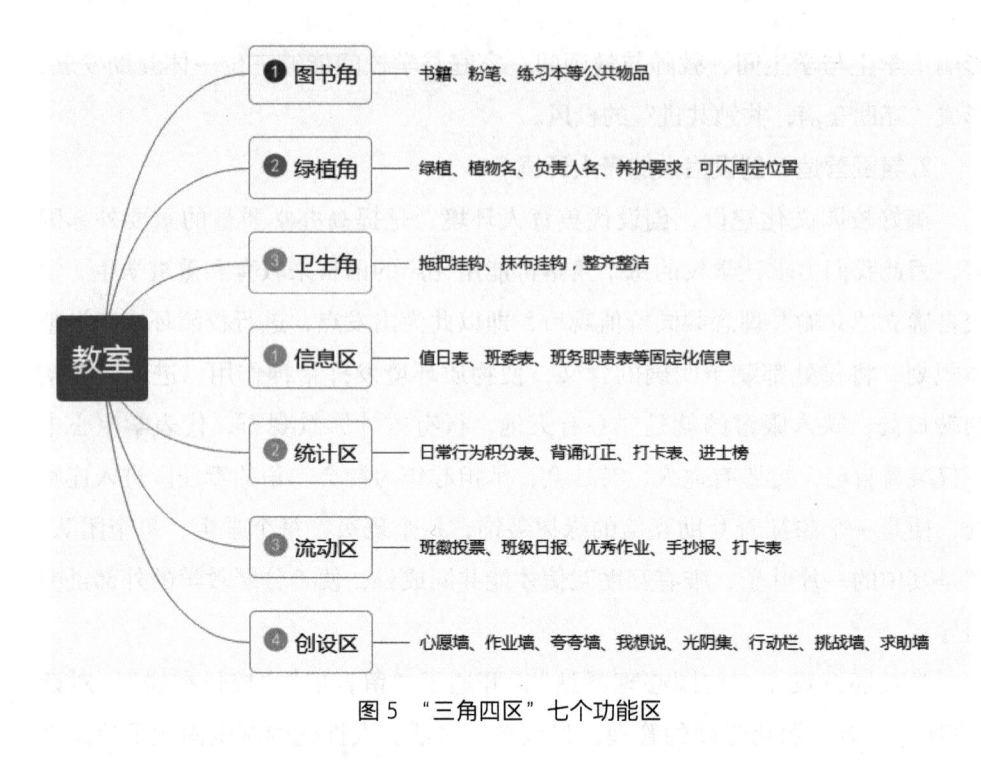

3. 多彩活动，凝聚发展的成长共识

学校引领价值观发展，班级内部分层教学必须让学生形成发展的成长共识，在教授他人的过程中获得自我成长。班级凝聚力的正向形成有助于分层教学的有效落实，这时需要借助活动的力量。说教、交流等方式属于看得见的德育，有效且适宜的活动属于看不见的德育。学科类，按照学科特点开创不同的活动，如语文辩论赛、物理知识赛、摄影赛等。同时，利用主题班会活动，如"学习方法说""聆听声音，我来说"成长故事分享活动，"我的地盘我做主"，班级公约大家定，人人都是班级主人翁。"阳光"积分兑换，"为冬天补一角""寻找最美桌面"……让努力成为一种习惯，让快乐学习、共同成长成为一种追求。

在多彩活动的创设过程中，既提高了学生对初中学习的认识，又相互交流了方法，还促进了文化自信。形式多样的兴趣活动，驱散了学生的心理雾霾，更多的是链接了与自己、同伴、家人的亲密感与存在感，在群体中获得肯定，获得幸福，让学生成为"被需要的人"，让他人因自己的存在而感到幸福。例

如户外拓展活动，再不合群的学生在游戏里也能找到自己的位置，再内向的孩子也能肆意欢笑。专家答疑，以及和学科有关一对多的答疑活动，学员提出问题，专家坐诊答疑。这些活动便于观察学生的性格特点及人际关系，为班级内分层教学提供更多的信息来源和分层标准的基础。

（二）进行集体备课

1. 备课组研讨教材与课标

分层教学符合新课标的要求。备课组教师需要吃透教学大纲、对教材进行再认识和抓好学期备课。在单元备课的基础上，科学合理地进行课时备课，把目录、标题、课程内容按照每一个课时的教学要求，相对划分出高、中、低三个层次。

2. 分层教学设计

课堂分层教学设计是保证分层教学目标实现的关键环节，是分层教学实施的核心步骤。

（1）备教学重点与难点的分层。分层备重难点是实施分层教学的保证。要在透彻理解大纲的基础上，确定不同层次的教学目标，把握住哪些是基本要求，是所有学生应掌握的，哪些属于较高要求，是优等生必须掌握的。

（2）备教学过程的分层。教师在设计分层教学的时候思路和步骤如下：首先，以提问的方式开始本节课的内容。提问的内容为上节课的重点内容和本节课的导入问题，选择答题对象原则兼顾各层级学生学情。一般地，复习旧知识方面的问题，重点兼顾C层学生，使其有课堂的参与感，获取自信心。关于本堂课的新知导入问题则主要询问A层学生，兼顾积极好学的B层学生，使其获得预习的成就感，促进其预习好习惯的养成。另外，课中设计好分层的教学活动，使有梯度的教学活动能让A、B、C三个层级的学生都能有展现的机会，A层级的学生能够锻炼到思维，B层级的学生能熟练运用本节课的重点，并通过A的合作能基本突破难点，C层级的学生能初步达到理解本课时重点的水平。最后，针对课堂活动呈现出的学习效果设计不同层次的反馈练习，最大限度地提高学生的课堂效率。

（3）备教学环节的分层。备课组整理出一个课时中的知识点、考点，思考如何贯穿在每一个教学环节中。我们需要在预习、新授、练习、辅导和检测环节中根据中学生的学习特点，利用教育心理学合理地在不同的教育环节中进行穿插，达到良好的学习效果。例如，七下英语第一单元关于"speak、tell、say、talk"四个词用法的词义辨析，前两个词是第一课时的重点，可以在新课中讲授，后两个词是属于学生了解但不熟悉的词，如果在一起辨析就容易互相干扰，所以可以在练习课中穿插，最后在单元测中检测效果，最后通过辅导来夯实。

3. 共研教学评价机制

备课组商讨出符合自己学科特点的一套激励措施，能带动 A、B、C 三个层级学生的学习动力，例如，可以用积分小卡片，对学习积极并且能达到相应层级的学生及时给予积分奖励机制，激发学生的学习热情；对能够在分层教学中有合作精神的学生给予团队奖励；等等。

（三）指导学生预习

课前预习对培养学生的自学习惯和自学能力有着重要的作用，也是课堂教学有效进行的关键，而如何让学生更加有针对性地预习，其中最重要的环节之一就是设计预习案（导学案的一部分），预习案的内容基本来自课本，并且要体现本节课教学内容的基本概念、基本方法。预习案分两种类型，第一种是以课本为蓝本，要求学生研读课本，学习课本上的基本概念、基本方法，完成课本上对应的练习，并标出或者记录自己存在疑问的地方，也可以提出自己的问题；第二种是以预习案为载体，让学生更加深入地了解学习内容，从整体上把握知识之间的来龙去脉，以问题设置的方式引导学生在预习中发现问题，并努力解决问题。根据各科学科特点预习案的设计还可以形式多样，如一个实验、一次访谈、一篇小作文等，甚至对于需要在课堂中探索的内容也可以不设置预习案，给课堂留一份神秘感，让孩子们体会到探索的快乐。

教师除了设计预习案，还要培训师友如何互助预习。互助预习是以预习案为前提下，学生以师友结对的形式在新课预习的过程中，互相帮助、互相督促、共同提升。互助预习要求：首先师友独立完成预习案，并就重点知识由师傅提问，学友回答，或者学友讲给师傅听，对于师傅也无法解决的个别问题，则由学友提出，教师课堂中统一讲解；其次每天的互助预习要求师友互相评价，评价方式以等级和简短评语的方式开展，定期邀请积分较高的师友小组进行分享交流；最后教师对于互助预习环节存在的问题进行指导和优化，同时结合其他评价环节进行汇总表彰奖励。奖励的方式可以多样，如表扬信、小礼物、小心愿、选座位、选师友等。

课堂上教师预习案的使用要以学生为主体，以教师为主导，通过讨论、展示的方式进行，时间控制在5分钟，或者教师在课堂中就重点知识以提问的方式检测预习情况，对于难点、易错点问题，教师可以根据学生预习案的反馈情况，在教学中统一解决，让预习案更好地服务于新课教学。

（四）实施分层教学

新课标强调，要以人为本，面向全体学生，为了每一个学生的发展，注重素质教育。我们知道，在一个班级内，不同学生的基础和学习水平是不同的。如果课堂上只是一味地为了完成教学任务，很容易造成课堂上教师叫的是举手的学生，即使是小组交流也只是那些少数尖子生的演讲，多数学生只是学习的陪客，这样课堂就变成了少数学生的表演课。因此，除了面向全体，我们在课堂教学的过程中，还要注重个性差异。在课堂教学中，我们要考虑到一个班级内不同学生的学习水平，来实施分层教学，既要关注到每一个学生，又要让不同程度不同水平的学生都能在课堂上得到提高和发展。

（1）在分层教学之前，必须全面地分析本班的学情，将班级的学生层次大致分类，做到对班级的学情心中有数，从而更好地为下一步的分层教学打好基础。

（2）在了解学生学情的基础上，我们进一步依托于学校"三级任务驱动"的课堂构架来实现分层教学的这一目的。

以语文教学为例，基础性任务预期90%以上的学生能完成，以最基础的知识和技能为主要内容。比如，语文课堂笔记，要求所有学生均能独立完成，并且全程参与课堂，课后对于后进生的笔记进行抽样检查，并且予以适度的表扬激励；再比如，课文的朗读，多安排齐读、默读、分组读等多种形式，让每个学生都有读书和展示的机会。

探究型任务预期 60% 以上的学生能完成，以落实重点知识和技能为目标。这一部分基本上是依托课文内容所进行的，如对课文内容的梳理概括，对人物形象的分析等等。在这一阶段，教师尽量少讲，并搭建不同的问题台阶，尽量让先进生帮助和引导后进生，鼓励后进生积极参与。

综合型任务预期 30% 以上的学生能完成，以落实知识和能力的综合应用为目标，以小组（6~8人）为单位进行合作探究。在这一阶段，语文教学的问题就不单单是针对所讲授的单篇课文，而是可以与其他课文联系起来进行拓展延伸，让学生对于这些难度更高的问题进行小组探究。但小组探究并不是让学生简单地围绕问题无目的、无组织地讨论，而是设置好讨论的具体方法、小组成员的具体分工以及最后呈现的成果等。在小组探究的过程中，基础较差的学生可以承担记录或者情景剧表演等角色，基础好的同学负责引导问题探讨的方向和深度。教师最后抽取不同小组进行展示和点评。

（3）面向全体，全面提高，当堂检测练习不容忽视，因此所设置的当堂练习也必须是不同难度的，基础型题目让后进生回答，拓展性题目让先进生挑战，尽量让不同层次的学生都能得到提高。

在课堂上进行分层教学以后，不同层次和水平的学生都能在课堂上学有所得，学习能力得到认可，也会由被动接受转变为主动追求，从而获得了自信和成就感，这既有利于学生学习能力的提高，也有利于学生心理的健康发展。

（五）组织分层训练

1. 设计分层作业

因材施教原则应该贯穿教育教学的全过程，不仅体现在课堂教学环节，同时体现在作业设计环节。一份好的作业体现在外有内容内有质量，分层设计正是促进作业"弹性化""个性化"的关键。设计分层作业既有利于减轻学生压力，也有利于学生有针对性地学习巩固。按照课程标准的要求，在作业设计中进行目标分层、任务分层、难度分层等，将作业与教学进行一体化设计，与学生现有基础相适应。作业设计由浅入深，梯次渐进，引导学生举一反三，触类旁通。

2. 个性化布置作业

对学生的作业要求不能实行"一刀切"，作业与学生现有基础相适应，对不同的学生要在他们的基础上提出不同的要求，让每个人在作业中做有所得。教师针对不同学习水平的学生，按照其所处的最近发展区，进行作业目标任务设计，照顾不同学生的学习需要。例如，结合学情，根据学生个性心理特征及学习接受能力等诸多方面的差异水平，将学生分成三类：学优生以基础易错题+中等题为主，拓展题进行适当拔高训练，有利于学优生巩固基础知识点且又进行了思维训练的提升；临界生主要分为两类：一类是学习习惯导致的临界，一类是学习认真但缺乏正确学习方法的临界，因此临界生主要是以基础题和中等题进行练习为主，强调解题过程的规范性，重在对知识的理解和熟练运用；对于学困生，最主要的是进行基础题的练习，强化学困生成功的体验感，增强学习的自信心。

3. 限时完成作业

利用课内训练时间，限时完成各科作业不仅有利于学生形成时间观念，帮助学生进入一个学习的专注状态，也有利于教师优化作业分层和个性化设计，精选高质量习题。学生在有限的时间内完成作业，既保证了作业独立完成的真实性，也减轻了学生的学习负担。

智慧教室支持下基于证据的教学研究

武汉市楚才中学　郭建斌　雷　慧

传统教学中，教师面向大班额的教学，并不容易真正实现因材施教，教师的教学一般都基于经验而进行，表现在教学目标的设定、教学过程的设计、教学内容的确定等诸多方面。现已进入21世纪，信息的数据化带来了人脑处理能力无限扩容的颠覆性变革，信息技术的发展和智慧教室的广泛应用，为我们全面便捷地收集学情证据提供了有利条件，从而使基于证据的教学具有了可行性，进而使得个性化学习、因材施教的理想教育在大数据时代获得了可能性。

一、智慧教室支持下的证据建构

（一）智慧教室

智慧教室作为一种典型的智慧学习环境，是一种能优化教学内容呈现、便利学习资源获取、促进课堂及时深度互动、学习情境全面感知、教室设备智能管控的新型教室。在智慧教室中，将学习终端及相关系统平台应用于教学是当前智慧教室教学应用的主要体现。

智慧教室的环境构成主要是：①网络：5G网络全覆盖；②平台：以武汉

市教育云、智学网等为主的教学云平台；③教学终端：包括且不限于智能一体机的教学终端，教师的智能手机为教学移动终端，为每位学生配置的定制式电子书包为学生的学习终端。

（二）智慧教室支持下的证据模型

依据精准教学的基本路径与学习的过程，结合目前智慧教室方便提供的证据类型，构建了如图1所示的证据模型：

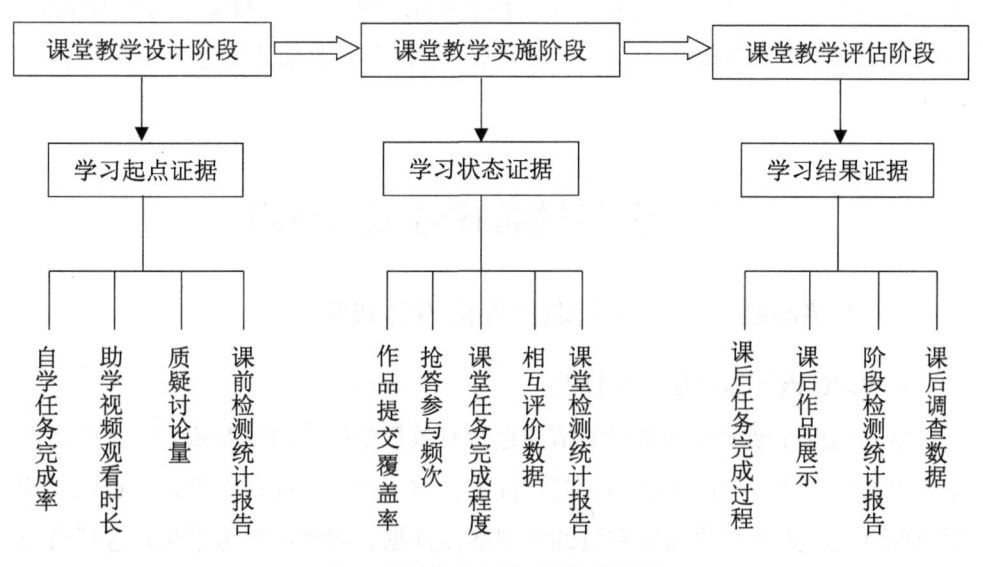

```
课堂教学设计阶段  →  课堂教学实施阶段  →  课堂教学评估阶段
      ↓                   ↓                   ↓
  学习起点证据         学习状态证据         学习结果证据
   ┌──┼──┬──┐       ┌──┼──┬──┐       ┌──┼──┬──┐
  自  助 质  课      作  抢 相  课      课  课 阶  课
  学  学 疑  前      品  答 互  堂      后  后 段  后
  任  视 讨  检      提  参 评  检      任  作 检  调
  务  频 论  测      交  与 价  测      务  品 测  查
  完  观 量  统      覆  频 数  统      完  展 统  数
  成  看    计      盖  次 据  计      成  示 计  据
  率  时    报      率         报      过         报
      长    告                 告      程         告
                    统                  计
                    计                  报
                    报                  告
                    告
```

图1 智慧教室支持下的教学证据

以上智慧教室支持下建构的证据模型，是分时、分类、分层的，有利于教师在实施大班教学时快捷提取更加精准的教学证据，方便教师进行分层教学和个性化教学，从而实现以学生的实际问题为中心的精准化教学和深度学习。

（1）分时是指按照学习过程的设计、实施和评估等三个阶段分别收集学习起点、学习状态和学习结果等证据，强调不同学习阶段因为学习目标不同而形成的教学证据差异。如学习起点证据侧重在自学阶段中的自主学习态度与自学目标达成程度的证据，学习状态证据侧重在群学阶段的学习参与程度与课堂内容掌握程度的证据，学习结果证据侧重在巩固阶段的练习与测评证据。

（2）分类是指学习过程数据和评测数据等，按照学习行为要素进一步细致分解为时长、频次（质疑、讨论、抢答等）、成果提交与展示、任务完成率、检测数据报告等，强调不同学习内容、不同学习方式、不同学习个体的证据类型差异。

（3）分层是指基于课堂检测统计报告等证据，分析与判断不同学习内容和不同学习个体的学习效果差异，确定、调整、优化分层施教的方式和方法。强调对证据的分析及决策一定要基于证据背后的学习个体的特点，对不同学生、不同班级要科学合理地分析与运用数据，才能更有效地达到基于证据的教学目的。

二、基于证据的教学实践策略

（一）学习起点证据的获取及课前设计策略

1. 学习起点证据的获取及分析

学习起点证据是教师了解学情和进行有效教学设计的重要依据。教师主要在学生的前置学习阶段获取学习起点证据，这个过程可在课前进行，也可在课堂前部进行。为了获取真实有效的学习起点证据，教师需要为学生精选适合自学的基础知识，定目标，给方法，提供辅助资源，设置自学检测，以自主学习任务单为载体，引导学生进行自学，如图2所示。

学生完成后，按教师要求上交纸质任务单，或通过智慧教室提供的学习专用电子设备将所完成的自主学习任务单拍照（或录制语音和视频）并上传到教师持有的终端设备。教师在终端设备上查看和批阅。教师及时批阅并整理学习起点证据，一般有以下三类。

（1）自学过程痕迹。

通过查看学生的自学过程痕迹可以了解学生的学习习惯、学习态度、学习意志等。通过翻阅学生在教材自学过程中在教材上的圈点勾画痕迹了解学生的

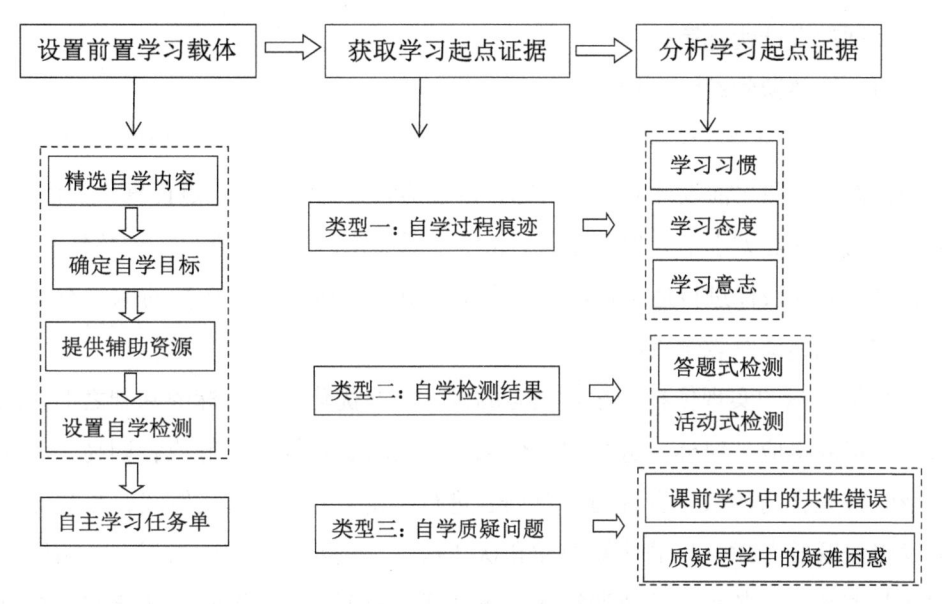

图 2　学习起点证据的获取路径及分析

教材阅读习惯和态度，通过查看平台反映的学生观看微课的时长和次数、观看过程中微课暂停和快进/快退数据以及在线检测完成的时长数据，以了解学生的学生习惯、学习状态等。

（2）自学检测结果。

学生完成自学检测并上传到平台，平台会自动记录、统计结果。教师通过分析这些结果数据，也能收集到学生的学习起点证据。

自学检测一般有两种方式：答题方式和活动方式。其中，答题方式重在结果反馈，活动方式重在过程反馈。

（3）自学质疑问题。

学生在自主学习之后，由于理解和学习能力的差异，必然出现不同的困惑。一是教师在查看学生完成的自主学习任务单中发现的问题，主要是出现的共性错误，二是学生在自主学习任务单的自学反思中提出的困惑、疑难问题，这些困惑往往蕴藏着学生的需求，指向教学中的难点、疑点、盲点、模糊点，需要教师加以引导、点拨、明确、化解。

2. 课前设计优化策略

（1）调整课堂教学目标。

基于智慧课堂教学模式，教师分层设计教学目标，在学生学习之前做好相应的预设。对照之前设计的教学目标，以教师收集到的学习起点证据作为依据，以学生已有的能力水平为教学起点，将学生课前未达成的教学目标调整到课上，或将已完成的目标进行适当拔高，从而实现更具针对性和层次性的课堂教学。

（2）调整课堂教学资源。

教学目标的实现依托于教学内容的设计，在优化教学目标的基础之上，课堂教学资源也应"对标"进行同步优化。对应教学目标的降低或者调高，教师应及时补充合适的教学资源对课堂内容进行丰富：a.备课堂逻辑线，智慧课堂的逻辑线既要考虑学生的认知规律和认知水平，更要考虑基础与提升、拓展的层次与深度；b.备相应的微课视频，丰富课堂资源；c.备课堂在线检测，对应教学目标与学生基础调整课堂检测设计。

（3）调整精准教学策略。

教师查看学习平台上检测题的答题情况，首先要查看学生自学的平均水平，然后重点分析正确率偏高和特别偏低的两类检测题，根据这些题所对应的知识点，判断本班的薄弱知识点，还要关注得分情况特别好和特别不好的学生，以及平时需要特别关注的学生的知识点掌握情况，并做好相应记录。针对全班的薄弱知识点，教师适时调整课堂教学；针对学生个体的需关注程度，预先安排部分学生在课堂上优先答问、展示等，加强个体关照。如果是主观题或活动类任务，在教师批阅过程中，就可以及时做上标记，如典型错答、优答范本、分层样本、特殊作业等，批阅完成，做上标记的作业也能供教师随时查看。这样，教师就能较为准确地把握本班在知识点和学生个体两方面的学情了，才能有针对性地实施课堂教学。

（二）学习状态证据的获取及课堂生成策略

1. 学习状态证据的获取

及时了解学生的真实学习状态是教师开展有效教学活动的重要条件。智慧教室环境为我们提供了方便，可以如表1所示途径获取学习状态证据。

表 1 课堂学习状态证据的获取方式

学习状态证据的获取	技术手段	设备
展示	随堂拍照	教室一体机 （人人通）互动课堂
展示	随堂直播	教室一体机 （人人通）互动课堂
展示	作品观摩	教室一体机 （人人通）互动课堂
检测统计	当堂检测	教室一体机 （人人通）互动课堂
检测统计	答题	教室一体机 （人人通）互动课堂
检测统计	投票	教室一体机 （人人通）互动课堂
评价质疑	作品互评	教室一体机 （人人通）互动课堂
评价质疑	弹幕	教室一体机 （人人通）互动课堂

（1）展示。

方式一：随堂拍照。当教师需要展示学生的学习成果时，传统教室多使用"板演"的方式，但有时并未呈现有代表性、需要讨论的作品，智慧教室环境下，教师只要使用互动课堂中的"随堂拍照"就可以展示特定对象的代表性作品。展示后，教师还可以随机挑人点评，以纠正学生的典型错误，或带领学生对优秀作品进行示范学习。

方式二：随堂直播。当教师需要展示学生的过程性学习成果时，比如要展示学生的作图过程或实验操作过程，智慧教室环境下，教师只需使用互动课堂中的"随堂直播"就可以全程记录学生的操作过程，随后可以展示评价。

方式三：作品观摩。当教师需要展示所有学生的作品或组织学生随机互评时，智慧教室环境下教师可以使用互动课堂中的"作品观摩""作品互评"等功能，要求全体学生提交自己的作品。教师可以从屏幕中实时监控学生的参与情况，直至全体提交。

（2）检测统计。

方式一：当堂检测。智慧教室最大的功能就是利用信息技术实现及时统计的功能，"当堂检测"是最常用的，教师需要提前准备好检测题，当堂推送至学生平板，学生完成后迅速提交，教师可及时得到统计结果，包括每道题的正确率、每道题各选项的选择人数等，非常有利于教师了解全体学生的掌握情况。

方式二：答题。当教师在授课过程中仅需要就某一个题目（问题）进行检测时，并不需要事先设置检测题，而只需在课堂上呈现出习题之后，使用"答题"功能，学生选择答案后立刻提交，教师即可快捷地获取学生的掌握情况。

方式三：投票。当教师需要了解学生对某一问题的选择情况时，除了传统的举手示意的方式，如果学生不希望他人看到自己的观点或意愿时，教师可以采用"投票"功能，获取信息。

（3）评价质疑。

智慧课堂中我们可以利用"学生互评""弹幕"功能，让全体学生有自由发言的机会，可以就某一问题自由点评，也可以就本节课的知识进行总结，还可以在自主学习阶段后质疑提问，教师基于学生的提问设计有针对性的课堂活动。

2. 课堂生成策略

教师在获取学习状态证据后，根据课前预设来判断学生掌握知识的情况，此时教师根据学生当堂的学习状态，分析并做出正确的课堂决策，及时地对之前的课堂预设进行补充或调整，及时地对重难点知识进行强化，才能有效利用课堂上的生成性资源，才能提升课堂教学的价值，使课堂充满活力。

（1）精准引导学习。

教师在师生互动活动中，根据学生的应答和展示作品可以推断学生的思维障碍点，用"追问""示错教学""学生辩论"等方式进行引导，克服思维障碍，达到精准引导的目的。

（2）调整学习进度。

教师根据数据，对学生知识掌握的薄弱点、易错易混点进行针对性补充讲解，以"多"时间、"反复"讲解、"多轮"训练等方式调整优化课堂进度，以适应学生的学习状态，达到更合理的学生学习进度，使学生的理解趋于正确、深入、全面，以体现良好的动态生成的教学。

（3）调整学习难度。

教师基于学生课中学习状态证据，明确授课难度要符合大多数学生的水平，把握课堂教学中学情的动态变化，抓住学生学习过程中知识与能力的起点、难点、易错点，及时调整学习难度，从学生的角度出发，做到"教材内容"与学生经验的契合，才能使学生的学习得到改进和提高。

难点问题要多举例多类比，多使用图片、图表、视频，使抽象的问题形象化；练习题要先简后难，注意坡度；同类型题，先讲后练。

（三）学习结果证据的获取及评价助学策略

1. 学习结果证据的获取

表 2 为学习结果证据的获取方式及类型。

表 2　学习结果证据的获取方式及类型

学习结果证据的获取方式		证据类型	利用信息技术平台
常规方式	课后任务单	完成时长	手机/平板电脑/不用
		作业痕迹	
		完成正确率	
	媒体作业	动手实践过程	手机/平板电脑
		视听积累过程	
		创作表达成果	
	阶段检测	班级整体考况	智学网/教育云平台
		题目得分率对比	
		学生个性问题	
特殊方式	课后调查	学习兴趣点	手机/平板电脑/家校联系本/沟通平台
		学习障碍点	

（1）利用课后任务单。

教师根据教学内容和预定目标编制好课后任务单，布置给学生进行课后巩固练习。课后任务单的设计具有学科特色，理科一般以分层习题为主要训练任务，文科一般有机械操练任务和创编任务，其中机械操练作业以记忆为主要目的，创编作业以运用语言知识为主，是获取学生是否内化知识的重要证据。创编作业的形式可以通过仿写、续写或改写语篇，绘制思维导图等方式设计。学生完成后上交，可交纸质任务单，也可按要求提交至学习平台，方便教师随时随地进行批阅。

（2）利用媒体作业。

在智慧教室支持下，教师可以通过各类媒体作业弥补传统环境下纸质作业的缺陷。对理科而言，家庭小实验类实践作业，能有效弥补在校时间动手实践的不足。通过观察学生的动手实践过程可了解学生的知识的内化与应用情况。对文科而言，基于语言的交际特点，为了采集到视听积累过程的证据和创作表达成果的证据，教师更多地使用语音和视频等形式采集，通过布置开放式或半开放式的朗读、跟读、背诵、演绎、配音、歌曲、辩论、情境表演、介绍解说等媒体作业的方式进行。这样不仅能更全面、更直观、更真实地反馈，更能激发学生的兴趣和主动性。

（3）利用阶段检测。

阶段性检测是传统而有效的获取学习结果证据的方式。大数据时代，教师可以充分运用平台提供的数据分析班级整体考况、题目得分情况以及学生的个性化问题。

比如，通过对智学网测验数据的挖掘，总结出如表 3 所示的数据类型，它们能帮助教师们了解丰富的学情，为测试后的精准讲评以及个性助学提供了直观的证据。

表 3　智学网数据分析方面

班级整体考况	班级成绩趋势
	年级各班平均分对比
	学业等级分布数据
试卷分析	班级共性错题
	大题得分班级对比雷达图
	小题得分率
	小题答题统计（答对名单及答错名单）
	薄弱知识点

续表

学生个性化问题	需关注学生名单（大幅进步、大幅退步、临界生、波动生）
	学生成绩整体报告
	历次考试情况对比
	学生学情分析
	个性错题本

（4）利用课后调查。

通过课后调查获取学习结果证据更能体现以学生为本的教学理念。在完成课前和课中的学习任务之后，学生个性化特点如何在课后反馈出来，需要通过详细且科学的问卷调查予以实现。课后调查的内容可以涉及学生的心理需求、学习兴趣、学习障碍等方面，调查形式可以是口头采访、书面调查、投票选择等方式。由于课后调查具有客观性和主观性特点，所以此类结果证据具有开放性特点，是学习结果证据获取方式的有力补充。

2. 课后评价助学策略

（1）分析学习效果以调整教学。

传统教学环境下，教师主要依据批阅学生的家庭作业和考试试卷来了解学生的学习效果，但由于统计工作量巨大，教师只能凭模糊的大致印象对全班的学习效果进行评价。在智慧教室环境下，大数据统计为我们提供了便利，如在线发布检测卷后，学生利用电子设备在线完成，系统自动生成数据，方便分析。若发现学生的薄弱知识点，教师可以有针对性地设计专题进行突破。

（2）分析个体差异以辅导助学。

分析学生的学习效果类的结果证据，可以按照检测题所关联的知识点利用平台推送个性化习题，供学生有针对性地进行补偿练习。

三、研究成效及展望

几年的研究期间，学校不断加强对教师的理论培训，引导教师系统学习《学习中心教学论》《学习中心教学的学校行动研究》等著作，这些理念的渗透让老师们意识到精准教学的重要性和可行性，逐渐转变过去以教师的教为中心的理念，更加关注学情数据，运用信息技术的能力也明显提升，更加关注学生的个性学习需求。教师们的迅速成长也直接促进了学校整体教学质量稳步提升。这些实践成效促进了学校打造出智慧教育新品牌，提升了学校的影响力。

未来，我们还需要深入探索智慧教室的功能，探索云平台的使用，培养教师的数据应用能力，提高根据数据所暴露出的问题进行决策的能力，还要深入研究学习中心理念下的智慧课堂，使教学中的"证据意识"不仅仅停留在技术层面，更要贯穿于整个教学思想中。

参考文献

［1］陈佑清.学习中心教学论［M］.北京：教育科学出版社，2019：5.

［2］朱永新.未来学校［M］.北京：中信出版社，2019：6.

［3］杨浩.信息技术与教育创新［M］.北京：科学出版社，2021：10.

［4］赵晋，张建军，王奕俊.大数据思维下教育发展机遇与挑战的再思考［J］.电化教育研究，2018（6）.

［5］黄荣怀，胡永斌，杨俊锋，肖广德.智慧教室的概念及特征［J］.开放教育研究，2012（2）.

［6］陈卫东，叶新东，张际平.智能教室研究现状与未来展望［J］.远程教育，2011（4）.

［7］刘均望.基于证据的中小学教师教学决策行为优化研究［D］.锦州：渤海大学，2019.

［8］谢建.教师精准教学能力模型构建研究［D］.长春：东北师范大学，2020.

农村小规模学校"双师"课堂探索

武汉市蔡甸区永安中学　高克俭

农村小规模学校的确面临许多困难，这其中首先是缺乏一支稳定、质量较高的教师队伍，以及由此决定的教育质量。教师数量、质量以及结构是衡量师资均衡的三个基本指标，其中，教师数量是基础。没有这个基础，后面两个就无从谈起。但是，这个我们却无能为力，原因很简单，因为我们单个学校没有办法改变现状。小规模学校的教师数量，其实存在着表观数量与实质数量两种。所谓"表观数量"，就是体现在"表格里可以查点的人数"，它包括正式教师、合同制教师、志愿者和代课教师等。所谓"实质数量"，指的是具有教师资格的在编教师。表观教师的流动性极大，教师专业水平参差不齐，学校极难把控教育教学质量。

农村小规模学校师资匮乏在短期内没办法改观，那么变革课程教学模式就势在必行。利用"小班小校"优势，是提升小规模农村学校教育质量的一条蹊径。这条蹊径，可以依托地方优秀传统文化、生态环境等资源，开发校本课程，并将其融入相关课程的教学中去。其次，充分发挥"小班小校"优势，积极探索应用"互联网＋教学"也就是"双师课堂模式"教学来满足学生的个性化学习需求。

一、"双师课堂"模式的选择

（一）视频教学资源辅助教学模式

这种模式下视频教学资源是提前录制好的，无法考虑到实际教学中出现的各种状况，所以现场教学教师在应用时需先对视频教学资源进行一些相关处理，筛选出自己需要的教学片段进行教学设计，在课堂教学过程中有计划有选择地播放视频教程，常见的有以下三种应用方式。

（1）先播放教学视频后进行课堂教学（先播后讲式）。教师先将教学视频完整地播放给学生看，这时学生主要是听视频中教师的讲解，现场教学教师可以在学生听视频教师讲解过程中对学生难以理解的地方进行一些辅助引导和解说。

（2）先进行课堂教学后播放教学视频（先讲后播式）。现场教学教师先对学生将要学习的知识进行讲解，重难点部分再让学生跟着视频教师学习。在学生观看视频结束后，现场教师通过设计一些活动来检验学生的学习情况，帮助学生掌握所学知识。

（3）边进行课堂教学边播放视频（边播边讲式）。这种方式现场教学教师要先对视频教学资源进行一些相关处理，筛选出自己需要的教学片段进行教学设计，在课堂教学过程中有计划地选择性播放。这种方法需要教师备课时认真领会视频中教师的教学思路和重难点的处理方法，在课堂教学过程中少用甚至不用视频光盘，尽可能地学习借鉴视频光盘的教学设计，对成长期的教师大有帮助。

这种"双师课堂"模式对教学的辅助设备和教师的信息技术水平要求并不高，容易在偏远地区推行与应用，但这种模式下教学资源的更新相比网络传输而言会比较缓慢。

（二）网络直播模式

这种"双师课堂"模式是指一位主讲教师（甲师）通过直播的形式进行网

络授课、另一位辅导教师（乙师）负责维持课堂秩序、现场教学教师和线上教学教师组成的线上线下同步教学的"双师课堂"模式。

这种模式下主讲教师通过网络传输，可以实现同时对多个班级进行直播授课，实现线上线下同步的同时也实现一"师"多用，既可弥补优秀教师不足又可降低成本。当学校所处区域有"学区制联盟"或者"一对一帮扶"时，可利用发达区域内的优秀教师的优秀课堂实现远程教学，这种模式也适用于农村偏远地区。这种模式对乙师的专业水平的提升无疑更有效，但对教学的辅助设备和教师的信息技术水平要求更高。

（三）人工智能"双师课堂"模式

2018年11月发布的《人工智能+教育》蓝皮书中指出智能机器人可以在支持智能学习过程中充当智能教师助理，帮助教师处理日常工作中重复的、单调的、规则的工作。有学者将这种由人工智能教育机器人和教师共同在课堂中承担教学工作，其中由人工智能教育机器人承担教师的部分教学任务，并提供个性化学习服务的新型的课堂模式定义为新型"双师课堂"，笔者认为定义为智能"双师课堂"更为恰当。这种人工智能教育机器人可以直接服务于中小学学生学习，灵活地启动学习资源，同时记录学习者的学习过程，监督学习者的学习质量，起到对深度个性化智慧学习的支持效果。这种人机协同的智能"双师课堂"教学模式还处于研究探索阶段，对教学硬件和软件要求也比较高，且发展还不够完善。

选择适合学校的"双师课堂"模式。因"双师课堂"教学的三种模式中对教学设施的要求依次从低到高，且第三种教学模式还处于探索阶段，因此具体选择"双师课堂"中哪一种教学模式，主要取决于学校的教学设施。比如，有些学校没有计算机投影仪等设备，则可以利用早期"双师课堂"模式，利用教学光盘通过电视和DVD来进行有选择的播放。而有现代多媒体教学设备的学校则可以采用现代"双师课堂"模式，实现双师与学生、双师之间的同步互动。第三种智能"双师课堂"模式目前还只是在个别学校进行实验性的教学，现阶段人们对人工智能的开发应用以及对大数据的处理上还有待进一步研究。

另外，教师也是选择"双师课堂"模式时应考虑的因素，教师的教学能力、风格习惯、教育理念等因人而异，而"双师课堂"教学模式应用则是为了提高课堂的有效学习，因此怎样达到学习的最大效果是教师选择课堂教学模式的准绳。

二、"双师课堂"中"乙师"核心素养的提高

所谓"乙师"，就是本地接受空中课堂资源的教师。我们发现，网络上的优质资源，往往达不到满意的教学效果，甲师与学生之间为什么经常跨不过这最后六米？

一是除最重要的通适性素养以外，不同类型的教师，其核心素养不同；即使相同，其排序也会有异。接课教师（即乙师）在思想上认为可以依赖甲师，忽视自身核心素养的提升，觉得自己只要服务态度好就行。

二是实现甲乙两师的隔空完美配合难度较大。"双师课堂"是采取主讲与助教相互配合，线上与线下相结合的方式完成特定内容的教学。其中，主讲教师（甲）通过视频直播讲解课程，辅助教师（乙）负责配合，组织学生观看及互动，观察并记录学生的课堂表现，维持课堂秩序，负责课后答疑、批改作业、讲解习题及与家长沟通等。不言而喻，甲乙两师的任务，泾渭分明。

三是双师课堂的局限性也是十分明显的，譬如，甲师不了解学生，无法及时抓住学生的兴趣点；乙师抓不住课程，学生多在被动听课，而这样的情况一多，渐渐就会对这种没有温度的课程产生抵触。

双师课堂中的甲师，几乎都来自各种条件都相对优越的城区。在那么多名校里选择几个会讲课的教师，远比在现实的时空里找一个合适的乙师要容易得多；而没有称职的乙师，面对再好的甲师，也不能隔空打通荧屏前这短短的六米距离，把好课送进学生的心中。

怎样打通这最后六米？办法是提高乙师的核心素养。

（1）乙师最需要的核心素养，是敬畏职业。对，就是对自己所从事的教育不仅要"敬"而且需"畏"！敬什么？敬知识、敬科学、敬真理、敬优秀传

统的继承与发扬！畏什么？畏误人子弟，畏辜负党的嘱托！毋庸赘述，敬畏教育、敬畏课堂是我们所有当教师的都应具备的。

（2）乙师必须具备良好的角色意识，以及相应的组织能力。乙师的角色意识，首先是配角意识，其次才是主角意识。所谓配角意识，就是对"辅助"的正确认知。如果把"双师课堂"看成多因素构成的"整合体"，那么，这个整合过程就充分利用了个体之间的互补性，也希望合作各方能找准自己的位置。双师课堂是一个特殊的"整合体"，就整个授课过程而言，甲师无疑是主角，乙师是配角。甲师很容易找到自己的位置，乙师却感觉朦胧。乙师还要明白自己也是主角，要能有效地整理收看现场，维持收看秩序，和谐收看环境，优化视后服务，实现配主"两角"之间的和谐转换。

（3）乙师要增强学习的能力。乙师要在"双师课堂"中不断学习，学习对教材的理解，学习甲师的教学方法，学习对教具和信息化设备的使用，学习对学生的评价方法等。

（4）乙师要增强沟通的能力。双师课堂中甲师不了解学生，无法及时抓住学生的兴趣点，那么乙师要了解学生的具体情况，包括学生的认知水平、兴趣爱好、当地事物、风俗习惯等。这就要求乙师与学生沟通，沟通可以发生在课间、课外，也可以及时发生在课堂上。

（5）学校要利用培训提高乙师的核心素养。学校在校本培训中，狠抓乙师培训，先从角色意识培养开始，继而跟进基本技能培训，借助网络优质资源，给学校的发展提供动力。

三、农村小规模学校实施"双师课堂"的建议

（一）构建一对一的帮扶方式

农村小规模学校可以与上级教育主管部门协商，构建一对一的帮扶方式。它是指城镇学校与农村学校建立一对一的帮扶。这里的一对一帮扶既指校与校之间的一对一帮扶，也指班与班、教师与教师之间的一对一帮扶。构建一对

一的帮扶模式时应遵循就近原则，选择地理位置相近的学校建立一对一的帮扶模式。在现代"双师课堂"模式中，主讲教师通过网络直播的方式同时向多个班级授课，而授课的班级过多就会造成主讲教师无法全面了解每个班级的实际水平，在授课过程中无法兼顾各班采取有针对性的教学，导致有的班级"吃不饱"，而有的班级却"吃不了"的现象，影响教学效果。构建一对一的帮扶模式，让城镇地区的优秀学校、优秀教师一对一地帮扶农村地区的学校，可以最大限度上避免这种情况。此外，通过平时的沟通交流，主讲教师在备课和授课的过程中就可以最大限度上兼顾两个班级的学情，进行有针对性的教学设计，做到有意义地促进农村地区的教育水平的提升。

（二）"双师课堂"注意要以学生为主体

在"双师课堂"教学模式下由于主讲教师（甲师）的授课对象有时不止一个班级，这就要求主讲教师在备课的过程中必须以学生为主体，综合考虑各个班级的学情，授课的内容贴近学生实际情况，授课的节奏相对放缓，授课过程中关注与线上班级学生的互动，注意对线上班级学生表现的评价。甲师为授课主导，乙师是学生学习的引导者，而现场乙师又是课堂活动的执行者，乙师要及时处理课堂教学过程中的各种问题，及时引导学生的活动。

（三）"双师课堂"注意要与操作教师（乙师）常规课相结合

"双师课堂"的局限性也是十分明显的，假如班级所有的课程都使用"双师课堂"，就会影响乙师与学生的情感交流时间，会削弱乙师对学生的威信建立，会削弱乙师对学生的教育影响力，会滋生乙师的懈怠思想，不利于成长期的教师的专业发展。作为学校领导者应该以行政的手段适当加以规定，例如：重点章节、难度章节、新授课程可以使用"双师课堂"教学，容易章节、训练和复习课程可以让乙师常规教学。作为乙师也可以灵活地掌握"双师课堂"与常规教学切换，对于自身难度大的课程、信息量大的课程可以使用"双师课堂"教学，对于要结合当地实际的课程可以使用常规教学。

技术的进步可以促进教学的变革，但无法代替学生的学习经历，只能够帮助教师更快、更高效、更全面地了解学生的学习进程，帮助学生更好地学习和成长。"双师课堂"作为"互联网＋教育"时代教学模式的一大变革，在应用的过程中应意识到它是为了更好地促进课堂教学，提高课堂的教学效果这一本质。从这一点出发，对"双师课堂"教学模式进行开发和应用，要让教师通过对优质教学资源的应用和学习、与优秀教师的沟通和交流、对现代教育技术的学习和应用来提高教师的综合素养，真正解决偏远地区师资力量匮乏的问题。偏远地区要加快教学基础设施的建设和教师的培训，加强对优质教学资源进行锻造提升，增强课程资源的再生性，真正提升教学效果。"双师课堂"是一把双刃剑，既可以提高现场教学教师的教学水平，也会造成现场教学教师课堂地位的丧失和教学能力下降，这是我们尤为应该注意的地方，否则"双师课堂"教学模式不仅无法起到推进教育公平的作用，反而会造成城乡教育差距的进一步扩大。总体上看，以"互联网＋教育"为支撑的这种新型课堂教学模式在解决优质教学资源稀缺、实现优质教育资源共享、推进教育公平、推动城乡义务教育一体化发展方面有着重要作用。

德育

推进"融思"德育 落实立德树人

武汉市第二初级中学 王 新

《大学》有言:"大学之道,在明明德,在亲民,在止于至善。"《战国策》中提道:"人无德不立,业无德不兴,国无德不威。"从古至今,关于教育和办学思想流派繁多,理论观点各异,但在一点上达成了共识,那就是教育必须培养有道德的人,必须培养社会发展所需要的人。我国社会主义教育就是要培养社会主义建设者和接班人。党的十八大以来,党和国家高度重视培养社会主义建设者和接班人,把立德树人作为教育的根本任务。习近平总书记在全国教育大会上指出:"要把立德树人融入思想道德教育、文化知识教育、社会实践教育各环节,贯穿基础教育、职业教育、高等教育各领域。"党的二十大报告指出:"教育是国之大计、党之大计。培养什么人、怎样培养人、为谁培养人是教育的根本问题。育人的根本在于立德。全面贯彻党的教育方针,落实立德树人根本任务,培养德智体美劳全面发展的社会主义建设者和接班人。"

德育教育是对学生进行思想、政治、道德、法律和心理健康的教育,它是学校教育工作的重要组成部分,与智育、体育、美育、劳育等相互联系,彼此渗透,密切协调,对学生健康成长成才和学校工作具有重要的导向、动力和保障作用。因此,学校应该把德育工作摆在教育的首要位置。青少年是我国社会主义建设事业的新生力量,他们的道德素质与价值取向关系着社会走向和国家文明程度。面对青少年学生德育建设这一时代课题,我们应紧跟时代发展步伐，深化其理论构建，拓宽德育路径，把青年学生培养成德才兼备的社会主义建设者和接班人。基于此，学校积极推进"融思"德育，落实立德树人的根本任务。

一、"融思"德育的内涵

"融思"德育是指学校在实施德育的过程中，理性智慧运用"融"的思维，着力解决"融"的问题，找准思想道德教育、文化知识教育、社会实践教育与德育融合的关键点，使之相互渗透、融为一体，让德育在"润物细无声"中感染学生、润化学生。

（一）"融思"德育是有深度的教育

清代段玉裁《说文解字注》："思，从心。从囟。各本作囟声。今依韵会订。韵会曰。自囟至心如丝相贯不绝也。然则会意非形声。"这里所说的"囟"就是"囟"的异体写法，"思"字构字理据已经十分清晰了：它表示的是脑和心的共同能力，"囟"是头脑，"心"是灵魂。"思"就是心灵与头脑的共同活动，所以"思"字才由"囟"与"心"会合成意。"思"字的造字本义就是用头脑考虑、用心灵感受，故思想可以包容天地万物。思还可表示道德完备。例如："钦明文思安安。"（《尚书·尧典》）陆德明释文引马融曰："道德纯备谓之思。"再如："婴寡，终身不改，君子谓陶婴贞壹而思。"（汉刘向《列女传·鲁寡陶婴》）

"身心融悟，得之典籍。"中华优秀传统文化代表着中华民族独特的精神标识，蕴含着丰富的思想道德教育资源，具有意义深远的育人功能。学校立足立德树人根本任务，积极探寻中华优秀传统文化与德育有效融合的关键，将中华优秀传统文化蕴含的思想观念、人文精神、道德规范等融入学校德育，既帮助学生树立文化自信，又让学生在接受中华优秀传统文化熏陶的同时，形成正确的政治认同，使学校切实成为培养德、智、体、美、劳全面发展的社会主义建设者和接班人的坚强阵地。

文化知识教育不仅是一种求真、求知的活动，而且是学校德育的重要途径。学校不断强化教师的德育意识，积极指导和鼓励教师深入挖掘教材中的德育因素，研究和探讨德育方法，根据课堂教学和课程特点以及学生思想实际，掌握好德育切入的时机，"融"育人于文化知识教育中，让学生在学习知识、发展智力的同时，受到政治思想、道德品质、行为习惯、心理素质等方面的教育，起到"润物细无声"的教育效果。

"纸上得来终觉浅，绝知此事要躬行。""融思"德育不仅要求学生有"知"，而且重视学生的"行"，更重视"知行合一"，"知行"相"融"。社会实践活动是实现"知行合一""知行"相"融"的重要途径。学校充分利用丰富多彩的社会实践活动，让学生走进社会生活。学生通过社会实践活动了解社会、认识国情，亲身感受改革开放和社会主义现代化建设所取得的伟大成就，从而坚定道路自信，增强历史使命感和社会责任感；学生通过社会实践活动不断丰富"知"、矫正"行"，在"行"中"知"、在"知"中"行"，实现"知行合一"，不断深化自身的思想道德认知，提高品德修养，树立正确的世界观、人生观和价值观，扣好人生的第一粒扣子。

学校倡导有深度的"融思"德育。学校针对新时代教育规律和特点，加大德育科研力度，以德育论坛、班主任技能大赛、星级班级创建、特色思政课、学科与德育、德育与生活等内容为研究范畴，以学生为研究主体，配备德育研究教师，建成方便师生学习工作的德育平台与德育素材库，形成德育校本教材，开展德育课题研究，促使学生成长为心理健康、人格健全、具有核心素养的时代新人。

（二）"融思"德育是有宽度的教育

"融思"德育让教育具有"和谐"的基调，能够以思育人，以文化人，温暖人心，面向未来，通达致远。

甲骨文"融"，下边是土，上边是三条蠕动的蛇，本意是"冬眠的虫蛇在暖春复苏蠕动"或"炊气上升"。"融"有"固体受热变软或化为流体；调和、和谐；流通；长远、永久"四种基本字义。宋代朱熹在《朱子语类》中首次使用"融会贯通"一词，取"融合"之意；"融"也引申有"通达、流通；和煦、暖和"的意思。

"融思"德育坚持以学生为本、德育为先。学校开启全方位、多渠道、体验式的德育教育模式；按年级、分主题进行德育教育，不同年级有不同侧重点。学校拓宽德育途径，把思考的权利还给学生。通过开展劳动、艺术、体育竞赛、心理健康辅导等课外活动和"学习党的二十大精神""弘扬爱国主义精神"等主题校会（班会）、朗诵活动及"十大走进"社会实践活动等方式，让学生在沉浸式的活动中体验到成长的快乐、生活的幸福，并内化道德情感，外化道德行为，使德育过程呈现鲜活、有趣，富于思考、思辨的生态，促进学生在思考中达成至善道德境界，使德育既有宽度，也有深度。

（三）"融思"德育是有温度的教育

"教育是什么"，一直是人们关注和探讨的话题。世界著名的未来学家约翰·奈斯比特先生说，教育不但会改变一个人的人生轨迹，也会改变世界的面貌。教育的本质，不是把篮子装满，而是把灯点亮。正如德国哲学家雅斯贝尔斯所言，教育就是一棵树摇动另一棵树，一朵云推动另一朵云，一个灵魂唤醒另一个灵魂。

教育的独特性体现在我们面对的是有温度的学生，是有个性、有想法、有生命、有活动的人，是活生生的未来。苏联教育家苏霍姆林斯基说："没有爱就没有教育。"陶行知先生曾说："你的教鞭下有瓦特，你的冷眼里有牛顿，你的讥笑中有爱迪生。你别忙着把他们赶跑。你可不要等到坐火轮、点电灯、学微积分，才认识他们是你当年的小学生。"

"融思"德育强调对人性的尊重、对个性的尊重，既尊重学生的人格，也尊重学生的兴趣和需要。面对智力和能力不一的学生，学校不急功近利，不把分数作为唯一的追求，而是在入微处用力，对待学生一视同仁，平等对话，春风化雨，用爱感化学生，用尊重、唤醒、激励和鼓舞温暖学生，发掘学生的潜能，点亮学生心灯，为学生一生的幸福奠基。

二、"融思"德育提出的必要性和可行性

（一）"融思"德育的提出符合实现中国式现代化历史要求

当前，世界百年未有之大变局加速演进，新冠疫情、单边主义、地区冲突、能源危机等多重因素耦合作用，我国发展进入战略机遇和风险挑战并存、不确定、难预料因素增多的时期，世界之变、时代之变、历史之变正以前所未有的方式展开。在中华民族伟大复兴战略全局和世界百年未有之大变局的时代背景下，教育肩负着特殊而重大的使命，直接关系到党和国家事业发展全局，战略地位和作用更加凸显。党的二十大报告指出，教育、科技、人才是全面建设社会主义现代化国家的基础性、战略性支撑。其中，教育摆在首位。在新的历史起点上，教育改革发展的中心任务就是要坚持教育优先发展，不断提高我国教育的综合实力和国际竞争力，为建设社会主义现代化强国提供重要支撑。

党是中国特色社会主义事业的领导核心，国家是中华儿女赖以生存的政治土壤与精神家园，实现党和国家永续发展，是全国各族人民的利之所在、心之所向、情之所系。习近平总书记强调，"青年强，则国家强"。青少年是影响党和国家永续发展的关键力量，我们要用党的科学理论武装青少年，用党的初心使命感召青少年，将思政教育融入德育，教育引导广大青少年坚定不移听党话、跟党走，这是保证党和国家妥善应对"两个大局"、实现永续发展的历史要求，也是社会主义学校应该坚持的办学方向。

（二）"融思"德育的提出符合教育根本问题的遵循方向

党的十八大以来，习近平总书记从党的建设和国家建设的战略高度围绕培养什么人、怎样培养人、为谁培养人这一根本问题，强调教育"为党育人、为国育才"，契合了中国教育改革和发展的时代需要，为新时代立德树人工作提供了根本遵循，为加快推动教育现代化、建设教育强国、办好人民满意的教育指明了方向。

"育才造士，为国之本"。教育是民族振兴、社会进步的重要基石，是功在当代、利在千秋的德政工程，对提高人民综合素质、促进人的全面发展、增强中华民族创新创造活力、实现中华民族伟大复兴具有决定性意义。进入新时代，坚持中国特色社会主义教育发展道路，坚持社会主义办学方向，以凝聚人心、完善人格、开发人力、培育人才、造福人民为工作目标，培养德智体美劳全面发展的社会主义建设者和接班人，是教育工作的根本任务，也是教育现代化的方向目标。让学生德智体美劳全面发展，归根到底，就是立德树人，这是教育事业发展必须始终牢牢抓住的灵魂。

国无德不兴，人无德不立。育人之本，在于立德铸魂。"得其大者可以兼其小"，立德首先要在坚定理想信念上下功夫，在厚植爱国主义情怀上下功夫。将思政教育融入德育过程，引导学生树立共产主义远大理想和中国特色社会主义共同理想，增强"四个自信"，肩负时代重任，立志扎根人民、奉献国家。天下大事必作于细，必成于实。立德也要在加强品德修养上下功夫，将思想道德教育、文化知识教育、社会实践教育融入德育过程，引导学生从自身做起、从点滴开始，在日常学习生活中培育和践行社会主义核心价值观，踏踏实实修好品德，成为有大爱、大德、大情怀的人。

才为德之资，德为才之帅。培养德才兼备的有用人才，还要在增强综合素质上下功夫，促进人的全面发展。在德育过程中融入思想道德教育、文化知识教育、社会实践教育，从帮助学生在体育锻炼中享受乐趣、增强体质、健全人格、锤炼意志，到坚持以美育人、以文化人，提高学生审美和人文素养，再到弘扬劳动精神，教育引导学生崇尚劳动、尊重劳动，都是学生健康成长的重要方面，是立德树人的教育实践抓手。

（三）"融思"德育的提出符合培养时代新人的根本要求

习近平总书记指出，培养什么人，是教育的首要问题，在党的十九大报告中提出，"要以培养担当民族复兴大任的时代新人为着眼点"。党的二十大报告明确指出，要"弘扬以伟大建党精神为源头的中国共产党人精神谱系，用好红色资源""着力培养担当民族复兴大任的时代新人"。从马克思、恩格斯提出以"每个人的自由发展是一切人的自由发展的条件"为标识的共产主义社会的设想,到习近平总书记部署"着力培养担当民族复兴大任的时代新人"的任务,均表明将思政内容与方法融入德育过程中,培养中学生成为"有理想、敢担当、能吃苦、肯奋斗的新时代好青年",既是对马克思主义哲学终极关怀的呼应与践行,又是回应时代呼声、为实现中华民族伟大复兴培养人才的必然选择。

将思想道德教育、文化知识教育、社会实践教育融入德育过程中,推进"融思"德育。

一是有助于青少年认同和坚持党的领导。将思政内容如党的二十大精神融入德育过程中,有助于增进学生对党的信任和信心,对"党是领导一切的"这一重大论断形成高度认同,深刻领悟"两个确立"的决定性意义,增强"四个意识"、坚定"四个自信"、做到"两个维护",心往一处想、劲往一处使,推动中华民族伟大复兴号巨轮乘风破浪、扬帆远航。

二是有助于青少年明辨大是大非,维护国家利益。中学生处于人生成长的"拔节孕穗期",位于虚拟现实的连接点、正误思潮的交锋处,有可能被网络世界、错误思潮蛊惑和误导。将思政内容如党的二十大精神融入德育过程中,厚植总体国家安全观,能够帮助中学生在事关国家安危的大是大非面前保持战略清醒、捍卫国家利益。

三是有助于青少年坚定人民立场。将思政教育中关于人民至上的立场融入德育过程,有助于青少年更好理解"江山就是人民,人民就是江山",产生尊重人民的敬畏之心、回报人民的感恩之心,摆脱"小我"的安逸满足,追求"大我"的价值实现,培养为人民服务的奉献精神。

四是有助于青少年受到使命感召,投身国家建设。党的二十大科学谋划了未来一个时期内党和国家事业发展的战略目标和大政方针,明确了以中国式现代化全面推进中华民族伟大复兴的使命任务,指明了党和国家事业的前进方向。将思政课内容如党的二十大精神融入德育过程中,开展使命教育,有助于中学生在使命与责任的感召下,站在民族复兴战略全局的高度,将个人理想与国家前途命运相关联,在学习与生活中保持积极乐观的态度,为实现中华民族伟大复兴而奋斗。

（四）"融思"德育的提出符合学校的发展实际

学校以习近平新时代中国特色社会主义思想为指导，以"五育融合"为抓手，形成了一系列特色鲜明的"融思"德育品牌活动和课程。如开展"学习新思想，做好接班人"主题教育活动，学习贯彻党的二十大精神；坚持开展"弘扬和培育民族精神月"主题班会活动，加强以党史为重点的"五史"教育和爱国主义、集体主义、社会主义教育；积极构建责信德育课程体系；打造一班一品，引导主题班会课程化；打造责信德育精品课例，培养校园"融思"文化品牌。

学校通过公众号、广播台、红色悦读亭等设计《红领巾小喇叭》等学生喜闻乐见的栏目和作品、邀请全国英模许奎为学生上思政课、举办红色网络作品大赛等方式，强化他们在网络思政教育中的主体地位，让学生们用自己创作的健康向上的网络文艺作品影响同学，引领校园文化风尚，传递主流价值。

学校将思政小课堂与社会大课堂相结合，思政教师带领学生走进爱国主义教育基地、军营上思政课，将思政教育与德育有机融合，《人民日报》对学校这一探索进行了题为《追寻革命足迹　感悟家国情怀》的专题报道。

将思想道德教育、文化知识教育、社会实践教育融入德育过程中，站在为党育人、为国育才的战略高度，切实把握青少年的思想新动态、行为新变化、成长成才新诉求，挖掘存在于历史与现实之中的教育资源，运用虚拟与现实相结合的教育手段，创新理论与实践相统一的教育模式，拓展学校与社会相协同的教育场域，有利于为德育赋魂、为教学赋能。

三、实施"融思"德育的举措

学校针对新时代教育的规律和特点，加大德育科研力度，以德育论坛、班主任技能大赛、星级班级创建、特色思政课、学科与德育、德育与生活等内容为研究范畴，以学生为研究主体，配备德育研究教师，建成方便师生学习工作的德育平台与德育素材库，形成德育校本教材，开展德育课题研究，促使学生成长为心理健康、人格健全、具有核心素养的时代新人。

"融思"德育以开放的姿态,包容先进的教育理念和形态,不断改进、完善、发展和丰富自身,形成独特的德育文化。

(一)倡导"融思"德育文化,培养学生良好品行

学校德育是指对学生进行思想政治、道德品质以及心理素质综合教育。实施德育的过程就是促使学生"知、情、意、行"的循序转化和协调发展,而完整的德育过程还必须通过认知领域、情感熏陶和行为养成训练等环节才能达到道德训练和道德行为的统一。优化"融思"德育文化建设,营造理性化的育人环境、形成良好的环境育人氛围无疑是实施"融思"德育、对学生进行情感熏陶和规范行为养成的重要途径。

1. "融思"德育物质文化

校园物质文化是德育文化建设的基础,通过良好的环境去陶冶人、影响人,是德育文化载体。大到校园的布局规划,小到一室、一梯,乃至一厕,都是物质文化内涵的具体表象。而这种表象是否代表了先进的内涵,则完全取决于管理者的管理措施与管理水平。因此,建设好的环境,关键在于要落实好的管理措施,提高管理水平。

立足本校的地理位置与现状,学校将思想道德教育、文化知识教育、社会实践教育有效融入校园物质文化的建设中。在自然环境的打造上,倾注了大量资金,在学校人文环境设计上,也做了精细化的安排,校园文化长廊、校园宣传橱窗、校园电子屏、教室特色设计等,都体现了对师生的关注。学校倾力打造廊道礼仪文化,每一层廊道都有一个礼仪文化主题,集中荟萃了中华礼仪文化的精髓:精选"圣人教育弟子之书"、《弟子规》节选、《学记》节选、孔子教育思想、古代先贤代表人物简介、韩愈的《师说》节选等内容,教育学生要"扬古人典范之风,做和雅谦谨之人";还展示了社会主义核心价值观、学校办学思想,将中华优秀传统文化与时代要求相传承与融合,是学校文化建设的总纲,集中展现了学校的文化建设、学校精神和价值取向。

2. "融思"德育精神文化

校园精神文化是德育文化的核心,它是隐性的、深层次的、无形的和抽象

的。学校精神文化建设的效果，可以从师生员工的个体行为体现出来。大到面对困难时的舍生取义，无私奉献，小到日常的一个动作、一个承诺等，都可以体现出人的公德意识。它是精神文化建设的结果在人身上的具体体现，是个人在长期的道德约束和制度约束下，逐渐积累并最终形成的自然良好的行为习惯和与民族文化相一致的社会公共道德意识。

学校形成了"融思"德育制度文化。如全员导师制度，鼓励全体教师全方位、全过程育人，细化育人要求、责任到人，为"融思"德育的推行提供制度保障。

德育过程中倡导重德修身、止于至善的学校精神，把礼仪教育作为"融思"德育的重要内容。我们的礼仪教育包括课堂礼仪、仪容仪表、尊师礼仪、升旗礼仪等。学校对学生的仪容有严格的要求：学生在校期间须全身着校服，穿着要整洁、大方；学生应主动向老师行礼问好；举行升旗仪式时所有学生都要脱帽，面向国旗安静肃立，行注目礼。通过推行礼仪教育，使学生举止更加文明规范，校园生活更加和谐有序。

学校积极开展"一班一品"班级文化建设，通过"建设清廉校园""纪念革命英烈""承担社会责任"等一系列主题班会，从班级精神文化、班级环境文化、班级制度文化、班级活动文化、班级管理文化、家校合作文化等六个方面着手，营造良好的班级氛围，提升班级管理的水平。其中，学校协办了江岸区"名课堂工程"之德育名课堂——戏剧化班会研究成果集中展示活动；开展了"我的班级，我的家"一班一品的评比活动；组织了精彩纷呈的戏剧化班会。如七（7）班"我爱你，中国"，从对"爱国主义"这一话题的讨论切入主题、从对中华民族涌现的许许多多爱国者和民族英雄的介绍引入《钱学森》戏剧表演，及对钱学森被评为感动中国人物时候的颁奖词的朗诵表演，最后引发学生讨论：作为中学生的我们应该怎样爱国？七（8）班"不忘初心，做新时代好少年"戏剧化班会"三块钱国币"，以大学生杨长雄为主角，赞美了大学生在黑暗社会中始终不变的一颗赤子之心和高尚正直的品质，唤醒学生作为新时代少年所应有的责任感和主动性，激发他们的宽容与正直，并能在以后的学习和生活中身体力行。这些班级文化的融入，引导学生树立了正确的世界观、人生观、价值观，有效促进了德育目标的达成。

（二）推行"融思"德育课程，促进学生全面发展

《教育部关于全面深化课程改革，落实立德树人根本任务的意见》指出："统筹各学科，特别是德育、语文、历史、体育、艺术等学科。充分发挥人文学科独特的育人优势，进一步提升数学、科学、技术等课程的育人价值，同时加强学科间的相互配合，发挥综合育人功能，不断提高学生综合运用知识解决实际问题的能力。"这就要求我们要全面深化课程改革，认真做好课程教材的顶层设计，重视全科育人、全程育人、全员育人，切实加强学科的横向配合和纵向衔接。把跨学段整体育人、跨学科综合育人作为重要工作任务，努力建成高校、中小学各学段上下贯通、有机衔接、相互协调、科学合理的课程教材体系，从而使各学段、相关学科的育人目标和要求依次递进、有序过渡、教材内容上下衔接、横向配合。

"融思"德育是学校对发展学生核心素养的积极回应，是为实现中华民族伟大复兴培养合格的接班人的有益尝试。学校构建"融思"德育课程体系，坚持"五育融合"育人理念，提升全方位育人格局。"融思"德育由五大德育课程组成：先锋"融思"德育课程、责信"融思"德育课程、文明"融思"德育课程、阳光"融思"德育课程、诵读"融思"德育课程。

1. 先锋"融思"德育课程

"先锋"源自习近平总书记给中国少年先锋队建队70周年的贺信，贺信中习近平总书记对新时代少先队员提出要求，勉励学生从小学先锋、长大做先锋，努力成长为能够担当民族复兴大任的时代新人。将"学先锋、做先锋"理念同武汉市第二初级中学"求真致远，体善达仁"的校训和"敦品力行，乐文通理"的培养目标相结合制定出了本套课程。

该课程从四个篇章——组织意识、道德养成、政治启蒙、成长自信开展。以理想信念教育为根本，以"五爱"教育为基础，以中国梦和社会主义核心价值观教育为主线，注重党、团、队组织意识和教育内容的衔接，培养初中生对党和社会主义祖国的朴素感情，培养初中生严和实的品德，团结、教育、带领

初中生听党话，跟党走，从小学习做人、从小学习立志、从小学习创造，养成好思想、好品行、好习惯，时刻准备着为实现中华民族伟大复兴中国梦的美好未来努力奋斗。

学校团委、少工委在党总支的指导下组织32名优秀团员代表成立"先锋红色寻访团"，开展了具有江岸区域特色的红色寻访爱国主义教育活动，探寻江岸32所红色教育基地，并通过校会、班会进行宣讲。系列活动被大金江岸、青春江岸官方主流媒体纷纷报道，《加强团校建设促进学生发展》课程案例选入2021年武汉市中学团校优秀案例。

该课程还以《新时代爱国主义教育实施纲要》为指导，以"共享历史荣光，共创美好未来"为主题，把爱党爱国爱社会主义教育落到实处，体现了"把红色资源利用好、把红色传统发扬好、把红色基因传承好"的目标，传承红色基因，培育时代新人。学校充分利用爱国主义教育基地、重大纪念日、传统节日，广泛开展"五史"教育、国家安全教育和国防教育，充分发挥课堂教学主渠道，将爱国主义精神贯穿于学校教育全过程。

课程加强对青少年的思想政治教育，并从学生兴趣出发，以学校为基地，努力发掘江岸区红色教育资源，如二七烈士纪念碑、八路军武汉办事处旧址、中共中央长江局机关暨湖北省委机关旧址等，开发出多样性课程。如红色教育思政课程、红色教育历史课程、红色教育语文课程、校园活动类红色课程、牵手红色老区等。

学校利用重要时点、重大事件和革命英烈事迹，对学生进行爱国主义、民族精神、公民道德教育，先后开展了纪念中国人民抗日战争暨世界反法西斯战争胜利、纪念"九一八"事变、烈士纪念日、公民道德宣传日等主题课程，激发学生爱国主义情怀，担起民族复兴使命。

2. 责信"融思"德育课程

学校基于江岸区责信德育品牌，构建责信德育课程体系。具体划分了生命、成长、家庭、同伴、团队、环境、社会和国家等八个责任领域，由小及大、由内及外、由己及他螺旋上升式实施责信教育。充分发挥德育常规、班级教育、校本课程、课堂教学、校园文化等渠道的作用，突出认知与探究、体验与实践、感悟与内化、评价与反思等关键环节，把"诚信与责任"落实到学生学习、生活等各个方面，努力提高学生的"诚信与责任"意识和践行能力。

该德育课程主题充分融合了思政课程内容：将自我责任的主题定位于安全健康，助力学生幸福成长；将家庭责任的主题定位为尊重体贴，让学生学会感恩分担；将团队责任的主题定位于尊重关心，引导学生分工合作；将同伴责任的主题定位于坦诚有礼，引导学生尊重包容；将社会责任的主题定位于关注参与，引导学生学会奉献；将国家责任的主题定位于爱我中华，引导学生学会担当；将国际责任的主题定位于国际理解，引导学生认同美美与共；将环境责任的主题定位于环保节俭，引导学生爱护环境。

3. 文明"融思"德育课程

该课程依据《中小学生守则》《中学生日常行为规范（修订）》，以提高学生文明素质、养成文明日常行为为目的。课程旨在引导学生遵守各项规章制度，自觉养成文明行为，激发学生主人翁意识，积极主动地参与校园文明建设。

该课程充分融合思想道德教育、文化知识教育、社会实践教育内容，每周一围绕"爱国、守法、诚信、知礼"等主题，发挥学校广播台、电视直播、黑板报、宣传橱窗、红色悦读亭等文化宣传阵地作用，对学生进行公民教育，内容充实，引起师生共鸣，在潜移默化、润物无声中帮助学生树立正确的人生观、世界观、价值观。

各班积极开展文明"融思"课程实践活动，用先进典型人物、用榜样的力量鼓舞和激励学生。对学生进行日常行为教育，有层次、有针对性对学生实施思想道德指导和文明养成教育，以日常行为规范教育入手，使学生从"要我这样做"转变为"我应该这样做"，让良好的行为习惯内化为学生的自觉行为，逐步让学生养成良好的道德情操、行为习惯。

4. 阳光"融思"德育课程

学校培养的社会主义合格建设者和接班人，不仅要有丰富的文化知识，还要有强健的体魄和健康的心理。因此，学校开发了阳光"融思"德育课程，融入了思想道德教育、文化知识教育、社会实践教育，旨在提高全体学生的心理品质和身心素质，充分开发学生潜能，引导学生掌握情绪调节的方法，学会合理归因；强化体育意识，养成天天锻炼的好习惯，充分调动学生的运动积极性，培养学生乐观、向上、果敢、坚强的意志品质和团结协作，积极进取的体育精神，促进学生的全面发展。

阳光"融思"德育课程主要涉及两个方面的内容：阳光体育运动课程和阳光心态心理健康课程。

学校建立了阳光体育运动课程长效机制，依托篮球队、田径队，开展各项特色校本课程。开设"阳光一小时"体育校本课程，组织学生秋季运动会，不仅能激励学生突破自我、追求卓越，而且能展现班级凝聚力，丰富校园生活，使学生在和谐、平等、友爱的运动环境中感受到集体的温暖和情感的愉悦；在克服困难的过程中，提高抗挫折能力和情绪调节能力，培养坚强的意志品质；在不断体验进步或成功的过程中，增强自尊心和自信心，培养创新精神和创造能力。

学校通过开展阳光心态心理健康课程，普及心理健康知识，让学生认识心理异常现象，树立心理健康意识，了解心理调节方法，掌握心理保健常识和技能。该课程旨在培养学生认识自我、学会学习、人际交往、情绪调适、生涯规划以及生活和社会适应等方面的能力，为学生打造一流的育人环境。

5. 诵读"融思"德育课程

中华文化博大精深，源远流长。弘扬中华优秀传统文化、坚定文化自信是"融思"德育的重要内容。学校将中华优秀传统文化教育融入德育过程中，根据学生的年龄特点和认知能力，精心编写了诵读"融思"德育课程教材《雅颂》，选取经典诗文，早读晚诵，引导学生领会经典神韵，理解经典意境，增强文化自信，传承传统美德。

通过开设诵读"融思"德育课程，旨在引导学生传承优秀传统文化，通过学习，让传统经典中承载的"仁义、忠恕、孝悌、礼信"的道德伦理观和构成中华传统文化的核心价值体系指导学生处理人与人、人与社会、人与自然的关系；引导学生塑造健全人格，在他们心中埋下经典文化的种子，让经典文化滋养他们健康成长；引导学生陶冶高尚情操，经典文化意存高远，给了学生一把开启心智的钥匙，弘扬优秀传统文化，有利于学生全面发展。

诵读"融思"德育课程在学校已经有十多年的开设历史。每班有主题，每周有展示，学生在优秀传统文化浸润和滋养中传承传统美德、延续文化血脉。学校因此被评为"武汉市经典诵读示范校"。诵读精品《诗润江城》在省委宣传部、教育厅联合举办的"同声诵经典·共唱祖国好"全湖北省中小学生庆祝中华人民共和国成立70周年暨"起点阅读·朝读经典"全媒体展演活动中获第一名，被《学习强国》报道。诵读"融思"德育课程还为热爱经典的学生提供展示自我的平台。他们通过学校广播台诵读经典，极大丰富了校园文化生活。

（三）开展"融思"德育实践，聚焦学生核心素养

聚焦核心素养，就是聚焦人才培养的关键点，为学生提供可持续发展的、终身受用的关键品格和能力，它必须把对学生德智体美劳全面发展的总体要求和社会主义核心价值观的有关内容具体化、精细化并转化为具体的品格和能力要求，进而贯穿到各学段、融合到各类课程当中，最后体现在学生身上，深入回答"培养什么人、怎样培养人"的问题。因此，聚焦核心素养要把"立德树人"作为根本目标。

1. 坚持开展"十大走进"系列活动，厚植家国情怀

学校通过开展走进新农村、走进社区、走进老区、走进开发区、走进重点企业和重点工程建设工地、走进军营、走进大学校园、走进植物园、走进博物馆、走进贫困学生家中、走近名人名家等丰富的社会实践活动，让学生在真实的体验中学会自主、学会自信、学会爱心、学会责任、学会合作、学会探究，坚定人民立场，厚植家国情怀。

2. 组织丰富多彩体育活动，锻造学生意志品质

学校通过组织拔河、跳长绳、篮球赛、乒乓球循环赛等丰富多彩的体育活动，让学生动起来、跳起来、笑起来，展现学生阳光拼搏、奋发向上的精神风貌。网课期间，体育老师用视频直播的方式引导学生在家里锻炼身体，培养学生直面困难、积极乐观的生活态度。

3. 打造"融思"艺术活动团队，陶冶学生高尚情操

学校依托合唱社、舞蹈社、绘画社、摄影社、书法社等，培养学生认识美、体验美、感受美、欣赏美和创造美的素养。学校每年举办校园文化艺

节，全校师生参与，节目形式多样，内容丰富，深受学生欢迎。学校每年五月为毕业年级学生举行青春仪式，这既是身处青春期学生的成长纪念，也是一次对学生的感恩教育。通过红色艺术活动，如红色书画展、音乐中党史教育等，融入思想道德教育、文化知识教育、社会实践教育，传承红色基因。

4. 落实劳动教育实践活动，增强学生劳动本领

习近平总书记高度重视青少年劳动教育，强调"把劳动教育纳入人才培养全过程"。学校将劳动教育作为学校德育工作的一项重要内容，将"融思"德育融入劳动教育中，积极拓展学生劳动实践渠道，教育引导学生弘扬劳动精神。

学校通过开展主题为"我劳动，我光荣"的主题活动，充分发挥劳动的综合育人功能，培养学生热爱劳动、尊重劳动的品质和社会责任感，为创造美好家园贡献力量；学校通过开展科学实验活动、小发明小创造选拔活动，培养学生严谨认真的科学态度、创新意识和创新思维；学校通过班级大扫除、劳动周、劳技课程，依托劳动基地，开展评比，引导学生树立正确的劳动观，激发学生崇尚、尊重、热爱劳动的内生动力，掌握劳动本领，报效国家，奉献社会，增强学生体质；学校通过开展传统手工制作、剪纸等活动培养学生审美意识，传承优秀中华传统文化；学校通过开展"春节我是小当家"活动，鼓励学生积极承担家务劳动，布置设计自己房间，树立家庭责任意识，提高审美水平。

人才培养，以德为先。习近平总书记在纪念五四运动100周年大会上提出"新时代青年要树立远大理想，热爱伟大祖国，担当时代责任，勇于砥砺奋斗，练就过硬本领，锤炼品德修为"。新时代，校园文化中的德育建设是学生享有德育权利的基础保障，也是学生良好道德品质和素养得以完善的关键。推行"融思"德育，可以提升学校的德育工作能力，使学校适应新时代的需求。新时代，我们要立足实际将思想道德教育、文化知识教育、社会实践教育的目标、内容、方法及环境氛围融入德育过程，以创新路径实现校园"融思"德育的价值，构建符合时代发展的新型德育建设，使学生健康成长，为社会发展和进步提供后备力量。

在向着中国式现代化而奋斗的关键时期，武汉市第二初级中学将以党的二十大精神为指引，构建"融思"德育，坚持育人为本、德育为先，把立德树

人作为教育的根本任务，积极探索新时代新征程学生思想道德建设规律，努力培育有本领、有担当、有理想，德智体美劳全面发展的中国特色社会主义事业建设者和接班人，为全面推进教育高质量发展，实现教育强国而踔厉奋发、勇毅前行。

参考文献

［1］习近平．高举中国特色社会主义伟大旗帜　为全面建设社会主义现代化国家而团结奋斗——习近平同志代表第十九届中央委员会向大会做的报告摘登［N］.人民日报，2022-10-17.

［2］教育部等十部门关于印发《全面推进"大思政课"建设的工作方案》的通知.教社科〔2022〕3号，中华人民共和国中央政府网，2022-7-25.

［3］蒲清平，黄媛媛.党的二十大精神融入课程思政的价值意蕴与实践路径［J］.重庆大学学报（社会科学版），2022（6）.

［4］缪和平，杨天平.学校管理的实践哲学［M］.北京：人民出版社，2007.

［5］陈如平，刘宪华.学校课程新样态［M］.北京：开明出版社，2016.

初中学校落实立德树人的实践主体分析

武汉市黄陂区前川街道环城中学　黄　栋

在 2020 年教师节之际，中共中央总书记、国家主席习近平发表讲话，其中主要指出教师需要明确立德树人的初心，牢记为党育人、为国育才的使命，在教学中充分探究新时代教学的方法，不断优化自身能力，以此培养出德智体美劳全方面发展的接班人，让教育事业为中华民族的伟大复兴做出贡献。此后有关部门在教育工作会议上提出，全面贯彻党的教育方针，有效落实立德树人根本任务，培养全面发展的社会主义建设者和接班人。在初中学校落实立德树人实践中，不仅需要校长高度重视，还需班主任和各个科目教师尽职尽责，更不能忽略家长的作用，只有在家校合作的状态下，才可协同紧抓实现立德树人育人目标的根本任务。校长在学校治理过程中，需要贯彻落实立德树人，并且还需发挥出统领功能，其中班主任需要在班级内部发挥出引领功能，各个科目教师应该发挥出育人功能，而家长则需承担第一责任人的功能，才可促使立德树人根本任务的有效落实。

一、立德树人的相关概念

立德树人主要指的是培养德才兼备的人才，其中立德指的是坚持以德育为基础，进行正面导向的教学，以此发挥引导人、感化人的作用；树人主要指的是坚持以人为本的理念，选择合适的教育方式，以此塑造人、改造人。当前立德树人是我国教育的根本，也是国家教育大计，更是民生之基。基于此，将立德树人贯彻落实在教育事业之中，融入各个教学环节，才可做好以树人为核心、以立德为根本的培养策略，以此为我国社会培养相应的接班人，从而让我国成为教育强国。

二、学校概况

武汉市黄陂区前川街道环城中学位于黄陂城区城乡接合部，是当前黄陂城区一所寄宿制的初中学校，办学历史有六十多年。学校环境较为典雅，周围交通便利，颇有闹中取静之意。校园在规划过程中，整体布局方面分配了四个区域：教学区、运动区、师生生活区、绿化休闲区等，良好地布设了各个功能区。学校在配套设施方面较为良好，整体安排了网络信息化的教学设备，并且各学科教师也配备齐全。无论是学生公寓还是学生食堂均一应俱全，其中寄宿条件一流，可以满足各个学生和家庭的需求，也为学生提供了良好的生活条件，更解决了学生和家长的后顾之忧。当前学校内部有教职人员86人，武汉市教育家型校长一名，学科带头人和教学骨干16人，市区优秀班主任12人。专任教师中，高级教师22人，中级教师56人，整体师资团队状态良好。

三、中学日常教育中存在的问题

当前我国学校在教育过程中容易出现重智轻德、重分数轻品德修养的教育问题。比如：在思想品德教育过程中容易出现形同虚设的问题，其中大课间和眼保健操内容不能按时进行；多方面不能重视仪容仪表内容，因此形成了学生坐姿和站姿不规范的问题；就寝也不能按时进行；还出现了小偷小摸的问题，严重的还会出现打架斗殴、校园霸凌的现象。因此，不难看出初中学校并未有效形成育人机制，同时也未严格落实立德树人的要求。究其原因可以看出初中教学需要先从重视学生思想品德开始，不断承担教育的责任。

（一）学校原因

首先在学校方面更加重视分数问题，教育部门对学校的评价仅根据分数进行评价；此时评价一位教师自身的能力，只需要看学生学习分数，以此判断教师个人能力强弱，此类判断方式较为片面化，不具备全面性。在这样的评价机制下，教师在教学过程中会更加重视分数，对于学生各方面道德教育过于轻视。同时在家长方面也更加重视分数。由于学校长期强调保护学生权益，此时教师在教学过程中会出现各种顾虑，因此纵容学生产生各种不良的行为和习惯。

其次在德育教学方面，需要将思想教育融入各个学科之中，但是结合实际情况来看，思想教育仅在思想政治课程中进行，其他科目重视度较低。由于不存在考核工作，导致教师将此类课程形式化，很多科目都可占用德育教学资源，因此形成形式化现象。在学校方面如果不是硬性规定，大部分学校均不能开展德育教育活动。除此之外，大部分教师在思想教育方面，方法形式较为简单，部分工作存在缺陷问题，造成教育措施不给力的现象，以此形成各类问题，从而阻碍了学生道德品质的建设，最终让学生形成了各种不良行为。

（二）家庭原因

首先是家庭教育不当的问题。家庭是学生的第一所学校，家长也是学生的第一任教师，如果家庭教育出现问题，学生在道德品质方面就容易出现其他问题，因此家庭教育对于学生而言具有重要意义。对于学生而言，家长的一言一行都会直接影响他们的道德品质。比如说：如果家长在教育学生过程中出现语言措辞问题，或者行为粗鲁的现象，都会影响学生的成长；对于一些重养轻教的家长而言，禁止过分满足学生的物质需求，不对其进行严加管教，也会让学生形成其他问题；如果学生处于无人管教的状态，更容易出现个人行为问题。

其次是一般独生子女都会存在的共性问题。大部分独生子女生活在娇生惯养的状态下，很多事情以自我为中心，集体观念较差。所以在严格的学校管理中，仍然出现我行我素的行为，此类学生更容易受到外界环境的影响，因此更容易出现不良行为，严重的还会让其走上不法道路。

（三）社会原因

学生在初中阶段，随着年龄的不断增长，人际交往逐渐增加，此时学生会接受更广泛的社会内容，因此容易受到各方面因素的影响。当前现代化信息技术加快了社会的发展速度，信息化发展是把双刃剑，可以为学生带来正能量方面的内容，也可带来负面影响。此时，学生接受外界的信息渠道逐渐拓宽，又由于学生年龄问题，自身鉴别能力较弱，因此更容易禁不住诱惑，从而影响个人行为。因此，学生出现长期逃课现象，也存在三五成群打游戏的问题，最终增加了教育的难度，也形成了教育的挑战。

四、初中学校落实立德树人的实践策略

（一）端正办学思想和办学理念

当前，本校全面贯彻落实国家教育方针，践行立德树人教育精神，坚持育人为本的理念，树立正确的教育观念和人才观念，促使学生健康成长，并以此为学校的出发点，为学生提供更为良好的学习环境。此项工作面向全体学生，更加尊重学生的个性化发展，对于强化人才和多样成才具有帮助意义，也可系统性培养学生各方面观念，因材施教，促使学生全面发展，健康成长。

为有效促进教育的公平性，学校需要针对教师的师资和教学设备等资源进

行均衡分配，帮助校园构筑教学体系，保证教学区域可以满足每个年龄段学生的需求。由于本校属于寄宿制学校，在教学设施方面，需要满足对寄宿学生的帮助，无论是学习方面还是生活方面都须为学生提供平等的教育权利。

为有效落实学校品质，学校需要结合自身办学特点，遵循因地制宜的原则，形成"功到自然成"的办学理念；设定校训，尽可能培养学生自立、自强、悦己、乐群的态度，此时也需秉承着立德树人的教育精神，确保可以有效确定"自强"的办学特色，实现办学目标，并且在特色办学的方面持续创新，尽可能发挥出寄宿制教育的作用。

学校在改革意识方面也需不断增强，身为小班化教学市级示范学校，应该做好带头作用，开展幸福小班教学活动，以此小班教学活动，为学校后续教育方向做出引导。后续学校还需对自强教育进行实践，以实践活动的方式进行此项工作，将特色教育体系逐步完善，后期学校还提出了分层走班的工作流程，此项工作需要强力推进。

（二）依法治校，规范规章制度

学校需要依法制定学校规章制度，不断推进学校制度章程建设，以此满足学校制度专业化的需求。此时也需遵循以人为本、依法治校的原则，确保在各类制度支持下，可以实现安全无事故的目标，从而促进学生全面发展，将其定位为学校发展目标，有效营造良好的学习氛围，努力打造立德树人的教育环境。

1. 重视管理建设

首先从教代会制度开始，充分发挥出教代会的学校管理宗旨，后续构建相应的教职工团队，确保家长和学生可以对此做出监督评价，因此也需要监督机制的支持。定期开展问卷调查和座谈会，将各类问卷信息纳入校长信箱，以此加强学校的监督管理工作，从而达成民主管理的目标。其次还需完善决策调研制度，此时制度可以满足民主化发展需求，并且还可让各项制度更加符合需求。比如说：可以构建《校务公开制度》《教师教学工作评价实施意见》《教职工年度考评工作方案》《教职工职务评聘工作方案》等相关规章制度，此时也需明确工作职责，其中所涉及的奖惩机制，可以激发员工工作的积极性，因此更能达成有章可循的目标。

2. 强化管理队伍职能

此时在队伍职能落实方面也需安排依法治校领导小组，以校长为主要成员，纳入各个部门的负责人员，保证各个科目教师和家长以至社会力量形成管理的网络，以此对学校和学生进行有效管理工作。为有效地确保学生的安全，还需安排公安干警，主要担任法治辅导员，定期组织学生参加校外的法律实践活动，严格优化师生的法治意识和政治思想。

3. 规范行为

当前，我校长期坚持免试入学原则，同时在班级分配方面均衡编班，针对重点班、快慢班、特长班、实验班等，并未出现违规行为，并且不会选择应用不符合标准的教辅材料。学校方面严格执行了国家相关规划，针对课程标准方面满足了开足课时、开齐课程的目标。除此之外，还严格落实了生命安全等地方课。由于本校具有寄宿制特色教学课程，所以还需融入特色教学内容。针对教学实际需求，开展了小班教学，此类教学主要应用"五步三练两案"教学模式，其中全校一共包括12个教学班级，每个班级人数控制在45人。贯彻落实了学生教学问题，尽可能减少了学生的课业负担，同时也满足了素质教育的需求，在节假日期间禁止学生补课等其他各类增加压力的活动，也规避了乱收费的现象，整体以教师的课堂授课效率为主。此时还需认真落实中学生的安全条例，因此应该大量安排学生安全教育，对学生在校期间可能出现的各种安全问题进行排查，无论是消防还是饮食都需纳入安全排查范围内。后期严格执行安全制度，规避各类大型安全事故，减少安全事故发生的概率。

（三）重视培训

1. 树立威信

此时需要学校领导班子做到团结奋进、务实创新等目标，尽可能优化政策和管理水平，提升自身的服务质量。校长方面，需要不断提升自身的责任心和事业心，拥有依法治校的意识，提高民主管理意识，不断熟悉教育相关政策和法规，以此有效地进行学校管理工作，在管理过程中也需清晰的思路，从而达成办学的需要。教师在教学过程中必须遵守职业道德，严格规范自身，同时还需起到引领作用，践行社会主义核心价值观，热爱自身事业，提升自身高尚的教育理想，坚定教育信念。

2. 加强师德修养

在师德修养方面，需要做到定期开展习近平新时代中国特色社会主义思想以及习近平总书记关于教育的重要论述的学习，还需对《中华人民共和国未成年保护法》和《中华人民共和国义务教育法》进行学习，以此有效治理学校，有效教学，满足学生发展需求。在学习过程中，教师也应当树立正确的三观，优化自身教育观念和人才观念，增强教育法规意识，通过教育法规意识教书育人，实现为人师表的目标，以此形成良好的职业道德，最终实现立德树人的教育目标。除此之外，学校针对教师也需设定教师档案，后结合相关档案制度，对教师每年的教学情况进行明确，最终结合结果对教师做出评价，以此合理选择是否还可继续聘用该教师。

3. 提高业务能力

在业务能力方面，需要深入贯彻我国大力加强教师队伍建设的内容，积极改进教师的教育教学能力。学校针对上述内容也需定期开展岗位业务培训活动，为素质教育的进行提供支持。对于每年暑假和各类假期需要教师参与的市级干部教师培训活动，其中包含新老骨干员工，让其相互学习。除此之外，针对学校而言，还需创设区域内外的各种教学经验学习，互相分享教学经验。在聘请工作方面，应该定期聘请专家举办讲座，以此充实教师的业务能力，让其可以在教学过程中有效地为学生提供各方面服务。

4. 推进轮岗交流

当前，学校针对小班化专业教师的培训工作极为重视，同时还创设了优秀班主任培养计划，后续省市方面设置了相关学校优秀教师的交流活动。除此之外，学校在小班化教学时，安排了共同体牵头模式，此类模式可以充分利用教育局开展的共同体合作机制，增加教师之间的交流，还可对小班化学习理念做出明确规定，积极承担学校传帮带的责任和义务，以此发挥出自身的示范作用。当前学校各科教师数量较为充足，整体年龄方面偏大，但是结构较为合理，其中包含区学带 4 人。当前学校平均每年都可执行 10 个人在其他学校轮岗工作，以此达成学校和学校之间的相互交流。

（四）狠抓管理，落实素质教育

1. 健全德育机制

学校在管理方面需要先从健全德育工作机制入手，不断夯实学校的德育工作。此时，学校需要组织共青团或者学生会，以此加强学校德育建设队伍，确保学校德育教育管理工作力度，以此发挥出优秀班主任的引领作用，让其可以带动更多的教师重视德育教育的重要性。后续再结合学校实际情况建设学校、家庭、社会"三位一体"的教学网络。此过程针对德育教学方法也需进行创新，保证德育教学的渗透，不断创新教学形式，拓展校内外教育资源，构建德育教育基地。除此之外，此项工作还可开展社会实践活动。学校需要积极拓展校内外的教育资源，以此充实育人基地，保证在社会实践过程中不断优化学校氛围。加强学生心理健康的监测，设置心理辅导室，完善心理健康教育的体系，保证学生身心健康。

2. 推动课程改革

为推进学校建设，针对学校课堂教学也需逐步进行改革，以此提高教育教学的质量。当前，素质教育在课堂中使学生形成了受控制、受压抑的状态，整体束缚感较强，此时需要将学生从传统的状态下释放出来，让学生形成自主学习、自主发展的目标，实现自我锻炼、自我锻造的目标。在课程体系方面需要结合国家四级课程体系进行设置，同时还需围绕自强教育成长，强化教育理念，并且将此项价值观融入各个学科中。尤其针对校本课程，此类课程是强化学生人格成长的主要课程，并且还能达成人才培养的目标，以此为切入点，结合教师和不同年龄学生的特点，遵循教育规律，有针对性地进行文化输出，才能构建合理的校本课程体系，才可满足学生发展的需求。基于此，学校需要遵循学生的个性发展，以此为着力点进行自强教育，从而构建育人课程体系。

3. 大胆创新

当前我校认真执行《湖北省义务教育实验课程实施计划》，并且严格推进义务教育课程改革相关条例。整体从素质教育的要求出发，以构建全面发展型人才为基础，面向全体学生执行人才培养计划，不断为学生提供自由和谐的发展空间，除此还需将全面发展与个性化发展相结合，最终满足各个层次学生自主发展的需要，面对不同类型的学生也可为其提供不同类型的发展路径。学校在高效课堂教学模式方面也需做出探索和创新，针对我校当前具体情况，选择应用了"五步三练两案"的教学模式，现已广泛应用在各个教学科目之中，后续结合小班化共同体理念，最终形成了辐射效应。在应用后，教师的教学观念和学生的学习方式均发生了一定的变化，教师对当前大环境下的教学模式做出了探索，以主动的方式进行创新。在实际课堂教学中，以平等民主的教学氛围进行教育工作，因此教育活动更加具有活动性。本校在一段时间学习和筹备后，尝试了新的教学改革形式，以分层走班的形式进行教学，此过程更能满足学生的个性化发展，还可形成多样化发展的目标。

4. 培养情趣

学校针对传统的体育课程也做出了一定的改变，促使每一位学生都可走向操场，并且熟练掌握多项体育运动技能，提升学生身体素养，让其具备坚定的意志和体能。其中大课间的教学模式现已成为学校内部一道亮丽的风景线。此时学生可以在课间进行跳绳活动，不仅可以锻炼意志力还可获得乐趣；后续学校也安排了校园足球，此类活动一般每个星期两次，足球活动更能激发学生的团结性，也是激昂青春的一种体现。

学校在学生在校期间，也需对学生进行审美教育，以此塑造学生良好的灵魂。在音乐和美术综合类较强的课程方面，拓展学生的艺术空间，让其形成个性化的审美，充实学生的学习生活，不断提高自身的创新能力。此时需要打造艺术教育，突显学校的办学特色，并且塑造学校专门的社团活动，此过程尽可能地形成学校品牌。学校当前主要开设了下述几个项目：①绘梦美术——意存笔先，画尽意在。②云雀合唱——歌唱青春，绽放荣光。③凤舞九天——宛若凤飞雪悦，如飞燕凤舞。④书馨雅韵书社——循序而渐进，熟读而精思。

此时身为学校管理者,更要深入贯彻相关卫生条例,后续针对专职教师应该进行健康教育课程,其中本校主推视力防治项目。基于此,各项制度和设施必须严格落实,尽可能规避学生出现近视的现象,如果有近视的学生则尽可能改善其具体状况,达成视力防治的目标。

(五)加大投资力度,改善条件

当前我校占地面积达到 18833 平方米,其中校园建筑面积达到 11285 平方米,学校宿舍生均面积 23.27 平方米,其中还包含了教学区、运动区、师生生活区等,后续为合理分配学校功能区域还设置了绿化休闲区,整体划分较为合理。本校在城市中心位置,闹中取静,环境优美,交通便利,自身寄宿条件较为良好,因此为学生和家长解决了一定的困扰问题。校园主干道选择硬化处理,校园绿化起到了美化校园的目标,花草树木也给校园增添了一部分生机,当前校园绿化面积达到 37.62%,绿化覆盖率达到 40% 以上。学校体育活动区域总共 5125 平方米,其中场地范围较广,各类器械较为齐全。学校一共有 12 个班级,因此安排了两个标准的篮球场、一个足球场、两个羽毛球场,后期建设可开放体育健身位置,供学生进行使用。

当前我校在此项工作方面加大投入力度,尽可能为学生的健康成长改善办学条件,也为其提供更为良好的生活环境,把学校打造成为清净优美的状态。由于花草树木的增加,也让学校四季形成了鲜明的对比。学校在教学设施方面也做出了完善,各个教师装备较为先进,可以满足各类课程的需求,安排了三间理化试验室、实验仪器室,图书馆藏书达到两万本左右,计算机室一共有两间,多媒体教室一间。上述教室中全部安装了交互式的白板,可以满足各类教学需求,并且又增加了多块电子液晶显示屏。学校在网络方面构建了校园局域网,可以满足多媒体教学的需求,并且还可连接多媒体电视,以此达成辅助教学的目标。针对学生个性化发展需求,又安排了舞蹈教室、音乐教室、美术教室各一间,以此丰富学生的校园生活。为保证学生学习生活的充实性,让学生在面对学习时更加具有主动性,选择先从学校教学楼改革开始,促使学校样貌焕然一新。在新建方面主要建设了一栋宿舍楼、一个食堂。基于此，我校在装备方面，无论是设置还是使用均达到 100% 的组织效率。

（六）信息技术全面覆盖

此时学校需要深入贯彻教育规划纲要，不断对教育形式和学习方法进行创新，以此优化教育质量。对于教育资源学校非常重视，尽可能达成信息化学习的目标，推进信息技术与教学工作的深度融合，促使信息技术发挥出自身价值。此时需要筹集相应的资金，达成多管齐下的目标，以此提升学校的信息化建设能力水平。此时也需设置运维机制，确保信息化设施可以持续使用，最终满足学校信息化教育的需求。

1. 构建网站

此时学校也需设置独立的校内网站，合理设置网页，尽可能受到师生的欢迎，在内容设置方面也需定期对其进行更新，以此通过校内网络进行学校相关活动的通知，确保新闻发布属于一手资源，信息合理化交流。此时人事部门也需对信息进行管理，针对信息规划重点内容，最终实现全校网络化发展的目标。无论是教师还是学生都可登录内部网站，以此保证校校通比例达到 100%。

2. 实现班班通

当前针对学校网络建设，本校选择引入 ADSL 接入，将其网络安排在每个办公室和教室，从而有效地控制各个节点，实现全校网络化的目标。此时在学校应用任何一个微机都可达成网络信息内容的共享需求，以此最大限度地发挥网络信息传播的作用，此时学生在校可以使用的电脑达到 100 台左右，资源优化比例可以达到 100%。

3. 挖掘资源

学校教学资源库问题也需得到重视，资源库需要不断被充实，并且还需购进校外资源，从而鼓励师生有效使用教学课件，实现每一位教师都可自主制作课件的能力，将其上传至资源库中，可以让各个教师对其进行搜索，同时借鉴学习。学校将教师制作的质量较高的课件纳入资源库，以此实现科学、有效整合教学资源的目标。

4. 夯实基础

针对上述内容，我国为了有效提升学生的信息技术能力，需要按照相关教育要求合理安排信息技术课程内容，对在校学生可以按照实际情况开设信息技术课程。为激发学生对计算机学习的兴趣，还可创设社团，或者信息技术兴趣小组，以此有效开展实践活动，此类活动可以每个星期开展一次。

5. 加强培训

此时需要设置不同层次的培训内容，确保全校教师都可有效应用信息技术，并且具备信息技术综合素养，不断对自身能力进行提升，从而达到学习效果。信息技术在每个教师教学过程中都具有重要意义，无论是学习还是工作生活都可发挥重要作用。在信息技术应用过程中，教师工作应该满足自觉需求，以此体现出教师的素质和形象。因此需要进行全体教师培训工作，此时学校需要重视信息技术的培养，教师不仅能成为骨干教师，还能有效实现学校信息化教学，以此整合学科，全面带动学校信息化建设，最终为学生提供良好的教育学习环境。

（七）重视内涵发展

1. 挖掘学校精神文化内涵

学校文化建设是学校师生精神风貌和思想素质的一种体现，对于思想素质和修养也有一定影响，基于此，学校需要按照层次进行办学，结合学校的发展史，不断挖掘学校的文化内涵，学校以"自强"为办学特色，并形成了"功到自然成"的核心办学理念。学校以"厚德、博学、务实、创新"为校训，以"自立自强、悦己乐群"为培养目标，秉持"问津求真、追求卓越、立德树人"的教育精神，努力实现"环抱时代、誉饮江城"的办学目标！通过分析可以得出下述内容：

"厚德博学"主要指的是广泛学习厚实的知识，并且针对不明的问题及时进行追问，寻找答案，仔细分析答案，以此对其做出考察，从而有效分析问题。其中"厚德"主要指的是对人才素质的规范，因此也是一种教育新理念。

"务实创新"主要指的是中华文化的现实崇尚精神体现，此时需要排斥虚妄和空想内容，规避各类华而不实的内容，以此追求新的具有一定活力的人生。创新工作可以摆脱对常规内容的依赖，还可以打破惯性思维，弘扬创造精神，实现根本任务，满足务实发展目标等。

"自立自强"主要指的是自立、独立。此时也需规避各种依靠别人的想法，解决奴化心理，规避侥幸心理，通过自身努力获取个人利益，并且逐步得到幸福感。为达成上述需求，无论是教师还是学生都需达到规范自身行为的需求，强化自我意识，不断对自身进行负责，承担自身责任，将命运掌握在自己手里，从而形成自立自强的目标。

"悦己乐群"主要指的是身为一名学生需要学会怎样完善自身、取悦自我，此过程也可构建学生健全人格，还可让其思想更为饱满，最终实现素质教育的目标。在满足个人能力优化后，才可达成乐群的需求，在个人与群体交流过程中形成和乐的状态，有效与人群进行交流，将各类不和乐转变成为和乐。学生在学习方面需要依靠自身专心致志的努力，才可达成学习目标，后续在教师的引导下，不断帮助学生成长，为其提供轻松愉快的学习环境。

2. 创设校园文化

（1）营造健康优美的校园文化环境。

在校园文化环境创设方面，需要为学生提供校园硬件环境和相关设施，此时学校应该结合总体规划进行此项工作，有效整理和归纳学校的文化环境，促使学校充满教育性，并且满足文化的特质需求。此时在校园内部也需安排各类净化和美化的手段，按照学校相关规划对校园环境进行设置，最终形成花园式学校的建设目标。此过程也需创设文化设施，因此可以开辟阅报栏、宣传栏、黑板报、图书室、阅览室等相关可以输出文化的教育阵地。后续学校建设方面还可以在学校内部悬挂名人的字画，还可融入校训和育人理念内容，以此优化校园文化的层次。为强化校园文化融合，还需构建学校内部网站，开设专题网站内容，通过网络加强师生的文化教育力度，最终提高学生和教师的文化修养。

（2）组织丰富多彩的校园文化生活。

此时需要积极开展学校与健康活动相关的课外活动内容，但不应该占用学生较多的生活空间，合理安排活动时间。此时针对各个班级校园文化活动创设，可以开展班会或者团会，定期组织学生开展各类文化活动，不断活跃学生的文化生活。此时德育处也需不断发挥自身的职能作用，结合学生的爱好和兴趣，增设个性化文化活动，以此丰富第二课堂的教学。学校在每年都需安排全校的大型活动，倡导学生踊跃参加，最终帮助学生提升自身艺术素质，引导校园文化向高雅的方向发展。此过程可以构建良好的校风，但无论任何活动都需结合学校实际情况创设，活动内容需要弘扬学校的校风，尽可能形成自身特色，不断规范学生的思想品德，优化学生的行为习惯。

3. 开展校园文化教育

首先，学校在教育形式方面，需要使用学生可以接受的方式，此时也需定期组织学生观看爱国主义教育片，针对各种纪念日安排与纪念日相关的教学内容，定期组织宣传活动，每年组织新生的入学教育，还需设置新团员的宣誓活动，结合学生学习状态适当举办各种知识竞赛和演讲活动，让学生在潜移默化过程中受到熏陶，以此转变自身思想。

其次，学校针对学生的日常行为也需做出规范，定期开展法治教育和规范教育，有效充实学生的思想。结合学校校风设置相应的规章制度，构建可以健全学生行为的评价体系和反馈体系，以此培养学生的行为规范标准。学生的评选需要团支部进行，在整体评判方面还需学校全体师生同时参与。后续在先进班集体方面也需定期创设创优活动，推进学生的健康发展，此时也可融入法律教育课程，增强学生的法律意识，提升学生的法制观念。此时学校也需定期安排学生值周活动，后续安排学生设定监督小组，以此增强学生自我约束能力，有效对自我进行管理，从而养成良好的行为举措，让其可以达成遵纪守法的目标。

最后，学校班主任也可以定期开展班级形象设计和环境美化活动，增强学校的文化氛围，保证学生在良好的环境下进行学习。

（八）充分利用资源

1. 学校社区共享交流

学校也需充分利用社会资源，不断增加办学的路径，拓展办学的空间，融入更多的交流途径。后续学校也需融入家校合作内容，达成各项沟通共享机制，从而充分利用社会教育资源，拓展学校自身的教育途径，从而改善育人环境，最终保证育人的活力。学校方面也需定期组织家访工作，在校园开放日邀请家长参加各种活动。此过程还需发挥出互联网信息技术的优势，通过互联网信息技术保证定期可以与家长进行沟通和联系，双方针对学生在校期间的具体情况进行交流，为后续学生教学发展提供引导。学校结合自身实际情况，还可创设乡村少年宫和学生综合实践的活动基地，为学生提供更多的活动基地，融入各种社会教育资源，定期开展学生身心健康活动，让学生在社会环境熏陶下，仍然可以具备良好的心理素质，有效面对社会环境和学习环境。

2. 联盟体共同体合作交流

学校管理人员积极主动地与当地的其他学校进行教育交流活动，在学校的交流过程中，进一步对校本教研进行深入的剖析，以此来更好地推动学校教师的全面发展。自湖北省农村寄宿制教联体实施以来，学校将"全面协作、共谋发展"的管理理念作为当前学校发展工作的核心指导思想，与当地四所学校开展合作，组建教联体联盟校园。本校始终秉持着"合作共长、资源共享"的基本原则，将"质量为核心、教学为中心"的思想作为工作核心。牢牢地把握着"信息共享、课堂共探"等方面内容，与合作学校深入开展校本教研交流。作为当地小班化教学的领头羊，本校和诸多合作校携手，在"幸福小班"教学模式的探索上取得了良好的成绩。本校也由以往的"联盟牵头校"逐步转变成为"共同特色校"。

五、结 论

综上所述，初中学校立德树人需要通过教师在日常教学中进行落实，并且还需将其融入学生的日常生活。针对当前我国社会发展的宏观情况来看，立德树人在一定程度上还可改善社会的道德风气；如果站在学生的角度分析，可以看出此项工作属于长远工作，并且在发展过程中还可健全学生的人格，最终达成德才兼备的目标。此过程教师也需在不断学习的过程中严格落实师德素养，认清环境改变需要系统和长时间地进行，从自身做起，加大力度改变当前学校的现状，从而满足新时代初中学校的教育教学需求。当前处于新时代，我国发展最为良好的时期，学生是祖国的未来，此时，教育培养学生全面发展，更能为我国社会提供高质量人才，以此实现中华民族伟大复兴，最终达成立德树人教育工作的目标，培养更多的新力量。

参考文献

［1］张炯创．基于立德树人目标开展初中英语单元整体教学的实践．广东教育学会2022年度学术讨论会暨第十八届广东省中小学校长论坛论文选（二）［C］．广东教育学会，2022:923–925．

［2］邱丽玉．初中道德与法治教学中渗透立德树人理念的思考．2022智慧校园文化建设与教育发展高峰论坛论文集［C］．华教创新（北京）文化传媒有限公司、中国环球文化出版社，2022:1145–1148．

［3］余坤威．互联网下初中数学的立德树人教育［A］．2021传统文化与教育创新理论研讨会论文集［C］．华教创新（北京）文化传媒有限公司、中国环球文化出版社，2021:229–231．

［4］易怀祥，李本运．互联网模式下初中化学教学中的立德树人教育［J］．安徽教育科研，2022（26）:79–81．

［5］李艳系．基于立德树人的初中班主任工作有效性与创新性实践的研究［J］．求知导刊，2022（33）:20–22．

［6］孙建斌．基于立德树人的农村初中德育教育的实施措施探究［J］．考试周刊，2021（88）:148–150．

［7］刘化凤．立德树人理念在初中语文教学中的实践策略［J］．散文百家（新语文活页），2020（10）:115．

［8］孟桂珍．基于立德树人的初中英语阅读教学探究［J］．中学课程辅导（教师教育），2020（18）:121–122．

［9］李丽．立德树人背景下的初中道德与法治的渗透路径研究［J］．文理导航（上旬），2021（1）:79–80．

［10］陆洋.立德树人理念在初中体育教学中的实践［J］.基础教育论坛，2021（15）:106-107.

［11］王莉."立德树人"视角下初中思政课教学的创新探索［J］.品味·经典，2021（8）:153-156.

［12］安金凤.统编本初中语文综合性学习"立德树人"教学探究［D］.广州：广东技术师范大学，2020.

教师发展

骨干师资薄弱型初中推进教师专业发展的实践策略

武汉市卓刀泉中学张家湾分校　吴　捷

一、问题提出背景

武汉市卓刀泉中学张家湾分校位于武汉市三环边缘，截止到 2023 年 1 月止，学校教职工 85 人，平均年龄 36.7 岁。历史上，学校因地处武汉市郊，交通极为不便，师资流失严重，普高升学率只有百分之二十几，一直是洪山区办学质量最薄弱的初中。近几年来，学校在"知行教育"办学理念的引领下，努力推进教师专业发展，由此稳步提升办学质量，2021 年普高升学率曾一度达到 52%。虽然师资薄弱情况未有根本性好转，但自"十四五"开始，通过不断实践，教师专业发展正在向好的局面形成。

我校的骨干师资薄弱情况在洪山区和武汉市，甚至全国相当部分地区的初中学校亦广泛存在。以我校所在的洪山区南片学区为例：6 所初中，学生数约占全区 18%，教学质量低于全区相关数据指标 16%；仅有市级及以上骨干教师 1 人，区学带 8 人，区优秀青年教师 6 人，合计 15 人，约占南片学区教师人数的 5%（全区初中学段骨干教师占比约 12%）。所以，我校推进教师专业发展的实践具有一定的典型意义。

实际上，在"双减"政策实施和 2022 年义务教育新课程标准颁布的背景下，薄弱型初中如何有效推进教师专业发展，对于义务教育的优质均衡意义重大。

2017年，《中共中央 国务院关于全面深化新时代教师队伍建设改革的意见》指出："在教育事业发展中重硬件轻软件、重外延轻内涵的现象还比较突出，对教师队伍建设的支持力度亟须加大。"这说明，进入新时代后，学校的办学条件显著改善，然而师资队伍建设没有与之同步；2021年，国家"双减"政策文件提道，"促进义务教育优质均衡发展。各地要巩固义务教育基本均衡成果，积极开展义务教育优质均衡创建工作，促进新优质学校成长，扩大优质教育资源"；《义务教育课程方案（2022年版）》在课程实施建议中强调，要"强化专业支持"。由此看来，无论是学校长效落实"双减"，还是新一轮义务教育课程改革，关键在于教师。即促进教师专业发展，激发教师专业成长的内驱力，推动义务教育优质均衡发展，扩大优质教育资源供给，办好人民满意的教育。

二、主要实践策略

（一）制定发展规划，加强教师专业发展的组织管理

"好谋而成者也。"学校发展规划是一种思维方式，是一种管理策略，是一个学习过程，是一条行动路径，是一种具有约束力的承诺。通过对大量薄弱学校的成因分析我们可以知道，学校越是薄弱，规划意识也可能越薄弱。而笔者认为，某种意义上，没有学校规划，就不会促成学校的积极变化。教师亦然。

我们于2021年8月制定了学校"十四五"发展规划，提出了"较好的自我职业规划和发展力、全面的教育理解力、较好的教育实践能力和变革力、较好的人文素养"的教师发展目标。并在规划中指出："学校通过显性和隐形文化，着力为每一名师生创造适合其能力提升、潜力发展的条件，激发师生个人成长、永续发展的内驱力，提高师生人文素养，通过文化互构，塑造优秀的学校集体人格。"

1. 学校的发展规划体现了对教师专业发展的高度重视

学校"十四五"发展规划制定的7个具体目标中，有3个与教师专业发

直接相关,"学校管理干部培养和制度建设、教师专业成长及课堂教学改革、班主任队伍建设和德育工作",充分说明了我们既重视工作统合,又强调分类推进。

按照马尔科姆·诺尔斯的成人学习理论,以及我们对新时代教师的专业发展思考,学校从"自我专业发展需求、环境分析、专业发展目标、具体行动方案"等四个方面,引导教师制定专业发展规划。其中,具体行动方案还包括"年度目标、策略或行动、所需支持、预期结果"等。

学校较好地构建了两个规划[①]先行,建设目标明确,推进措施有力,工作评价有据的教师专业发展体系。在此基础上,教师均能结合岗位需求,制订出了个人专业发展的三年规划和年度计划。

2. 成立教师专业发展中心,培养干部的技术管理意识

考虑到学校"十四五"规划中,将教师专业发展分成了管理干部培养、教师专业成长、班主任队伍建设三个系列,我们于2021年9月成立教师专业发展中心,由一名副校长分管、政教和教务主任负责,便于开展部门协作,实现功能整合。但对于薄弱型学校,这个组织要能有效运转,首先要看干部的专业意识,或者说是技术管理意识。

丰田公司的技术管理水平是世界一流的,其掌门人有句格言:"造车,技术管理比技术本身更重要!"教师是专业技术人员,学校某种程度上也要进行技术管理。从宏观和中观层面看,国家和省市是非常重视学校技术管理的,比如义务教育现代化学校评估、义务教育管理达标学校创建等,是通过一些"标准"引导学校办学。但是我们仍然看到,哪怕是中心城区的教育优质均衡发展都尚待时日。为什么?微观出了问题——学校层面的技术管理。这就是为什么我们把管理干部培养作为教师专业发展系列重要部分的原因。学校在提升干部专业认知水平的同时,帮助他们深刻理解教师专业发展中心"管理什么?为什么管理?怎样管理?",着力培养干部的技术管理意识。随之而来,我们的干部充分利用各类资源推进教师专业发展的能力显著增强。

例如,借助洪山区教科院下校视导,教师发展中心先进行内部诊断,将校

[①] 学校"十四五"发展规划和教师个人专业发展规划。

本教研中的疑难问题集中，再请教研员等专业人员重点指导。通过这种方式，从 2021 年至今，我们改进了道德与法治、物理、化学等学科的校本教研薄弱问题，改进了生命安全、心理健康教育、主题班会等课型实效性不强的问题。

再如，为保障骨干教师培养项目开展，开拓教师专业视野，学校与湖北阳光教育研究院合作，定期聘请华中师范大学、湖北大学等高校的讲师，到校开展校本教研讲座，内容涵盖通识性培训和学科专业培训，有力提升了学校校本研修品质。

（二）坚持以校为本，将制度完善与制度创新相结合

"制度是制动器，更是发动机，不然，一个组织将裹足不前。"制度建设体现的是治理水平。我们坚持以校为本，围绕教师专业发展，全方位系统化完善相关制度。从 2021 年至今，我们先后编撰完成了《"知行德育"制度汇编》《贯彻落实"双减"政策暨教学改革制度汇编》等，并将制度完善与制度创新相结合。

1. 完善继续教育制度、科研制度和评价激励制度

（1）继续教育制度。

当前，教师继续教育和个人教学实践脱节的现象仍然较为普遍，一些薄弱学校的继续教育制度形同虚设，甚至还有不少老师认为继续教育就是攒学分，忽视了继续教育对于教师专业提升的应有功能。

为解决上述问题，学校完善了既有的《主题教研活动开展指南》文件，确立了"读书学习法""一人同课多轮法""多人同课循环法""案例研究法""三课两反思"等十四种常态化研修模式。例如，学校将每学期举行的"知行"好课堂赛课活动纳入主题教研，明确规定：没有预先确定研究主题的赛课不举行；赛课活动结束后，教师应该撰写课例研究文本。正是因为赛课活动主题鲜明，切中学科日常教学的困惑点，聚焦学生的主体性激发和自主学习能力培养等"知行"课堂教学模式中的疑难点，因此形成的典型解决方案在此后的课堂教学中得以很好运用。由此，我们形成了教育教学实践、培训进修提高、教育教学研究三结合的教师学习发展方式。

（2）科研制度。

教育科研一直是薄弱学校的短板，既有如前所述的与教师的教育现实"两张皮"的原因，也有教师本人科研能力不足的原因。但是，开展教育科研是教师专业发展绕不过去的坎，是教师专业能力跃迁的必由之路。所以，我们重建了学校原有的教育科研制度，将改善教师的实践行为放在首位，回归学校教育研究的真正价值。

近两年，学校申报了4个区级重点课题，包括卢娟主持的"薄弱学校提升校本教研的实效性研究"、唐凡主持的"师资薄弱型初中德育队伍建设的有效途径研究"、郑家顺主持的"'知行'课堂教学模式构建的实践性研究"和高欣媛主持的"'双减'政策下学生自主全科阅读能力培养实践研究"。

在教育研究中，课题主持人带领一批老师，通过反思不断发现实践中存在的问题，提出解决问题的设想与计划，并在实践中验证设想与方法，从而使自己的实践行为不断加以改善。我们认为，这样一个过程，既是一个实践研究的过程，也是一个行为改善的过程，同样是教学研训一体化的重要体现。

（3）评价激励制度。

教师个人才是其专业发展的主体，而薄弱学校的教师从历史角度来说，存在挫败心理，专业发展热情逐渐冷却，所以他们的主体性更需要被激发，更需要重新点燃他们的专业发展自信。

结合信息化手段，我们在学校教育云平台上建立了可视化的、多维度的教师专业发展积分制度，并且与时俱进地修订了《关于教师获得各级各类荣誉的奖励规定》，设置了教育科研、青蓝工程、优秀团队等七个方面的专项奖励，在绩效考核中对教师专业发展提出了具体要求。逐渐地，我们的教师专业发展呈现出教师自我导向、自主驱动的结果。

2. 探索"互联网+校本教研"和"多样带教"导师制度

（1）教研制度。

2020至2022年，我们经历了三年新冠疫情，线上线下的混合式教学模式对传统教学方式产生了很大冲击，也对传统教研方式产生了重大影响，而这对于师资薄弱型学校毋宁说是一种机遇。我们以"互联网+校本教研"、现代信息技术与学科课程融合为两个重要应用场景，利用武汉教育云，定期开展智慧课堂、名师工作室、课程社区、探究性学习等规模化应用。学校对"互联网+校本教研"进行的积极探索，有效改变了传统教研组活动重口头表达、轻文字表达的严重不足。我们教研组的活动实况一旦在互联网上进行传播，客观上，教师在常规教研中的表达就需要变得专业、审慎、严谨。而做到这一点，如同钟启泉教授等所言，就迈出了教师专业发展中"缄默知识显性化"的重要一步，就为教师的教育发表奠定了坚实基础。

此外，教务处通过 PC 端综合管理系统，开展网络阅卷、成绩分析管理等工作。学校教师发展中心利用信息化手段，参加并组织各层级教研培训、协同备课活动，开展跨学科、跨年级教研活动。

课前教师能熟练利用信息系统和工具进行备课，课中能用信息化软硬件及数字资源协助教学和学习，课后学生具备配套资源平台进行拓展学习；学校建有基于大数据诊断分析教学系统，能实施精准学习分析和教学干预，实现课堂教学结构重组；祝茜娟、刘聂之等老师开展"墨水瓶平板"班级应用试点，围绕日常"教与学"过程累积数据，进行个性化分析诊断，实现学生弱点精确诊断、教学内容精确优化。

下一步，学校将建设教师成长档案管理系统，实现教师成长成果、培训、评教、课题等全数字化记录。

（2）导师制度。

开展青蓝工程实施导师制度，是教师专业发展的通行做法。然而，薄弱学校骨干师资本来就少，如何开展导师制度？对于优质学校，一个师傅身上有十处二十处本领可学，我们这样的薄弱学校一个师傅身上总还有一两处本领可学吧。所以，我们一方面立足本校师傅的传帮带，另一方面将校外导师的作用发挥到最大。

因此，我校开展的青蓝工程，从来不是孤立的师徒结对活动，而是具备了两个特点：一是"多样带教"，即一个徒弟多个师傅，一个师傅多个徒弟。这样的好处在于营造某种亲和的、合作的氛围，有助于使这个"师徒群体"形成一个研究性的、学习型的组织，不但促进新教师的专业发展，也有利于指导教师的专业发展。二是将其视为学科团队建设的有机组成部分，所以每次活动的开展，都有学科团队的身影。例如，英语导师周丹下校时，除了李思莉、贾金语老师等精心准备的课堂教学外，学科组的集智备课不可或缺，学科团队的全体老师在资源共享、资源流转、资源积累方面已经形成良好习惯，也促成了老师们不断将个人经验性的隐性知识向团队的专业性显性知识转化，提升了学科团队的教育智慧。

我们创新了新时代新青蓝工程导师制度以来，5名青年教师脱颖而出，先后获得洪山区教学岗位能手；1名教师获得区学带称号，2名教师获得洪山区"双减"作业设计特等奖。

（三）以实践为中心，围绕问题开展研修和课程开发

"一语不能践，万卷徒空虚。"学校的"知行教育"办学理念特别强调实践。正如习近平总书记所说，"'知'是基础、是前提，'行'是重点、是关键，必须以知促行、以行促知，做到知行合一"。所以，我校的校本研修体现了以实践为中心的特点。学校帮助教师省察自己的教育理论和日复一日的教育实践的联系，教师通过对自己的教育教学行为进行观察与反思，以及与共同体成员的交流，不断加深对自己实践的理解，并在这种理解的基础上提高和完善自己所从事的教育实践。

例如，我们对于管理干部培养注重学习力、思考力和变革力，对于学科老师发展注重主题教研和案例教学，对于班主任队伍建设注重班级管理工作主题分享，分类解决实践中的德育问题等。

1. 聚焦教育实践问题，实施校本研修

我们认为，问题来源于实践，问题解决方案用于指导实践，这样理解教师专业发展才能有效促进薄弱学校师资力量提升。

根据实际，学校不同阶段会聚焦不同的教育实践问题，主题和重点各有侧重。例如，2020年我们重点解决了典型课堂教学的有效性问题，对新授课、复习课、讲评课等三类课型展开校本研修；2021年开始实施"双减"政策以来，我们将构建减负提质增效的"知行"课堂教学模式作为重点，把整个教学过程

中的学生自主学习能力培养、有效开展小组合作学习、学生学习反思和课堂教学评价等几个关键问题列为校本研修主题。

针对学校骨干教师匮乏的现状，受到共同体理念和邓宁-克鲁格心理效应启发，我们创建了一种很好的教师专业发展方式：让教师成为自己的教师。

让教师成为自己的教师有两层含义：第一，我们的教师 A 碰到了实际问题不得其解，校内其他教师伙伴 B 有经验，B 进行了分享，于是 B 教师成为 A 的教师；第二，对 B 本身而言，需要对经验重新做出思考，形成解决方案，假定这是一个具有挑战性的工作，那么在这个过程中，B 成为 B（就是他自己）的教师。因为，我们看到传统的一些干预手段在有效促成教师专业发展中存在局限性，如果以教师难以回避的问题作为导向会是一个突破口。当一名教师总在用原有经验同化新问题时，他并没有发展。一旦他遭遇一个非解决不可，但原有经验又解决不了的问题时，学习才真正地开始，发展才真正地开始。在这种情况下，校内骨干教师 B 及时出现，帮助 A 突破了自己的坎限，新的经验就形成了。

在这个过程中，我们请求市区学科名师和大学专家进行指导，不断成熟、不断迭代基于实践的问题解决方案。

2. 围绕教育实践问题，进行课程开发

学校"十四五"发展规划对教师专业发展进行了顶层设计。除了相对固定主题的必修课程外，学校教师发展中心会根据教师个人专业发展规划中的"自我专业发展需求分析"描述以及积分情况，发放调查问卷，对相应教师专业发展课程做出适切的调整，以体现针对性和实效性。例如，根据学校"知行"课堂教学模式的深入实践，有教师提出需要掌握更丰富的"教学策略"，以实现更佳教学效果。于是我们及时将"有效教学策略"作为校本研修的选修课程主题，引导学科组开展、承担更有挑战性的研修任务，从而迅捷且有效地改善了教师教学实践。

武汉市卓刀泉中学张家湾分校教师专业发展课程开发举例（见表1）：

表 1　学校教师专业发展课程开发

维度	课程模块	研修主题举例（必修）
师德师风与专业认知	师德师风	1. 了解卓中张家湾分校的精神谱系
	专业认知和专业规划	2. 如何进行个人专业规划 SWOT 分析
专业知识	教育学与心理学知识	3. 学困生成因解析及如何帮扶学困生
	脑科学与学习理论	4. 脑科学与课堂：了解以脑为导向的教学模式
	高效课堂基本理论	5. 学习余文森高效课堂十讲等
	新课程标准与核心素养	6. 学科核心素养的理解与落实
专业能力	"知行"课堂教学设计	7. 基于具体学科及不同课型的课堂教学设计
	"知行"课堂关键要素实践	8. 预习环节如何进行学法指导和提供脚手架等
	"知行"课堂教学的评价	9. 对学生进行积极心理预期和多元评价的方式
	教育教学案例写作	10. 怎样撰写教育随笔
	教育科研	11. 如何开展教育叙事和教育案例研究
	信息技术与学科教学融合	12. 信息技术与学科教学融合的使用场景及效能
	小初衔接教育	13. 小升初学生的学习方法指导和焦虑化解
	家庭教育指导	14. 父母教育观念一致性的积极意义

诚然，受限于骨干师资薄弱，初始阶段，我校的教师专业发展的课程开发质量差强人意，但我们不断拓宽课程研发渠道，通过积极参与卓中教育集团、南片学区的校际协同教研和网络教研，有效提升了校内教师开发课程的水平；我们也充分挖掘新时代新青蓝工程外聘导师的作用，充分利用湖北阳光教育研究院的高效优质资源，进一步帮助学校聚焦课堂教学实践，把需要解决的实践问题专题化、系列化，进而课程化。

两年来，我们初步建立了以教师梯次（即教师类别）、必修课+选修课、教师专业发展积分（即显现教师发展水平）的三维校本研修课程体系。研修课程基于教育教学实践中的真实问题，由点及线，由线及面，从主题到系列，再从系列到课程，进而根据教师专业发展个性化需求提供选修课程，以期突破教育教学瓶颈，使得教师校本研修积极性不断提高，校本研修品质显著提升。

（四）构建良好生态，实现教师发展和学校发展共赢

"天上星多黑夜明，地上树多成森林。"良好的学校生态文化建设对于教师专业素养的提升犹如树木、森林和气候的关系。我们致力于建设良好的学校生态文化。

美国著名心理学家马斯洛在1943年提出"需要层次理论"，他认为，"归属和爱的需要"是人的重要心理需要，只有满足了这一需要，人们才有可能"自我实现"。正因为如此，学校"十四五"发展规划中，提出了"以教师专业成长为出发点，建设有归属感的校园"的工作目标，同时制定了《关于建设有归属感的校园的若干工作思路》文件。教师有归属感，才有职业责任感，才会主动提升个人专业素养，才会与伙伴共同深入推进教育实践。

1. 提供经费、条件支持，做好教师专业发展的运行保障

"工欲善其事，必先利其器。"虽然2020年之后，受到新冠疫情和经济周期影响，但是我们开源节流，强力保障教师专业发展的资金支持。学校"十四五"发展规划明确提出，"以每年不少于15万元预算，保障中青年骨干教师培养项目开展"，充分体现了学校将教师专业发展作为提升学校软实力、将教师专业发展水平作为学校核心竞争力的战略决断。

我们建设了洪山区初中学校中最美图书馆，馆藏图书22500余册，且每年不断更新。在中和楼"艺享空间"等处，均设有固定的研修场地，打造"诗意的栖居"的教师学习空间。为鼓励教师积极参加高层次教育教学工作交流，节省老师外出参加如集团校、学区研修活动的时间成本，学校的通勤班车全程提供接送服务。

得益于良好的校本研修和教师自主学习需要的软硬件设施，学校教师专业发展如虎添翼。

2. 进行人事和绩效制度改革，培育良好的师德师风氛围

薄弱学校的发展不会一帆风顺，基本上都会面临教师活力激发和办学动力增强的问题。前文"坚持以校为本，将制度完善与制度创新相结合"部分已经提及"完善评价激励制度"，但相对于此仍属小环境。而指望一点点的局部改

革就能完成薄弱学校的蜕变,是不切实际的。

"苟利于民,不必法古;苟周于事,不必循旧。"所以,我们学校在"十三五"期间,就不断深化"双向选择,逐级聘用"制度改革,配套进行绩效工资制度改革,坚持在关键岗位用一流的师资人才匹配,一流的教育业绩用一流的物质奖励和精神荣誉匹配,激发教师的团队荣耀感和使命感,激发教师的主动性和创造性,激发教师的建功立业精神,保障我们的教育事业永续发展。

局部的制度变革不全然能够保证形成优秀的组织生态,进入"十四五",我们再进一步,开展党政一体的学校组织文化建设。我们把师德建设放在教师队伍建设的核心位置。党员同志承诺践诺、知行合一,争当"教书育人、管理育人、服务育人"标兵,身体力行地引导广大教师做有理想信念、有道德情操、有扎实学识、有仁爱之心的"四有"好老师,从而形成强大的组织文化张力,无处不在、生生不息地影响教师团队和教师个体的教育行为。

3. 开放办学,实现个体发展、团队发展和学区发展共赢

就教师个体而言,一旦思维固化,就很难在专业发展上有所突破。因为思维固化,就意味着某种封闭,表现为拒绝倾听同侪合理的教学建议,不能主动吸纳新教育理念,对应用新的教育方法持消极态度等。这种情况在薄弱学校的教师群体身上相对集中。

柏拉图在《理想国》中讲过一个著名的"洞穴隐喻",也在警示我们"封闭"对于个体、团队和学校发展的严重影响。

我们的实践策略是"开放"。良好的学校生态文化意味着开放,只有开放才能发展。我们教师的课堂不再封闭,对教师、家长和社区贤达开放;我们的校本教研,教师由原来的沉默寡言,到现在的言无不尽、意犹未尽;"走出去,请进来",我们举办卓中张家湾分校"中和"讲坛,将个人发展与团队发展相融合,将团队发展与学区发展相连接,在竞合关系中实现个人、学校、学区教师专业发展共赢。

近几年来,尽管我校师资力量薄弱,缺编问题尚未解决,但依然安排教师参加区域内对口交流,包括去更为薄弱的学校支教;安排中层干部到武汉市南湖中学、卓中教育集团总部跟岗学习。封闭的大门一旦被打开,干部和教师的

视野更加开阔。加之于不断地磨炼内功，2022年5月，青年教师刘聂之、杨芷薇分别获得武汉市首届"双减"劳动竞赛作业设计一等奖和二等奖；2022年9月，崔俊杰为全区心理健康教育老师主讲示范课；2022年10月，3名教师入围湖北省基础教育精品课……

教研组长团队是学校教师专业发展的关键力量。2022年8月，学校开办了第一届教研组长研讨班。正是因为我们对教研组长专业领导力的高度重视，一名教研组长带活整个学科团队、一个学科团队激活整个教师专业发展的化学反应正在发生。数学教研组长陈惠芳带出了王逸云、任秀伟等教师，学校数学教学的薄弱面貌逐步扭转；英语教研组长丁爽带领的团队获得洪山区优秀备课组；语文教研组长卢娟带领的团队获得武汉市巾帼文明示范岗；理化学科组长夏蔚带领的团队也能在洪山区主讲研讨课了。

"美美与共，天下大同。"我们开放办学，着力建设学校发展共同体。我们培育教师改变地区教育面貌的使命感，不断发挥辐射引领作用，将学校教师专业发展与学区骨干师资均衡关联，通过"专业带动成长，引领帮扶共享"，推进区域教育优质均衡发展。

2021年学校成为洪山区教科院培训基地以来，两次承担大型教师暑期研修工作，每学期定期承担学科专项教师培训。卢娟、刘聂之、丁爽等受聘为洪山区教科院教师培训导师，在区教研员的带领下开展"送教下校"活动，常态化对学区内的教师进行指导和帮助。

我们构建的包容、开放的学校教师专业发展文化，打造的"终生学习，永续发展"的育人文化氛围，正逐渐显现出良好的生态效应，学校的办学质量由十年前的洪山区倒数，提升至现在的中游发展水平。

三、结语——薄弱学校教师专业发展的实践思考

笔者一直在薄弱学校工作，从一名普通教师到一名校长，深感教师专业发展对薄弱学校蜕变的重要意义。只有我们的教师在专业上能够永续发展，教师才能不断拥有新的思维，所谓"为有源头活水来"。发展性思维，具有累积效

应，拥有这种思维的老师会加速发展，所以是教师和教师的最重要的区别。同样，这也适用于学校。

唯有发展性思维的建立，才能应对世界的变革和教育的挑战。才能在艰难局面中始终信念如磐，不断寻找破局之道，尤其是教育的优质均衡发展关乎人民群众对美好生活的向往，这是每一名基层学校的领导的重要使命。所以，笔者和笔者的学校推进教师专业发展的实践，旨在为同类学校提供一种可资借鉴的参考。教育的优质均衡发展，实际上就是从改变每一所薄弱学校开始。

四、后记——从教师专业发展走向教师发展

傅雷先生在给儿子傅聪的信中有这么一句话："先为人，次为艺术家，再为音乐家，终为钢琴家。"学校的"知行教育"办学理念，从狭隘的角度说，强调教师的专业知识和教师的教学实践必须相互转化才能实现教师专业发展。但是这远远不够。"师者，所以传道授业解惑也"，我们看到，为师之道比授业解惑更重要。因为，我们一谈到"知行合一"，必然会想到王阳明、陶行知，想到他们的伟大人格，也必然会想到习近平总书记关于"知行合一"的重要讲话。

叶澜先生说："我不赞成简单地提'教师专业发展'，而是提'教师发展'。教师作为一个专业人员，现在人们不太怀疑。目前的问题是，教师对专业发展太看重了，自己作为一个全人的发展这个问题却往往忽视了。"也就是说，作为教师，我们应该有成为"全人"的追求，而这个追求是无止境的，不但贯穿于整个教育生涯，也贯穿于整个生命历程。

身为人师的我们，当然会有缺点，但我们一直不断追求自身的完善，追求身心健康、品学俱佳，直到我们拥有完整的精神世界：人格高尚、情感丰富、胸襟博大、视野开阔、思想独立、灵魂自由……在这个过程中，方能"通过文化互构，塑造优秀的学校集体人格"[①]，培养造就知行合一的时代新人。

---

① 学校"十四五"发展规划中的"教师发展目标"。

教师专业化发展的罗盘

武汉市江夏区金口初级中学　吴志坚

——师，在中国已经有几千年的历史了吧，但是，教师的专业化，教师作为专业技术人员，却还未满"二十岁"。什么是教师专业化？专业化具体包含了什么？许多教师也是嗫嗫嚅嚅，不甚了了。

不知道运行的方向，专业化发展就只能瞎转悠。虽然"地球"是圆的，南辕北辙也可以到达一样的目的地，但是，那不符合今天的"低碳"经济。

我不知道古人为什么要发明罗盘（指南针），是无意发现的还是有意发明的？

但是不管怎样，这东西有用。你看，郑和用它下西洋，不仅轰轰烈烈浩浩荡荡地去了，而且顺顺当当高高兴兴地回了。

这东西能让你在一个陌生的地方，哪怕出了中国海，闯进了印度洋、大西洋，也能摸得着"北"，找得到家，所以，它成了古代华夏的四大发明之一，颇受世人崇拜。

大凡有运动，就需要知道方向，不然，没有方向不就丢失了自己？

教师的专业化发展，同样也是运动。这是不是说，这种专业化发展也需要知道方向？需要一架"罗盘"？

是的。

对中国教师而言，自身的专业化发展，就是当年郑和面对的"西洋"。

不同的是，这个"西洋"不再是地理上的一个海域，这个"罗盘"指引的也不再是地球上的北极。

是什么？

是教师专业化的"愿景"。

教师专业化（teacher professionalization），是个"舶来品"，它进口到中国，也就几年时间。若从个体的角度看，它指的就是教师的职业责任、专业知识、技能成熟度，以及专业声望和由此形成的职业吸引力。

虽说历史上的中国人，没有这样系统地说过"教师专业化"，可它依然仿佛燕归来——似曾相识。

一个教师要专业化，首先就要确立牢固的责任感，兢兢业业为社会提供优质的教育服务。

有些人以为，当好教师，多"喝"几口"墨水"就行了，当然，能知道几个像"x"与"y"这样的钩子款子那就更好。其实，这还没有正确解读"教师"的内涵，也低看了这种职业。汶川地震中的"范跑跑"，他喝的墨水不少吧，"帕式"不能说不硬吧？他不仅知道 x 与 y，还知道 a 与 k。可是，他在大难来临之时丢弃了学生，自顾自逃了！逃了不算，还在网上发表歪论，扬言要写书介绍自己先逃跑的歪经。他也曾是一个老师，他专业化了？如果你是家长，你愿意把孩子委托给他这样的老师？

当然，范跑跑并没犯罪，但他却推卸了职业责任，放弃了育人义务，他不仅受到了道德的谴责，也被学校清洗了。

虽然，日常生活里的"范跑跑"不常见，可是，"范跑跑"行为并不陌生。那些人侵犯人权、体罚学生、侮辱人格、坚持偏见、消极怠工……是不是在曲解乃至亵渎教师的功能，推卸职业责任，放弃育人义务呢？教育是一项以生命传递生命的光辉事业，这种"传递"，是只选择优生、富生、丽生传递，还是"有教无类"？是仅仅传递一点学科知识，还是传递包括人格成长、个性张扬在内的全方位塑造的观念？

茵茵 10 岁了，正与同学君君在家玩，她问当老师的妈妈："为什么我们在家里走，总得像怕踩地雷一样啊？"

妈妈笑了："咱家的地板是刘爷爷家的天棚，走路重了，爷爷奶奶受得了吗?"

茵茵噘起小嘴:"为什么我家楼上不这样想,她们每天都要搞出一些'咚咚'的声音?"

君君说:"我家楼上也是。"

"楼上有一个两岁的小弟弟,他要长大,需要蹦呀跳呀。"

茵茵的小嘴噘得更高了:"那受委屈的就只能是我们家了?"

君君附和着:"真是的。"

妈妈却认真了:"伢们,能为别人着想,是人生的一等功夫哩。"她坐下来,一手搂着茵茵,一手牵着君君,讲出了一个多年前的故事。

"那年,我怀着5个月的你从乡下回城,在村头,一位中年妇女扶着一位老人艰难地上了车。我站起来,主动把座位让给了老人。可刚坐下,老人就站了起来,指着我说:'你不方便,还是你来坐吧。'我不肯。就在这当儿,一位帅哥十分麻利地从老人背后挤了过来,一屁股坐了上去。老人盯着他说:'小老弟,好好看看,这个位置你该坐吗?'

"帅哥抬头瞪了老人一眼,甩了一把头发,继续坐他的。

"老人转过身,喃喃自语:'能为别人着想,是人生的一等功夫。'过了一会儿又说:'唉,如今争食抢窝,真连禽兽都不如。'

"这回帅哥应声了:'你这老东西怎么骂人?'

"'我不是骂人,我是爱护你呀!'

"帅哥可不领情:'你算老几呀,活得不耐烦了——癌症!'

"那扶着老人的妇女,已气得两眼流泪:'你说对了,我爸是得了癌症,而且到了晚期……你要是也得了癌症,就安心地坐在那儿骂吧!'

"同车的都被震动了,很多人都站起来给老人和我让座。那帅哥没脸继续坐下去,慌忙下了车,头也不回地走了。

"有人认得那帅哥,指着他的背影说,'这样的人,也配当老师?'

"我坐在老人的后面,站起来问老人:'您是谁?怎么说的话跟我爸爸说的一样呀?'

"老人问了你姥爷的姓名,露出了一脸欣喜,原来老人就是你姥爷的中学老师。老人说：'"人生一等功夫"这句话，是明朝杨椒山说的，我的学生都知道啊。'"

两孩子听完了故事，小眼里闪着泪花，"妈，我知道了"。君君也说，"李老师，我也知道了，为别人着想，是'人生的一等功夫'"。

一个座位，牵出三代三位教师。谁在用生命传递生命？谁在用行动阐释教师的专业化？谁在用"人生的一等功夫"倡导社会公德？

教师，毕竟是要进课堂的，毕竟是要懂得一门课程的，所以，熟练地掌握某种学术及其相关理论，是教师专业化发展的内核。我常常遇见这样的老师，40多点年龄的人，就不愿意站讲台了，偏要去钻营图书管理员啦、门卫什么的，或者带点小学科，乐于从课程教学中边缘化。才40多岁，教书也就十几、二十年吧，离退休还有十几年！那前十几年就专业化了？后十几年就不要专业化？如果说，放弃前十几年是可惜，那放弃后十几年是不是可悲呢？我曾经有过这样的感悟：孔子云"三十而立"，那个年代人的平均年龄50岁吧？乘上一个0.618，不就30岁？今天，中国人的平均寿命都到了72岁，按照黄金分割比，当年的"三十而立"，是应该改为"四十五而立"的呀？如果能改的话，正当"而立之年"就放弃业务，作为教师的生命价值是不是划算呢，作为教师又是不是合格呢？况且，教学业务用十几年就能把水平提到高位？就能达到一个专业化教师的职业愿景？即使混到了一个中学高级教师的职称，专业化发展的内涵就一定具备了？实践中，我也常与教师们谈及课程开发的问题。许多人讲，能把眼下的课教好就不错了，谁还开发得到校本课程和师本课程？可是，教师的专业化发展，就是要求教师能开发得出课程，不仅知道这课程的知识结构，而且还必须知道确立这课程知识的理论原因！因为，一个"教师"本就是一门"课程"。如果一个教师不知道教育学，不知道心理学，不知道逻辑学，不懂得课程论，他能说自己达成了专业化？

多少年来，课堂教学几乎就是教师一个人的表演，也就是"一支粉笔一张口，围着讲台两头走"。就是在抗疫期间，也是"对着视频张张口，偶尔起身走一走"，这样的教学技能是受学生欢迎的？是教师专业化发展所期待的？肯定不是。记得一位中学化学教师，课堂上演示电解水，什么设施都准备了，就是不知道要带电池做电源，结果课堂上实验失败，怎么也找不出原因。这样的专业教学技能是不是熟练呢？现今，合作学习、探究性学习早已是国家提倡的教学技能；信息技术、网络辅助教学早已成为教学技能的重要组成，可是，许许多多骨干教师却不会甚至不愿使用讨论式教学，不会甚至不愿引导学生开展社会调查和研究性学习，不能使用计算机备课，不能使用多媒体进行教学，不知道电子白板为何物，不知道视频教研怎么开展，这是不是达到了教师专业化的标准？

教师作为专业技术人员，其中非常重要的一点，就是能恰当应对不确定的教学情境，利用各种专业知识，完成教育引导，达成教学目标。课堂教学，不确定的因素很多，尤其是一门专业课程需要走进生活，走近学生的心灵；尤其是善于发现、开发与利用生成性资源，扩大教学效果。

一位家长向老师求援，他不知道怎样辅导不会做作业的孩子，每次他也辅导，可是总觉得效果不好。那天，老师来到他家，观察他怎样辅导伢。

儿子放学回来了，没有发现老师，自己开始写作业。

"爸爸，这道题怎么做啊？"

听到儿子的发问，爸爸习惯性地又皱起了眉头，这小家伙，一遇到问题就向父母求救，一点都不知道自己思考。看着儿子拿来的题目，爸爸的眉头皱得更深了，这样的题目对于儿子来说根本不难，只要稍微动动脑，思考一下，答案就会出来。可是，儿子就是不干。

他没办法，只好把自己的思路告诉了儿子。

老师笑了，从"幕后"走向了"前台"。

"老师？"

"是的，我听你爸说，你爱学习，特来看看你。"老师一边笑着解除了孩子的疑问，一边接过孩子的书，"啊，这道题，你其实会做的，只要自己好好读一读题目，然后思考一下，我想你一定会解答，而且还不会用刚才爸爸告诉你的思路，是吧？"

孩子点着头回到桌前，先拿起课本，把题目读了一遍，没有答案；又读了一遍，歪着头，苦苦思索了一阵子，再读一遍，可是依然没有答案。

这时，老师走到孩子身边。孩子看到老师过来了，以为他一定会告诉自己答案了，然而老师没有这样做，而是拿过笔和纸，与孩子一道，把题目中所列出的条件都整整齐齐地写在纸上，再引导孩子观察，现在题目要"求出什么"呢？孩子紧紧地盯着那张纸。慢慢地，他从纸上看出了答案，果然，不一会儿就按着自己的思路写了出来……

"怎么样，我说你能行吧？看，这思路，比你爸爸的还好。"

孩子甜蜜地笑了，兴奋得脸通红。

家长感动了："老师，您真比我行啊。难怪那么多孩子都服您哟。"

是什么让家长服了老师？

是教师能自如适应教育场景并适度开发的能力；是教师面对学生和家长这两个不确定的教育因素，利用同一道题为契机，既教育了学生，又培训了家长，是教师的教育智慧。

这就是教师不同于一般人的专业化水平显现。

教师是一种以生命传递生命的职业。然而，生命是在不断成长进步的，那么教师就必须在教学实践活动中，不断产生自我专业发展的需要。这不仅是因为课程在不断改革，时代在不断进步，融进课程的内容越来越多；还因为，随着社会的不断发展，教育理念也在发生深刻的变化。

我在众多的教育叙事里，采摘到这样一个故事，主人翁是一位善于思索的老师，不同的是故事中的"我"，可是那个"我"，不是我的这个"我"。

…………

"我力求每一节语文课都能像平常的任何一天那样平常，然而，这天，却让我久久不能平静……

"上课铃响了，我拿着课本走进了教室。

"在师生相互问好后，我导入新课并板书了课题，这篇课文的题目是《尊严》，是篇教育性很强的文章。讲的是美国石油大王哈默年轻时的一个故事……那是一个寒冷的冬天，在逃难的路上，他饥寒难忍，但是，他依然拒绝了送到面前的食物，理由是他不能白吃人家的东西，只能在帮忙干完活以后，才享受这份食物。后来，他被留在杰克逊家干活，成了庄园里的一把好手……故事就是为了让学生从中受到教育，树立起自尊、自强、自立的品质。

"这节课学生状态很好，个个聚精会神，从他们的眼神中可以看出，他们被主人公自尊的精神品质深深地打动了。快下课时，我习惯地问了一句：'同学们还有问题吗？'

"说完，我环视四周，没有一个学生举手，我又问了一遍：'真的没有问题了？'这时，墙角里一只小手犹豫着举了起来。我立即面带微笑：'晨晨，你有什么问题？说说看。'

"'老师，"尊严"是什么啊？我不懂。'

"'啊？我都讲了一节课了，还不晓得"尊严"是什么？没听讲啊，你？'

"周围的同学也都投去了异样的目光，好像在看一个怪物，我还听见了几句轻声的指责。

"我示意大家安静，并请他接着往下说。

"'老师，哈默有尊严吗？'

"'当然！'我坚定地说。

"'为什么说他有尊严？不吃饭就是有尊严？'他将了我一军。

"我连忙解释说：'哈默不想白吃别人的饭，而是要通过劳动换来这一顿饭。所以，我们说他是有尊严的。'

"'哦'，他若有所悟，'我要是杰克逊就不让他干活，看他怎么办！'教室里一阵大笑，我也笑了。'他怎么会有这样的思考？'笑了后，一个问题在我心头涌起。

"大概是看我笑了的原因吧，他更加大胆了，说道，'尊严'，'尊严'能当饭吃吗？

"'嘿，还真来劲了，给了一点阳光你还真灿烂，给了你一丝风，你还就真龙卷！'我的语气有些严厉。

"可他并没有让步的意思，我做出了个让他'继续'的手势。

"'我在电视上看到过有人饿死也不吃别人施舍的饭，我也看见过有的人为了能生存，对那些有钱人低头哈腰……他们就只是为了能活下去！说实话，我并没有对不吃饭的人产生太多的敬佩，不吃饭的就有尊严，吃了饭的人就没尊

严了吗？他们换来尊严的代价是什么？是饿死！'

"'老师，我从电视上也知道一件事，一个在深圳打工的大学生，向韩国老板下了跪。因为那老板不给他工钱。为了尊严，可以不要钱。但他出来打工就是为了钱啊。如果拿不到这救命的钱，那后果是……'班里的一个小男孩突然站起来说。

"'老师，虽然我很佩服哈默，但我认为现在不能把尊严看得太重，最重要的是生存，有时候，生存就需要你委曲求全。你只有生存下去，才有可能挽回丢失的尊严。'一个女生小心翼翼地说。

"'没有了生命，一切都无从谈起！'不知道谁又喊了一句。

"'没有尊严地活着，那人生还有什么意义？'终于出现了另一种声音，那是对我的支持，还有不少人附和着。

…………

"此刻，班里已经开起了没有组织的自由辩论会，学生不由自主地形成了两个团体，个个瞪着大眼睛，好像真理就在自己的手中。

"学生的话让我震惊。是啊，现实生活中的确有些人把拍马溜须，曲意逢迎当作'把根留住'的法宝，难道要生存就必须以丢失尊严、降低人格、压抑个性为代价吗？听了学生的话，我仿佛发现了什么：我不愿为活着而活着，但我又不是不食人间烟火的圣人，不是有一句歌词叫'生活的压力和生命的尊严到底哪个更重要'么？举目四望，一群群民工被厂方克扣工资，食不果腹；深圳的一群打工仔为了讨要工资，纷纷跪倒在老板的脚下……当所有的人都在寻找那个不跪的人时，我却沉痛地将眼光放到了那些下跪的人身上。难道他们就不懂得人的尊严吗？还是说没有找到比不下跪更好的方法？这不可解释的一切，又蕴含着多少难以诉说的辛酸以及无奈的猝不及防，蕴含着多少沧桑世事中永恒的感伤和无垠的苍凉啊……我们的老师何尝又不是如此，有没有人就是在'跪着教书'？

"学生是最贫穷的富翁，最无知的智者，也是最无忌的哲人。也许他们在童言无忌的率真里一语道破了天机；也许在乳臭未干的稚气中，还看不清人生百态、世态炎凉；也许他们现在还不知道'朱门酒肉臭，路有冻死骨'的无奈，还不能体会'宁为玉碎，不为瓦全'的气节。但我相信，学生总会一天天长大，一天天成熟。我们没有限制学生思维的权利，我们也限制不了。这些孩子很明显接受了当代社会的各种信息，受到了不同导向舆论的熏陶。从总体上看，社会进步的大方向永远是好的，可是，细节呢？精神领域呢？历史上一直提倡'不吃嗟来之食'，这是多少人为之践行的骨气，而现在竟成了更多人嘲笑的内容。站在我个人的角度，真是很痛心。

"我们的孩子，比之我们的儿时真的幸福很多，聪明很多，可是也现实很多啊。

"怎样在'尊严'与'饿死'中做出一个选择？他们毕竟是孩子，他们需要我们正确的引导，可我就一定能引导他们，而且是正确的吗？

"我带着几分思索走出教室，我想，今天的生命、我的职业所传递的生命，或许暂时还不会对尊严、对人生给出正确的选择，但是，在无数的社会实践里，他们一定会产生更加深刻和清醒的认识……"

从这个故事里，我们是否发现，教师的专业化需要不断提升？教师需要不断从各种社会实践里吸收营养来丰富自己？

发展的内涵里，潜含着一个"增量"，你如何就知道专业化发展了？显然这里有一个第三方的评价，也就是说，教师的专业化，必须接受专业机构对教学质量和自我发展的监控。这方面，教师们太熟悉了。只不过，眼下这种监控又多出了一种，那就是教师的自我督导，并可以通过网络来实施。

教师专业自身的成熟度，是衡量教师专业化发展的又一个重要指标。它是指专业知识的成熟度。这里的"知识"，要从广义上去理解，也即教师应该具有正确且先进的教育理念，正确解读教师职业，同时将与时俱进的教育意识不断内化，否则就不能称为一名现代意义上的教师。什么是教育意识？就是有计划、有目的、有系统地影响青少年成长的意识。教育的成败优劣对一个人的成长特别重要，从现实看，社会高层的大多数人都受过良好的教育，而身处社会底层的人，接受的教育要么不健全，要么根本就没有接受过基本的教育。所以，教师在教育中不仅要自觉形成职业责任感和使命感，趋利避害，而且还必须以此来影响学生，影响家长乃至社会环境。

是教师，还必须牢固树立自己的课程意识，这是教育的核心所在。我们教什么？用当下时髦的话来说，叫"我拿什么来拯救孩子你啊"？这就是课程意识。教师不仅需要知道教什么，还要知道为什么教，教谁，怎样去教。他们应该具有根据社会发展需要、学科发展需要和学生个人发展需要来筛选知识，过滤信息的能力；具有将国家教育政策、教学大纲、教材、学科知识体系，经过教师的工作，转化为引领学生身心成长的服务意识。

当今，教育界有一句，叫作"以人为本"。这就是说，我们的教师还必须具有学生意识。教育的出发点是什么？是促进学生的发展，是促进每一个学生的发展。那么，我们的教育活动，是不是面向了全体学生，面向了学生学习的全过程？是否引导了全体学生在全过程中全身心地参与了学习呢？从这一角度看，应试场景里的教师们，有太多太多需要矫正的地方。因为，应试型教师虽然表面上关注的是人，其实骨子里看重的是"知识点"的积累与"考试分数"的增加，是一种必定要被摒弃的仿生教育。

同时，教师还应该建立服务意识与发展意识。教育本身就是一种义务而不是一种权利，更不是一种恩赐，是根据学习者的需要、满足学习者的要求，而不是根据自己的需要或好恶来要求学生甚至强迫学生学习。这是文明社会的基本需要，也是生命教育的真谛。然而，具有这种常识的教师，就必须从"天地君亲师"的五神坛上走下来，放下架子，让自己的人格与学生对等。要在教育中体现服务意识，还需要不断学习、不断充实新思想、新知识，发展新能力，这不仅是提高教育质量的需要，也是教育自我，提高自身的需要，还是获得自身幸福的需要。

有幸福的教师才有幸福的学生。

有幸福的学生才能创建幸福的社会。

教师应该首先成为终身学习者。

教师群体应该首先成为学习型组织。

教师专业知识的另一个重要方面是关于教学的知识，即关于顺利完成教学任务的知识和技能。这是教育学、教学法的专门知识，它自然要涉及与教育教学相关的法律、心理、社会、伦理、组织管理、现代信息技术等知识领域。特别是关于教育对象的知识，即了解教育对象成长的特点、动机、需要、个性差异的知识；关于教学内容和方法的组织和管理的知识；关于教育效果的知识，即运用教育评价手段，以获得教育效果，以及根据反馈的结果调整教学行为的知识；关于教育手段的知识，特别是运用现代信息手段提高教学效率、培养学生信息能力的知识等。反思这一知识系统，我们不难发现，这就是在教育蓝海里竞争的武器与法宝，也是在红海里挣扎的教师所不具备的综合素质。

教师的专业化发展，其内在的推力是教师的专业精神。

专业精神的强弱，反映了一个教师的专业成熟程度，是衡量其社会心理和伦理水平的标准，也是制度要求在其心里内化的结果。众所周知，救死扶伤是医生的专业精神，不做假账是会计的专业精神，实事求是律师的专业精神，那么教师的专业精神是什么？笔者以为就是心甘情愿并正确引领所有学生一起健康成长的奉献精神。

如果套用一句摩登话，一个教师，没有最好，只有更好。一个教师，不是心甘情愿并正确引领了一届或几届学生一起健康成长，而是只要他站在教师的岗位上，就要始终不渝地践行这种引领。

所以，教师的专业化发展，是永无止境的。

提升中学教师核心素养和能力的校本化策略研究

武汉市第十二初级中学　饶　承　夏　丹

基于核心素养研究的热潮，有必要结合学术界的新理论，对一线教师核心素养和能力进行界定和思考，并思考培养和落实核心素养的策略。以林崇德教授领衔的核心素养研究课题组为主力，发表了一系列有关核心素养的研究成果，并确定了我国学生发展核心素养的总体框架与基本内涵。随着我国学生发展核心素养的确定，我国有关核心素养的研究也进入了一个新的阶段，即由"什么是核心素养"的研究阶段过渡到了"如何培养与落实核心素养"的研究阶段。北师大中国教育创新研究院于2018年3月发布的《21世纪核心素养5C模型研究报告》从一级维度厘定了文化理解与传承、审辩思维、创新、沟通、合作五大素养，从二级维度厘清了文化理解、文化认同等十六个要素。此模型凝聚着中国的教育智慧，也为教师核心素养模型的构建提具了中国方案，打下了中国根基。当2022年新课标颁布后，核心素养体系的建构、核心素养能力的培养更是成为基础教育的热点话题和研究重点。

基于党的教育方针及我国国情，有必要把教师打造成先进文化的传播者、党执政的坚定拥护者、学生健康成长的指导者。习近平总书记对教师发展十分重视，提出"四有"好老师和"四个引路人"的概念，党的十九大报告中也明确强调要"加强师德师风建设，培养高素质教师队伍，倡导全社会尊师重教"，习近平总书记强调"教师是立教之本、兴教之源"，从爱国情怀、理想信念、道德情操、仁爱之心、扎实学识、改革创新等方面提出对教师队伍建设的新要求。教育部2022年推出的《新时代基础教育强师计划》，旨在以高质量为指引，夯实教师队伍建设教育工作。发展核心素养从国家文件到理论到行动全面铺开，都对新时代教师提出了更清晰的标准和要求。虽然我国对教师核心素养暂时还未统一定义，但出发点和落脚点已回归教育本质和学生本体，核心要义也放在了学习成长力、数字化生存能力和反思创新素养等上面。从最初的基本素质到教师职业素养，再到现在的教师核心素养，教师专业发展的价值内涵得以凝练升华，日趋丰富。

基于加快教师教育课程改革之步伐，扎实造就一批"四有"好老师的社会需要。从核心素养的理论框架建构到教育实践，在核心素养理论框架与指标体系建立后，要想真正将其落实到学校教育中，教师的转化作用是不可忽视的。特别是在"双减"背景下，杜绝蛮力提升学业质量，强调教师的教学设计和组织的能力，教师的专业素养将是决定减负增效的根本保障。同时，教师是教学的具体实施者，在学生核心素养的发展过程中扮演着重要角色。教师作为推进课程改革和深化立德树人的核心角色，其自身核心素养的培育直接影响和决定着学生核心素养的培育，制约着我国基础教育课程。

基于区域推进"新优质学校"建设的需要。我校是武汉市江汉区一所老牌优质公办初中，在区域校中，办学质量属于前段。在现阶段，我校学科教师呈现高学历、年轻化的趋势，我们希望能抓住机会、主动求变，以校本教研为载体，借助先进的教学理念提升教师的核心素养和能力，构建促进教师专业发展的有效机制，帮助教师既能实现自身发展，又为学生的长远发展提供条件和保障。

教师教学能力的提升根植于教育实践活动，校本培训是帮助教师建设核心素养和能力形成的关键路径。我校教科室曾经针对我校77名初中教师的教学素养和发展需求进行调查，对学校课堂教学和教学质量进行归纳，对部分教师的教学案例及科研成果分析发现：教师的实际教学行为与其认知水平存在一定差距，5年以下教龄新任教师的核心素养较高，但专业能力发展亟须重视，教龄达到15年之后教师专业发展出现明显的高原期，教师专业发展到此阶段出现停滞甚至倒退现象，越来越多教师对培训进修内容和教学教研方式具有明确的需求指向性。这些结果表明，需要稳步推进教师核心素养和能力建设，多途径引导新任教师专业能力成长，协助资深教师跨越专业发展高原期。

一、通过调查研究，明晰了我校"教师核心素养和能力"现状及存在的问题

（一）我校教师核心素养和能力的现状调查

现状：2018年通过问卷对我校77名教师进行调查，有效问卷中教师核心素养和能力相关调查问卷部分数据进行整理和分析，分别计算所有样本在知识素养、教研能力、师德师风、基本素养四个教师核心素养和能力方面的情况，得出被调查对象教师核心素养的情况，具体数据如下。

1. 知识素养方面的情况

对"我掌握了扎实的教育学、心理学等教育理论知识"进行调查，结果显示12%的被调查教师选择了非常符合；50.5%的被调查教师选择了比较符合；37.5%的教师选择了其他选项。这表明超过70%的教师较好地掌握了教育学、心理学等教育理论知识，即大部分教师在该方面的素养水平较高。具体情况如图1所示。

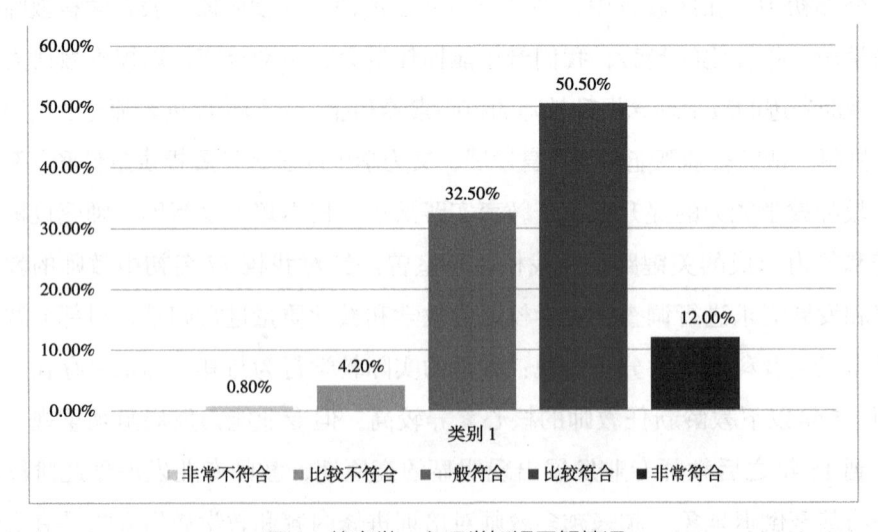

图1　教育学、心理学知识了解情况

对"我非常了解与教育相关的政策和法规"进行调查,结果显示 15% 的被调查教师选择了非常符合;45.6% 的被调查教师选择了比较符合;39.4% 的教师选择了其他选项。这表明近 40% 的教师没有较好地掌握教育相关的政策和法规知识,即近五分之二的教师在该方面的素养水平有待提高。具体情况如图 2 所示。

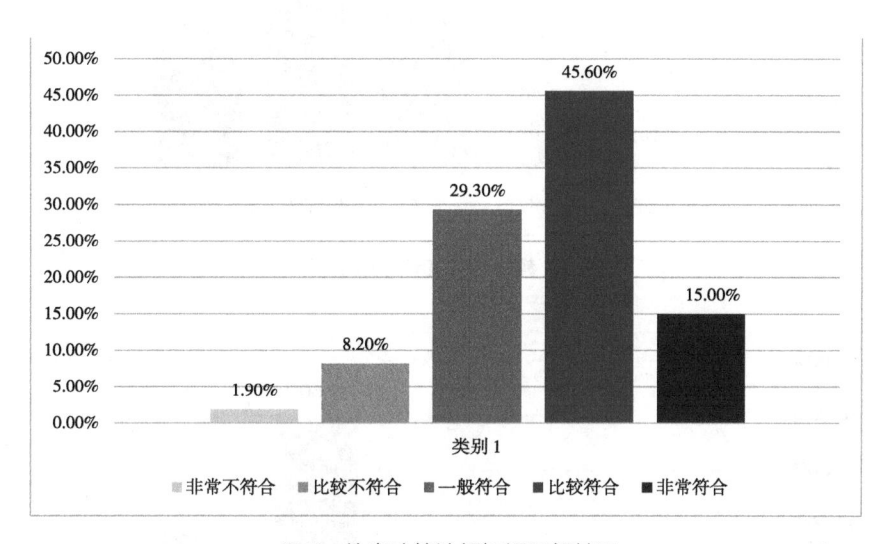

图 2　教育政策法规知识了解情况

对"我掌握了教学设计、教学实施、教学评价等与教学全过程相关的教学知识"进行调查,结果显示 18.2% 的被调查教师选择了非常符合;48.1% 的被调查教师选择了比较符合;33.7% 的教师选择了其他选项。这表明超过 65% 的教师较好地掌握了与教学全过程相关的教学知识,即大部分教师在该方面的素养水平较高。具体情况如图 3 所示。

对"我对自己所教学科的内容掌握得很全面、很扎实"进行调查,结果显示,22.1% 的被调查教师选择了非常符合;49.6% 的被调查教师选择了比较符合;28.3% 的教师选择了其他选项。这表明超过 70% 的教师较好地掌握了自己所教学科的知识,即大部分教师在该方面的素养水平较高。具体情况如图 4 所示。

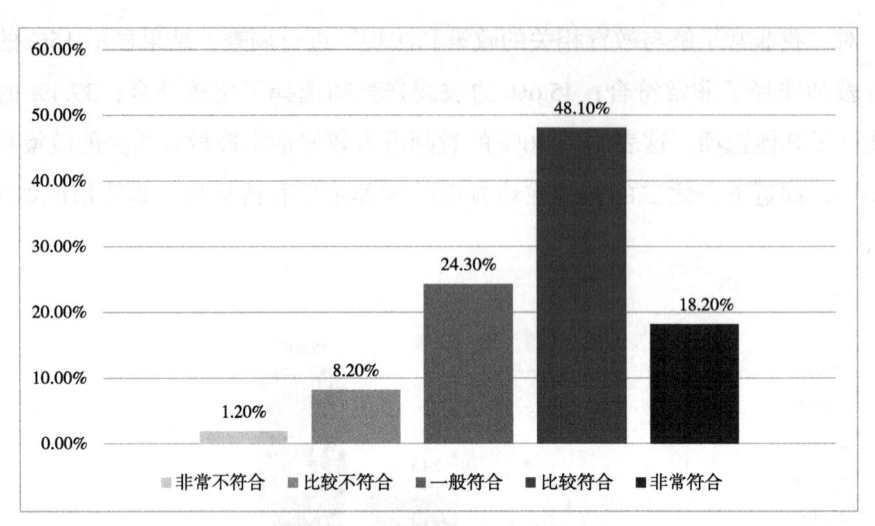

图 3 教学相关知识了解情况

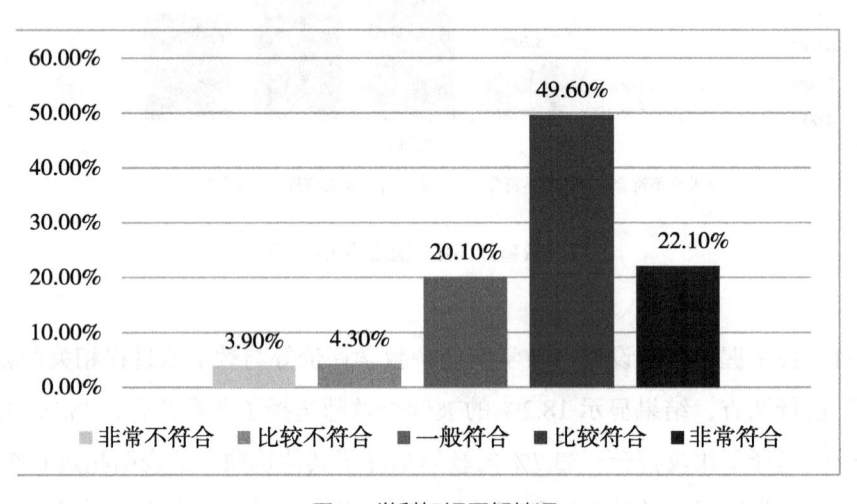

图 4 学科知识了解情况

对"我掌握了学生成长和学习规律的知识"进行调查，结果显示，14%的被调查教师选择了非常符合；44.1%的被调查教师选择了比较符合；41.6%的教师选择了其他选项。这表明近50%的教师没有较好地掌握学生成长和学习规律的知识，即有近一半的教师在该方面的素养水平有待提高。具体情况如图5所示。

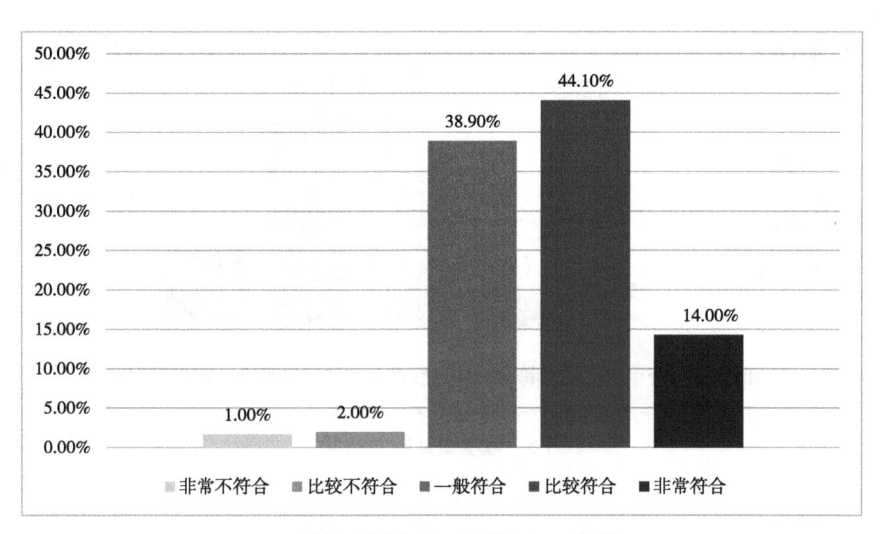

提升中学教师核心素养和能力的校本化策略研究

图5 学生成长和学习规律知识了解情况

以上数据结果表明，我校教师整体上较好地掌握了教育理论知识（教育学、心理学）、与教学相关的知识和学科知识，但部分教师教育政策法规方面的知识、学生成长和学习规律方面的知识掌握得不够。

2. 教研能力方面的情况

对"在备课时我会对教学的内容进行全面的思考和周密的安排"进行调查，结果显示15.6%的被调查教师选择了非常符合；40.1%的被调查教师选择了比较符合；44.3%的教师选择了其他选项。这表明近45%的教师没有较好的教学设计能力，即近一半教师在该方面的素养水平有待提高。具体情况如图6所示。

对"我的课堂总是非常顺利、高效、活跃"进行调查，结果显示16%的被调查教师选择了非常符合；40.1%的被调查教师选择了比较符合；43.9%的教师选择了其他选项。这表明有近50%的教师没有较好的教学实施能力，即有一半的教师在该方面的素养水平有待提高。具体情况如图7所示。

对"在工作中遇到问题我会积极探索，努力寻求解决问题的方法"进行调查，结果显示37.7%的被调查教师选择了非常符合；49.4%的被调查教师选择了比较符合；12.9%的教师选择了其他选项。这表明超过85%的教师有较好的教学探索能力，即大部分教师在该方面的素养水平较高。具体情况如图8所示。

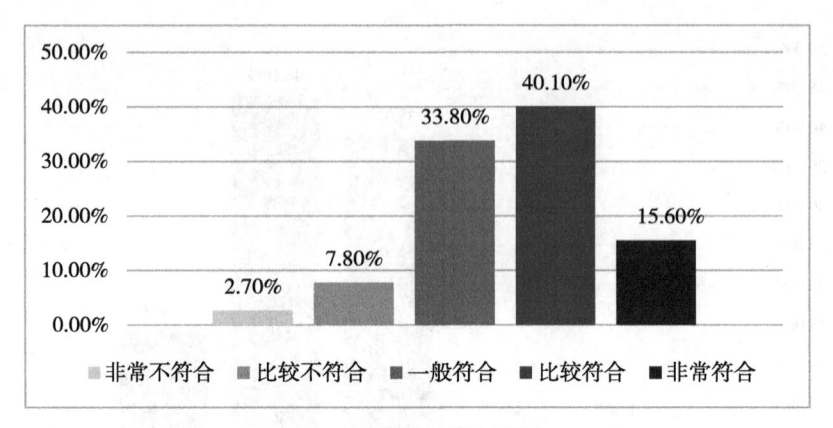

图 6　教学设计能力情况

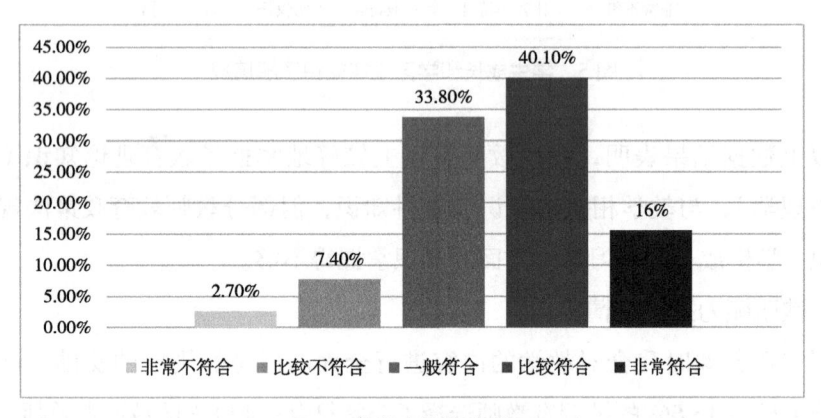

图 7　教学实施能力情况

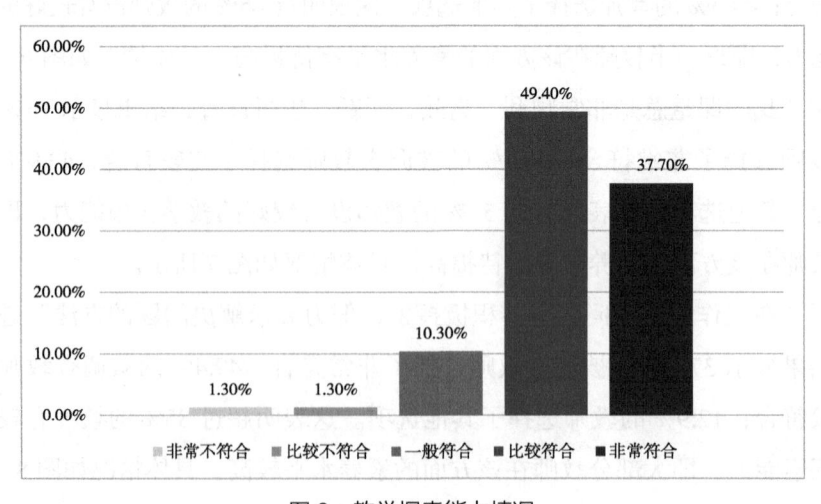

图 8　教学探索能力情况

对"我能轻松地运用现代教育技术辅助教学"进行调查,结果显示 14.3% 的被调查教师选择了非常符合;50.6% 的被调查教师选择了比较符合;35.1% 的教师选择了其他选项。这表明近 65% 的教师有较好的现代教育技术运用能力,即大部分教师在该方面的素养水平较高。具体情况如图 9 所示。

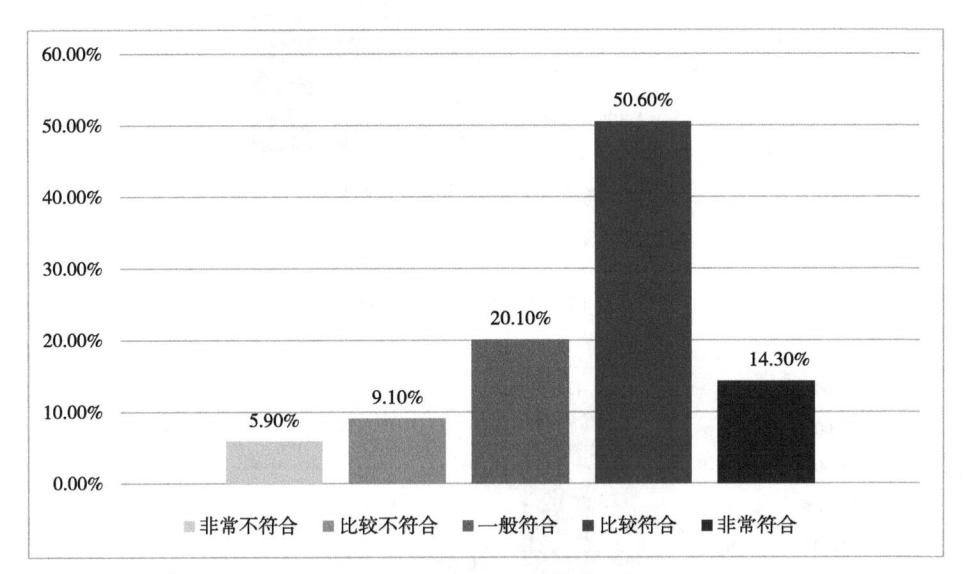

图 9 现代教育技术运用能力情况

对"我在工作中遇到问题时,经常和同事、领导、家长或学生进行沟通合作"进行调查,结果显示 26% 的被调查教师选择了非常符合;49.4% 的被调查教师选择了比较符合;24.6% 的教师选择了其他选项。这表明超过 75% 的教师有较好的沟通合作能力,即大部分教师在该方面的素养水平较高。具体情况如图 10 所示。

对"我从不关注教育教学领域的科研动态"进行调查,结果显示 24.7% 的被调查教师选择了非常不符合;42.6% 的被调查教师选择了比较不符合;32.7% 的教师选择了其他选项。这表明超过 65% 的教师有较好的教育教学科研关注意识,即大部分教师在该方面的素养水平较高。具体情况如图 11 所示。

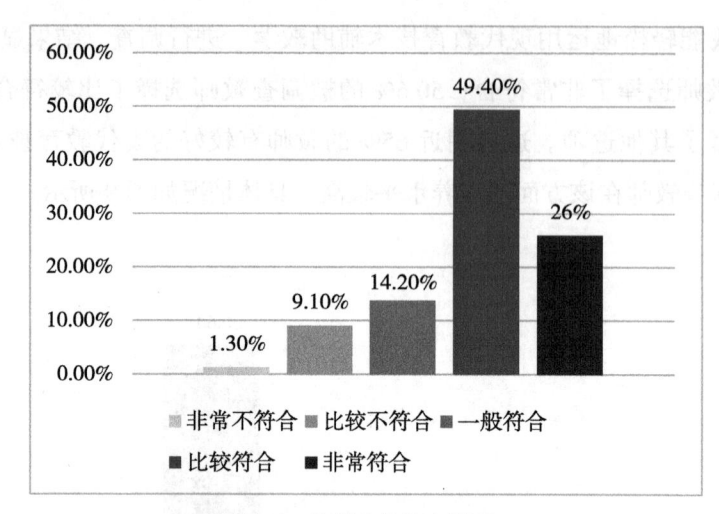

图 10 沟通合作能力情况

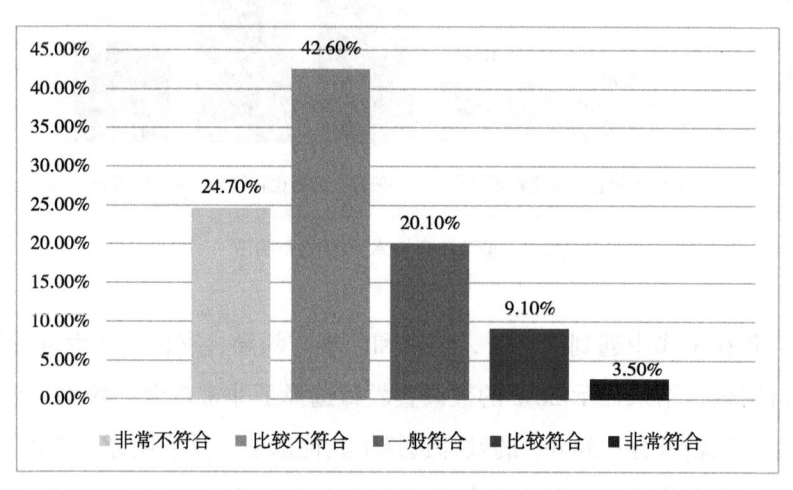

图 11 教育教学领域的科研关注情况

以上数据结果表明，我校大部分教师的教学探索能力、教育信息技术运用能力、沟通合作能力以及学生心理辅导能力总体较强，但部分教师的教学设计能力、教学实施能力和教育研究能力有待提高。

3. 师德师风方面的情况

对"我不以学业成绩作为评价学生的唯一标准，关注学生的个性发展"进行调查，结果显示 20.1% 的被调查教师选择了非常符合；54.6% 的被调查教师选择了比较符合；25.3%的教师选择了其他选项。这表明超过70%的教师能较好地理解学生，即大部分教师在该方面的素养水平较高。具体情况如图12所示。

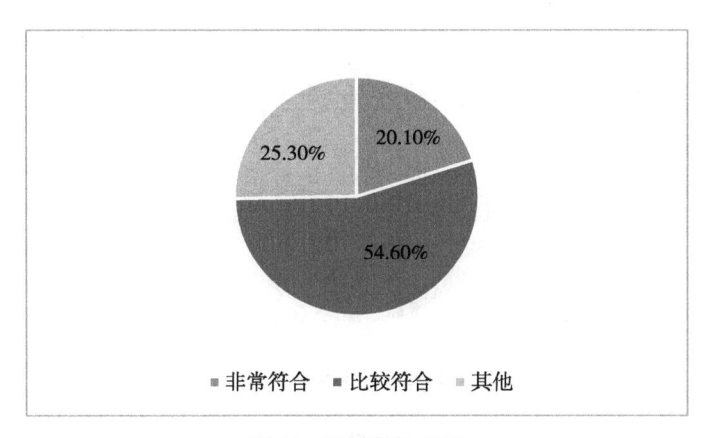

图12 理解学生情况

对"我对所有学生一视同仁，不存在偏见，持有公平公正的态度"进行调查，结果显示33.8%的被调查教师选择了非常符合；54.5%的被调查教师选择了比较符合；11.7%的教师选择了其他选项。这表明近乎90%的教师能保持公平公正的态度，即大部分教师在该方面的素养水平较高。具体情况如图13所示。

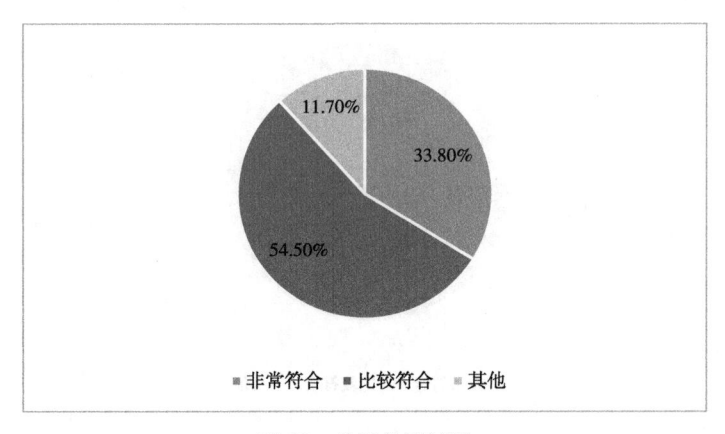

图13 公平公正情况

对"我热爱教育事业，愿意为其奉献自己的精力和时间"进行调查，结果显22.1%的被调查教师选择了非常符合；53.2%的被调查教师选择了比较符合；

24.7% 的教师选择了其他选项。这表明超过 75% 的教师热爱教育,即大部分教师在该方面的素养水平较高。具体情况如图 14 所示。

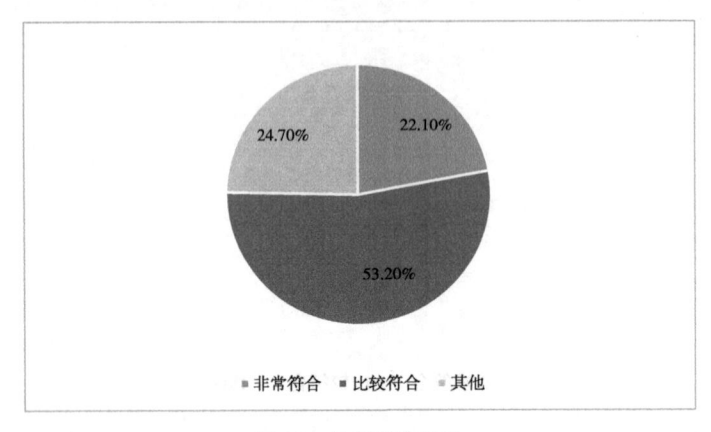

图 14 热爱教育情况

对"我认为培养学生核心素养,服务学生全面发展是教师的使命"进行调查,结果显示 39% 的被调查教师选择了非常符合;46.8% 的被调查教师选择了比较符合;14.2% 的教师选择了其他选项。这表明超过 85% 的教师有较强的使命意识,即大部分教师在该方面的素养水平较高。具体情况如图 15 所示。

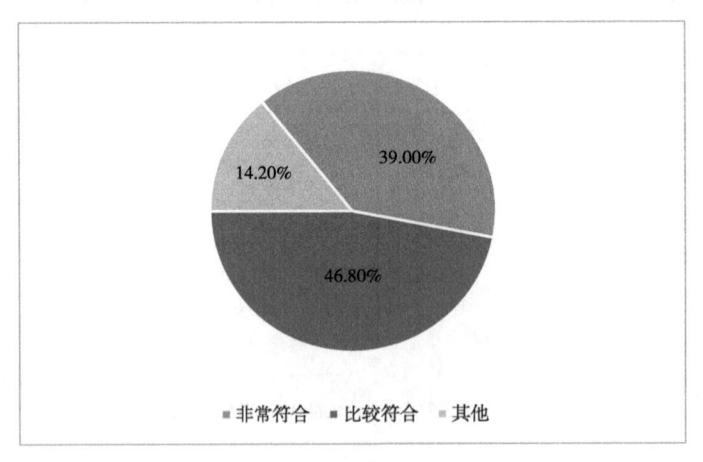

图 15 使命意识情况

以上数据结果表明,我校教师整体师德师风状况良好,尤其是在公平公平、诚实守信、热爱教育和使命意识等方面。相对而言,存在部分教师在积极关注学生方面的素养有待提高。

综上所述，我校教师的专业素养情况总体良好，尤其是师德师风方面绝大部分教师表现较好，但也有一些素养部分教师需要提高。知识素养中教育政策法规方面的知识、学生成长和学习规律方面的知识；教研能力中的教学设计能力、教学实施能力和教育研究能力有待提高；师德情感中，在积极关注学生方面还有一定的提升空间。

4. 基本素养方面的情况

终身学习方面的情况，对"我认为人应该活到老学到老，学习无处不在、无时不在"进行调查，结果显示 50.6% 的被调查教师选择了非常符合；37.7% 的被调查教师选择了比较符合；11.7% 的教师选择了其他选项。这表明超过 85% 的教师有较强的终身学习意识，即大部分教师在该方面的素养水平较高。具体情况如图 16 所示。

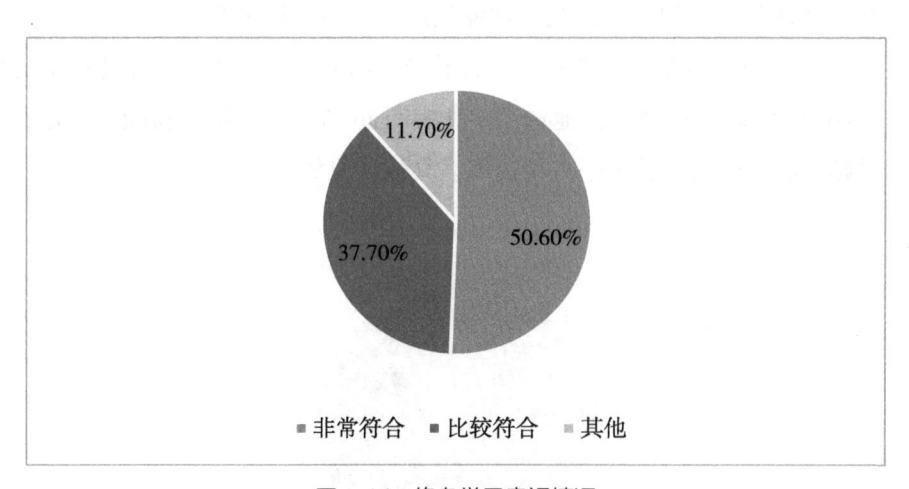

图 1-16 终身学习意识情况

对"我经常反思实践经历，总结心得体会和经验教训"进行调查，结果显示 19.5% 的被调查教师选择了非常符合；49.4% 的被调查教师选择了比较符合；31.1% 的教师选择了其他选项。这表明近 30% 的教师反思能力不足，即部分教师在该方面的素养水平有待提高。具体情况如图 17 所示。

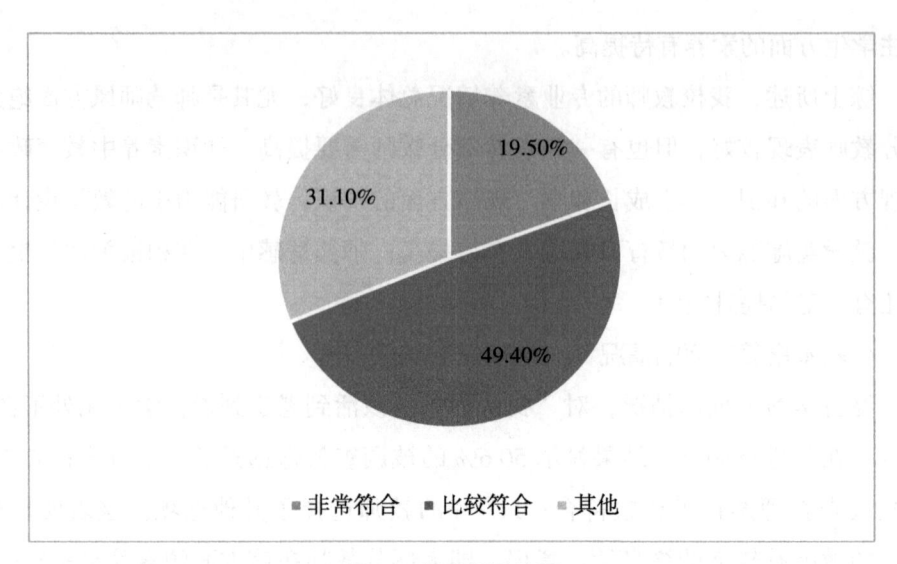

图 17 勤于反思情况

对"在遇到实际问题时,我经常能创造出新的方法来解决"进行调查,结果显示 11.7% 的被调查教师选择了非常符合;41.6% 的被调查教师选择了比较符合;46.7% 的教师选择了其他选项。这表明近 50% 的教师创新能力不足,即部分教师在该方面的素养水平有待提高。具体情况如图 18 所示。

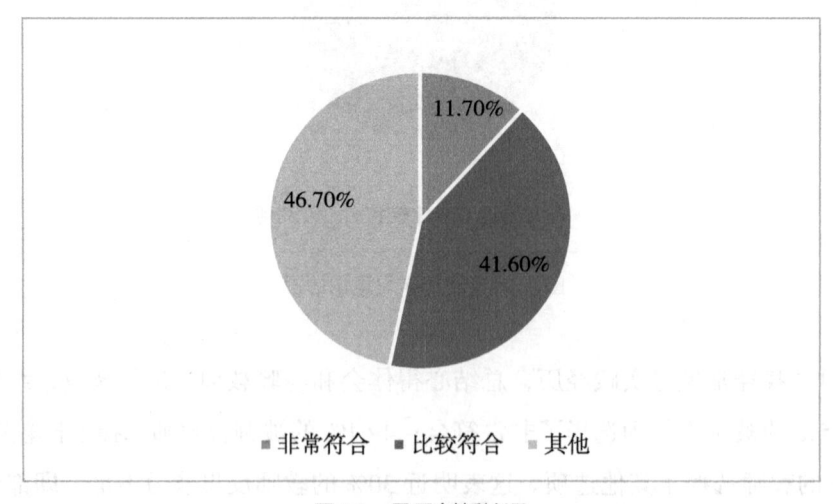

图 18 勇于创新情况

以上数据结果表明，我校教师整体实践创新素养水平一般，特别在问题解决、勤于反思和勇于创新三方面都有部分教师的素养水平有待提升，尤其是勇于创新方面。

（二）存在的问题及归因

1.学校对校本教研工作重视程度不足

（1）学校基于升学率等压力，忽视了教师的能力增长需求。

基于应试的压力，学校前期抓教师能力建设的工作往往是局限于抓"备课、听课、评课"以及种种考试的质量分析，校本教研主要是事务性的任务布置，缺乏专业引领，脱离教师的实际需求，使校本教研对教师专业能力和素养的促进作用不明显。

（2）校本培训忽略教师所需，被动依靠上层意志安排。

我们努力落实上级主管部门下达的教师研训任务，也积极促成老师外出学习研修的机会，但是基于学校的校本教研严重不足。主要表现在：①校本教研缺乏明确的规划和目标。即使有计划，也没有从教师的专业发展角度来规划。从我们的专题调查问卷统计，63.5%的教师认为所在的教研组教研无目标或目标不明确。对教研活动的实效性有76.3%的教师认为一般或需要提高，说明还有相当一部分的教研组备课组的教研活动是流于形式。②校本教研的内容缺乏专题性和连续性。每一学期教研活动的重点几乎都是围绕备课和上课等进行，这学期抓如何备课，下学期又改为抓"如何打造高效课堂"，而备课这一主题教研，仅进行了一次研讨活动、一次教案设计竞赛，至于如何抓备课、从哪些方面入手、抓到什么程度、如何验收，都没有详细的实施步骤，使校本教研活动似蜻蜓点水未能及其实质。③校本教研形式单一。校本教研的形式主要是听课、说课和评课，而围绕问题、设计、实践、反思的活动形式较少。

2.教师本人的定位和能力素养不足

（1）教师对自身职业的认同感存在偏差。

①认同教师就是知识的传递者。

在这些教师看来，教师拥有知识，教学的过程就是进行知识转移的过程，学习便是拥有、复制和存储。正是由于这一点，才致使教师理解教学趋向于简单。

②认同教师就是学生的管理者。

某些教师，甚至是优秀教师认为在上课的时候，学生需要安静、整齐，不应该出现混乱、嘈杂的现象，所有一切都离不开教师的安排，依据教师的意愿进行。同时，在对学生进行评价的时候，将"学习好"和"纪律好"作为标准实施。

③认同教师就是问题答案的判定者。

在有些教师看来，标准答案是圣旨，是不能随意更改的，假如没有标准答案，学生便难以将知识掌握，教师也无法评价学生。基于这种想法，教师将学生的诸多有独到见解的答案给否决了，即使是自主学习、合作探究，也没有让学生进行发现，而是依据教师事先的预设，进行结论的探究。

（2）教师在教学过程中教育观念落后。

在大力强调加强素质教育的今天，不少教师依然为了在应试教育中中规中矩，从而在教学过程中，放弃探索新思路、新做法，拒绝和新的教育态度接轨，固执地认为只要坚持教学大纲不偏离，就一定是对学生好的教学。

同时，经过调查研究发现，刚刚走上工作岗位的教师觉得教育理论有下列作用：一方面是树立自己的教育理念，另一方面是对教育方法和原理有帮助作用。然而，随着教书时间的增长，在面对具体问题时，教师越来越觉得理论缺乏实战性。甚至，还有不少教师完全忽视教育理论的持续学习，只是对实际运用给予关注；在进行课堂实践时，一些教师也只是对某种模式的复制，却不努力探究其后蕴含的道理。

（3）教师专业素养未与时俱进。

随着新课程改革的不断深入和现代教育观念的不断进步，对教师专业化发展提出了更高的要求。在访谈中，85%的教师使用过多媒体进行教学。而其中有超过三分之二的教师表示，只需简单地使用PPT播放和白板展示，如果要进行更深一步的课堂互动或者是基于大概念、大单元背景下的教学设计，则表现出茫然无助的状态。

（4）教师对教学的研究水平偏低。

中学教师需要在教学的过程中，通过不断反思自己的教学方法，结合新课标的要求，考虑学生的实际情况，调整自己的教学方式，才能让教学效果达到最好。但是，部分教师，尤其是教龄较长的教师，凭借多年来教学形成的套路，拒绝根据实际情况进行调整。这样一来不仅仅阻碍了学生自主探索学习的道路，同时也会"以一带百"地导致教师整个群体对教学研究兴趣缺失，降低教师对教学研究的积极性。

（5）教师对职后业务提升缺乏有效动力。

从调查中可以发现，教师们局限于把手头上的工作按时按量完成为他们一直追求的"目标"，很少有教师会主动利用课余和私人时间来加强自己的专业和业务学习。一些教师在评职称时，可能为了应付当时的评选做一些功课，但也有一部分教师表示"不在乎"或者认为职称晋升已经到头，甚至无望的，就直接放弃继续提升自己和进修再造的机会。同时，中学教师的特殊性，只有一些专业方面的教学名师才能参加省级或者市级的课题研究，这样一来，也让教师们对自身的业务提升缺少了很大动力，不利于教师个体的发展和学校长远的发展。

二、探索出提升教师核心素养和能力的有效途径

根据学校发展理念和教师建设目标要求，研究确定在这次教师核心素养和能力建设研究中，具体关注三个方面：一是铸魂，坚定教师"为党育人，为国育才"的教育使命；二是立德，引导教师成为"立德之师""育人之师"；三是修能，多措并举造就全面发展的"能者之师"。修能可以分成营造外在环境、激发内在主动倾向两个方面。每一项校本培训内容自成一体，又相互关联，构成了学校提升教师核心素养和能力体系的利剑，如图19所示。

因为根据已有研究可发现，教师发展的路径可分为三种：自发的、内控的和外控的。自发的教师发展是在教师没有发展意识情况下的发展，这种发展不是教师的有意行为，而是教师在没有发展知觉和发展意识的情境中产生的发

```
                              ┌─ 铸魂,坚定教师"为党育人,
                              │   为国育才"的教育使命
                              │
         教师核心素养和 ───────┼─ 立德,引导教师成为"立德之师"
         能力建设研究          │   "育人之师"
                              │
                              └─ 修能,多措并举造就全面发展的
                                  "能者之师"
```

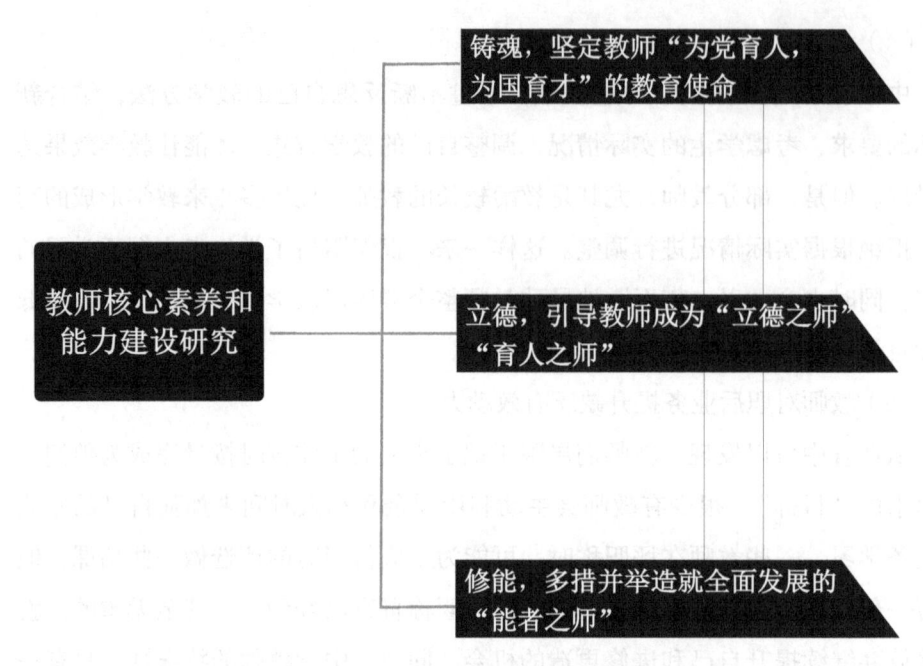

图 19 教师核心素养和能力建设研究研究内容结构

展,是不知不觉的发展。内控的教师发展是在教师意识控制下的发展,教师的发展意识和发展观念主导着教师的发展过程,教师能够感知自己的发展需求并实施发展行动。外控的教师发展多是有赖于外部条件和环境的促进,比如,政策、法规的约束,教师教育培训等。

自发的教师发展路径和外控的教师发展路径两者在某种程度上都有助于教师的自主发展,但相对于内控的发展路径来说,前者还不能从根本上促进教师的自主发展。因为是在无意识情况下发生的,所以就无法辨别自发的教师发展的合理性;而外控的教师发展需要通过激发教师的内在动力,使外部的措施取得实效。

基于调查及访谈的结果及相关理论文献的指导,我们尝试从内控和外控两个角度来探究提升的路径,我们确定从以下四个途径展开研究,如图 20 所示。

铸魂:坚持党建理论引领,明确教师核心素养和能力提升的方向意识。

立德:抓实师德师风建设,坚守教师核心素养和能力提升的本质核心。

```
                    ┌─ 铸魂 ─ 坚持党建理论引领，明确教师核心素养和能力提升的方向意识
                    │
    教师队伍和能力研究 ─┼─ 立德 ─ 抓实师德师风建设，坚守教师核心素养和能力提升的本质核心
                    │
                    │        ┌ 优化校本教研机制，构建教师核心素养和能力提升的生态环境
                    └─ 修能 ─┤
                             └ 激发教师发展动力，寻找教师核心素养和能力提升的有效途径
```

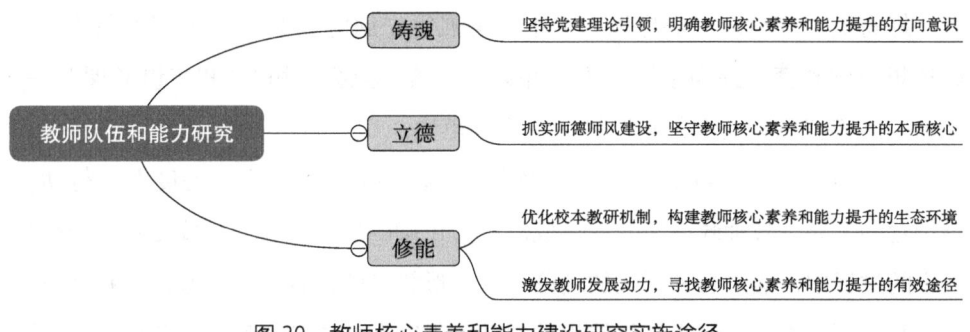

图 20　教师核心素养和能力建设研究实施途径

修能：优化校本教研机制，构建教师核心素养和能力提升的生态环境（外）；

激发教师发展动力，寻找教师核心素养和能力提升的有效途径（内）。

（一）铸魂：坚持党建理论引领，明确教师核心素养和能力提升的方向意识

我校在多年的办学实践中，自觉坚持党对教育工作的全面领导，根据培养新时代担当民族复兴大任的时代新人的育人目标要求，不断通过党建活动优化师资队伍，坚定教师"为党育人，为国育才"的责任与使命，提升教师的政治素养、道德素养。

1. 党建引领，熔铸教育者思想之魂

我校自建校以来，始终坚持党建引领，把党建工作放在学校管理的首要位置，以党建抓管理、促教学。如把支部建在年级组上，发挥党员干部、党员班主任和党员教师的引领示范作用。校内各部门、各年级组借助"学习强国"App强化党员的政治理论学习；以主题活动为载体，扎实开展"学党史，明初心，知使命""清廉课堂"系列活动；以思政教育为抓手，提高教师教书育人的政治站位和职业信仰。

此外，学校还创新性地开展党建工作，打造出"五星党员"评价、"三色课程"等党建品牌，包括"红色印记课程""绿色成长课程""金色信念课程"。其中，"红色印记课程"强调传承红色基因，学习红色精神，提高爱党爱国意识；"绿色成长课程"通过"发现榜样""我为党旗添光彩""做教书育人'四

有'好党员"等活动，倡导以人为本，增强争先创优意识；"金色信念课程"强调理想信念教育，提高宗旨意识，并通过开展"点亮灯塔""我来讲党课""一支部一品牌特色党支部创建"等活动推动落实。

核心素养要求教师具有政治素养意味着教师能在思想上、态度上、行动上维护党的领导。教师政治素养的形成离不开正确的理论引导，在接受和参与教师教育的过程中，通过各种形式的理论宣讲、形势与政策教育、党课，不断提高教师的政治理论水平，减少思想认识的混乱。教师在从事教育教学以及从事教研活动的过程中，学校会对教师提出明确的政治要求，要求教师坚守"政治底线"，学校还会通过树立先进典型，通过模范引领示范，促进教师政治素养的提高。

2. 理论奠基，筑牢教育者专业之魂

要成为具有较强素养和能力的教师，加强理论知识学习是必由之路。例如：我校针对教师理论素养缺失、读写能力不高的现状，成立了学习型组织——"和谐成长"教师读写团队。在团队内，教师们以文结缘，因书而聚，彼此尊重，互相学习，在多样的读写活动中丰富学识，滋养灵魂。他们通过阅读党史类、教育类、心理学类、人文类、哲学类等书籍，浸润心灵，补足精神之钙；通过专业阅读和写作，反思教育行为，领悟教育真谛，丰盈教育生命。为强化教师的成果意识，学校党总支还探索出撰写读书笔记、制作图书推荐微课、绘制阅读思维导图等七大阅读成果展现方式，同时，采取专家引领、项目推动、师生共读等形式，先后开展了"我手写我心——书写教育故事"等项目化阅读活动。

（二）立德：抓实师德师风建设，坚守教师核心素养和能力提升的本质核心

道德情操是教师职业的本质要求，是教师一切素养的逻辑前提。职业道德要求教师以为人师表为标，以立德树人为本。习近平总书记2021年看望医学与教育政协委员时说："三寸粉笔，三尺讲台系国运。"身为教师，能够培养出国家所需要的优秀的人才，是衡量师德的首要要素。为人师表的最终目的是立德树人，教师要以习近平新时代中国特色社会主义思想为指导，全面贯彻党的二十大精神，把社会主义核心价值观融入教育全过程，最终通过课程育人、实

践育人、文化育人帮助学生唤醒自己、认识自己、成就自己。

在学校教育中，落实立德树人根本任务是最重要、最核心的问题，是解决教师队伍建设中"师德"和"育德"问题的关键。我校围绕这方面开展了一系列行动探索，努力把每一位教师培养成为"立德之师""育人之师"。

1. 抓实师德建设，打造"立德之师"

始终把师德放在教师队伍建设的首位，将其作为评价教师素质高低的第一标准，并探索建立有重点、全覆盖的师德监督评价体系，将师德、师风放在教师考核评价、常态督导、评优树先等工作中，努力营造有利于师德建设的舆论态势和学习氛围。同时，学校坚持"教育者先受教育"的理念，定期组织全体教职工认真学习和观摩《中小学教师职业道德规范》《关于加强和改进新时代师德师风建设的意见》《中小学教育惩戒规则（试行）》等政策文件以及典型师德案例等，让每位教师养成敬畏规矩意识，严格师德、师风要求，做到内化于心、外化于行。

此外，学校还通过举办师德演讲比赛、签订师德师风承诺书、开展"青蓝工程""干群结对"结对帮扶以及"最美教师"评选等系列活动，提高教师的师德素养，激励他们以赤诚之心、奉献之心、仁爱之心投身教育事业。如学校设立了"长青教师"奖项，力图用榜样的力量涵养师德，在第一届活动中就评选出邓志琼、陈汉祯、李开志、朱雪燕四位"长青教师"，他们均已接近退休年纪却依然承担满工作量，甚至担任班主任工作，成为青年教师的榜样。学校还在青年教师群体中设立"先锋奖"，鼓励获奖教师在专业阅读与写作、课堂教学和班级管理等领域发挥示范引领作用。

2. 拓宽育德策略，打造"育人之师"

（1）建设优秀的班主任团队，打造"育人之人"的中坚力量。

建设好班主任团队。我校高度重视班主任培训工作：一是组织青年教师参加市、区教育局组织的班主任培训班，学习掌握班主任工作的基础理论知识。二是举办班主任沙龙，定期邀请优秀班主任介绍工作经验和方法，通过交流借鉴，提高班主任的业务水平。三是定期召开班主任例会。班主任例会是加强班主任队伍建设、强化班级管理、畅通德育工作渠道的基本制度保障。通过班主任例会，总结剖析工作中存在的问题，研讨改进工作的措施和应对策略，分析班级管理工作和学生思想中出现的新问题、新情况，并通过开设班主任讲坛，研讨班主任工作的理论和实践，加强理论学习和实践交流。

建立激励机制。学校建立了向班主任倾斜的政策和其他激励机制，以激发班主任的工作热情。一方面，提高班主任津贴补助，以此肯定他们的辛勤付出；另一方面，加强绩效考核，例如，在班级之间展开各项竞赛活动，建立周文明班级评比制度。此外，学校每年举行优秀班主任评选活动，对年度优秀班主任给予大力表彰奖励，并把班主任工作成绩和表现情况作为晋级、晋职、评优、入党、提干的重要条件，在各项评优表彰中，同等条件优先考虑担任班主任的教师。这些举措有力地提升了班主任老师的主观能动性，促进了班主任队伍建设。

（2）全科践行育德策略，激发"育人之人"的潜在力量。

在实践中尝试将德育贯穿教育教学过程的始终，将教师作为德育的"先锋"，将学科作为德育的主阵地，将课堂作为德育的主渠道，着力推行"备课研德、课堂涵德、作业践德、评价养德"的育德策略。

利用"开学第一课"落实思政育人目标，如在2023年2月，课堂伊始，蔡婧老师为每位同学颁发了"我爱中国、我爱党"的学习奖章，并用《少年行"道"扬"法"》的快闪视频给同学们送去新学期的美好祝福。本课以"坚持中国共产党的领导"为题，围绕为什么要坚持党的领导，什么是党的领导，如何坚持党的领导三个核心问题展开。综合运用历史分析法，紧密结合时政热点，与学生进行问答互动，最后师生一同归纳总结出坚持党的领导的历史原因、法律依据和现实要求，在丰富的情境材料中培养了学生的爱党爱国情怀，增强了学生的主人翁意识。

学校还要求，所有学科教研组、备课组在集体备课时，都要将德育目标放在首要位置抓实、抓好，大家共同商讨每一课时的教学任务和德育任务如何自然结合而无"斧凿"之痕，最大限度地实现德育的"春风化雨，润物无声"。在教学过程中，要求教师根据每个学科的特点，利用各学科蕴含的丰富教育资源，挖掘其中的德育元素，在传授知识和培养能力的同时，实现学生品德的同步发展。在作业设计上，充分考虑内容的层次性、差异性、育人性，通过布置

"分层作业""实践作业""亲子作业",将德育目标延伸到课外、家庭和社区,融洽亲子关系,实现家校共育,促进"立德"目标的完成。

(3) 用好丰富的班队会课资源,构建"育人之人"的教育舞台。

用好班会、团队课,上好"人生成长大课"。通过开展由校长拿主题、拿素材、拿思路,班主任具体执行的命题班会和分年级同课异构的专题教育完成生命教育、理想教育、爱国主义和民族精神教育。通过找到小的落脚点,设计出符合初中生心理与认知特征的活动,确保习近平新时代中国特色社会主义思想入脑入心。

教育天然具有道德属性,教师的教育生活是一种"道德"生活,教师的工作是一项"道德"工作,教师引导学生崇善、扬善、为善,这就要培养教师能为善、导善、劝善,具备道德素养和能力。

(三) 修能

1. 优化校本教研机制,构建教师核心素养和能力提升的生态环境

在办学实践中通过制度引领、课程建设、梯级培养、多元评价等手段,着力提升教师的专业品质和能力,由此锤炼一批教书育人的"能者之师"。

(1) 规范制度建设,引领教师发展方向。

坚持以师生发展为本,通过规范制度建设引领教师发展方向。学校在办学过程中,为了规范教师的办学行为,制定了一系列学校发展规划和制度文件,明确了办学治理方向;同时通过教学教研一体化、教学评价一体化、评先树优一体化、职称评聘一体化,促进教师的资源共享,抱团发展。此外,学校还围绕教学人员考评、教学质量评价、职称评审聘任、教师减负增效等方面,修订完善了25项管理制度,涵盖党建、教学、德育、安全、后勤等诸多方面,通过全体教职工会议进行表决并达成共识。一系列制度的修订与完善,为教师的专业发展、能力提升指明了方向,也为学校的健康持续发展注入了活力。

学校拟定教师队伍发展规划和骨干教师培养计划,充分动员教师参加"展示课""整合课""双一课""三优课""精品课""支教课"等活动。

将评教活动制度化。每年组织全校1300余名学生从备课充分、有责任感、

学生参与、课堂收效、作业分量、作业批改、辅导及时、辅导耐心、管理能力、教学能力十个方面对任课老师进行在线评测。

（2）实施"教、学、研"同期互动，创新校本教研模式。

学校在总结以往校本教研经验的基础上，结合教育发展改革的需要以及教师自身的特点，逐渐形成了一种更加有效促进教师自主发展的校本教研模式，即"教、学、研"同期互动。教学、研究、学习三种行为不是孤立的，三者之间具有相互促进的关系，教学和研究促进教师学习，学习又促进教学和研究。这之中的中心环节是课堂教学。教师的学习及研究必须实践于课堂教学，服务于课堂教学，改进于课堂教学。教师们在不断的教育实践中学习吸收先进的理论、方法，尝试开展专题研究，并在不断的学习、研究中，改进教育教学工作，提升自身的专业素养。

①自我反思——改进教学行为的前提。

在认真分析教师反思中存在的问题的基础上，学校进行有针对性的指导，让教师明确反思的意义，创设宽松的研究氛围，并注重个人反思与集体交流相结合。依托学校行政引领及教研组丰富的研修活动进行自主生长式教师专业培训，让教师以"自我经验"为起点，借助教研组，不断梳理、放大、提升，形成操作体系，真切地、逐步地形成自己的教育观、教学观、学生观、课程观、科研观。

此外，对教师撰写的优秀反思进行分享、推荐；请专家与教师进行面对面的指导、修改；建立教师成长档案，引导教师养成反思意识与反思能力。学校还阶段性地把教师的反思、随笔编辑成册，在呈现教师成长发展进程的同时，也使教师感受到研究中的自信与快乐。

②课例研讨——关注教学细节的表现。

课例研讨的重点就是直面课堂教学中真实的困惑与需求，解决教师教育教学中的真实问题。在选择研讨课例时，重点找常态课，课前有研究的设计意图，课中以探求解决问题的策略和方法进行教学，课后引发多方对话和自我反思，进行深度思考。

课例研讨更关注教育细节，从一个个课堂细节的分析对比中，获得解决问题的方法与策略。我们陆续开展了"如何提高小组合作的实效性""什么是有效的课堂提问""如何运用评价语言"等研讨活动。在课例研讨中有时为了研究不同学生的学习需求或对原来设计进行改进，我们采用同课异构或阶梯式（每次研讨改进后再请另一位教师上相同的课）的研讨方法，进行对比改进，引发教师思维的碰撞，让教师在有浓厚研究氛围的集体研讨中迸发出教育敏感，提升教学理念。

③专题研讨——基于教学问题的解决。

我们指导教师开展专题研究，分析教材的特点、分析学生特点、分析自己的课堂教学，确立以问题为本的研究专题，进行问题研究方法的指导，使教师的教育科研真正与自身的教育教学工作结合。例如，科任教师针对课堂纪律比较难组织的问题，展开"如何让学生喜欢我的课"的专题研讨；针对青年教师课堂调控能力不够展开"如何处理预设与生成"的专题研讨；针对新时代家、校配合方面的问题展开"成立家长委员会的必要性与可行性"的专题研讨等。

专题研讨的历程可分为以下步骤：发现问题——分析问题——针对问题学习相关知识——寻找解决问题的方法——实施干预——收集改进信息——总结反思问题的解决效果——调整解决方案——进一步地实施干预——进一步地反思、总结——引发新的研究问题。

④实践探究——迎接教育发展的挑战。

随着信息化教育逐渐延展到中学课堂，对中学教师信息化能力具有更高的要求，对其核心素养体系有更完善的补充。我校帮助教师抓住契机，学习先进的信息技术，将教学技术与真实课堂教学进行完美融合，以服务学生、促进学生学习为目标。

一是智慧教室中教师核心素养的培养。

2019年学校与云启公司合作，先后建设了2间智慧教室，将现代化信息技术与教育教学深度融合，打造以学习者为中心的新型教学环境。可以开展远程互动教学、常态化直录播、构建以教学为核心的网络教研场景，部署线上线下一体化的智慧融合云平台，配套VR虚拟仿真实验设备及教学资源，辅助实验教学，同时借助物联网技术为师生提供全新的数字化教学环境。通过从设备到数据的全面打通、教学活动到数据评价的全面融合，实现差异化教学和个性化学习，全力打造"教学环境数字化、教学过程数字化、教学资源数字化、学情分析智慧化"的"四化一体"的智慧教育。该系统配合"武汉教育云"体系，教师与学生、学生与学生、教师与教师之间的互动交流充分而富有启发性。智慧教室建立以来，累计支撑教师开展授课近百余次，录播资源上百余套，其中已打磨十余套精品课程资源供师生研习，为开展信息化教育提供了良好的基础条件。

信息技术支持下教师核心素养的发展是追求创新、勇于探索、敢于尝试的新型教师，我们通过信息技术培训和智慧教室的试用、使用让老师明确在使用信息技术支持课堂教学的过程中要突破现有课堂的限制，要以学生为主，尤其是在学生获取信息方面要有指导意识，以此来推动课堂的教学改革及教师的能力素养发展。

二是基于信息技术的教师核心素养提升。

教师在学校平台提供的各类应用的基础上，结合自身学科特点和学习过程的不同阶段合理恰当使用智慧校园的软硬件资源辅助教学。探索信息技术支持下的翻转课堂、探究式学习、体验式学习等模式。

课前老师利用中央电教馆、武汉教育云资源进行备课，学生利用洋葱数学等平台进行预习；课中老师使用希沃、几何画板、NB虚拟实验室等信息化软硬件辅助教学和学习，激发学科兴趣、培养科学探究思维与创造能力；课后使用人人通等平台进行精准评价和拓展学习。

以何蕾清老师利用智慧教室和墨水屏技术参加武汉市第二十届初中信息技术与课程整合课为例：课前，何老师利用人人通空间向学生发布学习任务单，布置家庭小实验，进行课前检测，根据得分率调整授课内容，并对学生分组，便于分组实验、分组讨论等课堂活动。课中运用抢答、抽奖、计时答题、广播投屏、分组展示等互动工具，来增加课堂上的互动性、趣味性和实效性。在分享阶段，每一个同学都可以通过自己手上的墨水屏发送弹幕至大屏，畅聊自己这节课的收获和感悟。课后，何老师在线批阅学生提交的作业。

期中、期末等调研考试开启"云阅卷"模式，如图21所示。这是一种基于网络大数据式的阅卷方式，便于采集所有考生的成绩数据辅助教学，并帮助学生自主学习。利用"教与学"过程中所累积的数据，进行个性化分析诊断，实现学生弱点精确诊断、教学内容精准优化。提供给每一位学生相应科目，相应学习单元的知识图谱，通过学习、检测、反馈、应用等活动，记录每个知识点的学习情况。教师依据学生个体知识图谱，安排教学活动，布置个性化学习活动。

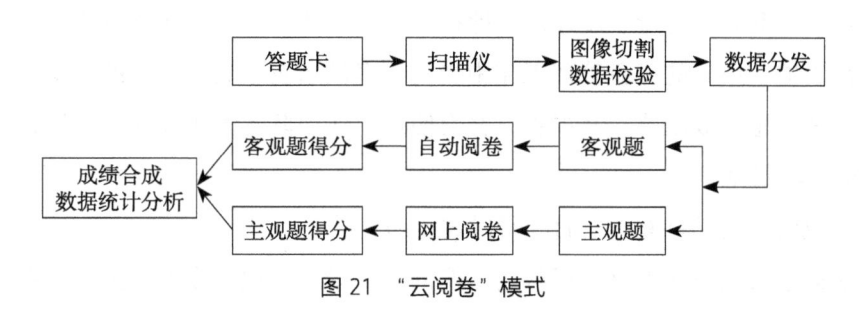

图 21 "云阅卷"模式

我们正处于"互联网+"时代，我们在具体学校的管理和发展中，寻觅到值得研究的具体研究项目，如研究基于教育信息化拓宽教与学的广度和厚度，培养学生乐学善学、勤于反思的品质；基于教育信息化充分发挥师生、生生间的相互交流，培养正确的协作意识和竞争意识；基于教育信息化激发学生的学习热情、挖掘学生个体学习的潜能，让学生学会主动学习等问题，将发现的这些新问题作为学校课题指南提供给老师，让有能力的老师参与研究。这些都是围绕教学信息化，我们在提升教师核心素养方面所做的尝试和努力。

如今，我校 80% 以上专任教师每年开设不少于 1 次的校级及以上信息化环境下的公开课、研讨课或汇报课。60% 以上专任教师掌握视频剪辑、图片处理、动画制作等资源处理软件的常用操作，掌握对应学科专用软件的常用操作。50% 以上专任教师能够利用恰当方法获取、制作、整合所需教学资源，并建立个人教学资源库进行管理；能够独立开展信息技术环境下的教学设计、教学实施与教学评价，并根据学生反馈和课堂情况灵活调整教学策略。30% 以上专任教师有市级及以上信息化教学研究成果。

（3）开展伙伴互助行动计划，丰富校本教研方式。

我校提出了"伙伴互助行动计划"，作为武汉市第十二初级中学教研机制的重要组成部分，该计划从三个层面开展了教师间的交流互助尝试。

①班主任团队的研讨式互助。

我们一方面坚持对班主任进行集中培训，也大力激发班主任团队的研讨式互助成长。一是开展同伴互助式研修。在德育工作通识培训或是针对性专题培训时，如新初一进校时期，初三年级冲刺阶段等，通过班主任团队的故事、素材、经历、资源去打造、设计训练课程，让班主任通过沉浸式德育故事分享活动，在繁忙、烦琐的班级管理工作中受到更多的启发，获得更多的知识，拥有更多的获得感、成就感、幸福感，努力使班主任团队逐渐成长为学校德育工作优秀的战斗堡垒。

②教研组内学科教学层面的研讨式互助。

根据学科教学中老师们反映的普遍问题，学校开展"今天我主讲"系列主题教研活动，活动主题由老师自主选择，每个学期一个专题。一人主讲，大家讨论，根据讨论结果，第二次由另外一位教师主讲，大家再讨论，如此循环。一个学期结束，教研组内每一位教师都要有至少一次的主讲机会。这样，教研组内的教师一起讨论交流，一起查阅资料，进行思想碰撞，进而形成系列讲座。为了避免活动开展的盲目性，每次的特色主题都在上一学期末确定，老师们利用假期收集资料，思考归纳，制作演示文稿。近年来，语文教研组先后开展了"阅读与写作的有效互动"和"怎样在课堂中真正关注学生"等专题教研活动；数学教研组开展了"易错点提前干预的研究""作业分层设计的研究"等主题教研活动；英语教研组开展了针对学困生转化和课堂教学组织困难问题的"如何帮助学习有困难的孩子"和"让我的课堂更有序"等主题教研活动。每一次教师讲座都是主讲教师辛勤付出后的智慧结晶，而每一次的伙伴讲座都是一次思路的拓展与丰富。

③面向全体教师梯队的网络式互助。

学校发展至今，从教师队伍的结构上看，我们已经拥有武汉市级骨干教师、区级学科带头人骨干教师、高级教师共计40多人，"金字塔"式的梯队建设已经形成。在此基础上，学校需要加强优秀教师的打造，教师队伍的整体提升。据此，我校提出并逐步推进"321"工程，即市级骨干教师带徒3人，区级骨干带徒2人，校级骨干带徒1人，使每位教师都成为"互助网络"上的一个链接点，通过网状的链接，每位教师既能够获得伙伴的支持，也能够为伙伴提供支持。

④教研组间打破学科界限的专业化互助。

各教研组根据自己的专业优势面向其他学科的教师开展专业性讲座。为此，教导处和各教研组长共同制订了详细的伙伴互助行动计划。目前我们已经开展的专业讲座包括：由计算机组教师主讲的绘声绘影软件的应用、建立个人教育云博客的基本方法的讲座，由美术组教师主持开展的PPT设计美化课程，由音乐组教师主持开展的基本瑜伽动作拉伸强化课程。不同学科的专业性讲座使优秀教师资源得到更充分的利用，而且其内容来自教学一线又在新的层面回归一线，更贴近我校的实际情况，更有利于解决老师的实际问题。这项活动最重要的不仅仅是现场的讲座，而是在讲座准备的过程中，每一位教师都能够主动学习和整理相关的理论，主动审视和反思自己的教学实践，主动倾听、接纳他人的意见和建议，在参与的过程中真正实现自身的发展与提升，真正享受到成长的快乐。

（4）专家领导参与校本教研互动。

除了开展科研讲座之外，学校还邀请专家学者对教师案例、随笔、反思、论文进行一对一指导。在与专家的零距离接触中、在研讨互动交流中，教师的教育理念、思维方式都有了较大程度的提升。

党员干部全员参加督导课，每周听课不少于10节（教师全覆盖，青年教师和党员更多一点），主题班会2节（班级全覆盖），九年级集备和班务会全覆盖。不仅仅观察教学设计，更关注课堂教学生态、师生互动频率、学生学习习惯培养等。听课后，及时反馈，通过启发式沟通来帮助老师独立解决问题。

（5）贯彻落实减负增质能力的研讨。

空袋无以自立，增值赋能是教师停不下来的人生课。要减作业就需要提高自己对教材的解读能力，更加精准地把握重难点就需要精选，要分层布置就要更了解学情……当教师对于自己的常规教学每个环节有清楚的要求，然后促使老师对标来引导自己行为的规范性，就可以让教师提升能力有了更明确的路径。为此，我们的集体备课活动推行的策略是：推广流程，单元教材解读——单元作业设计——单元知识重点的讨论——近期作业的筛选，涵盖面广，参与人多。在这样的活动中,青年教师成长迅速,骨干教师地位彰显,每位教师在集体备课中均有获益。

(6)设置教师发展研修中心,规范教师发展路径。

教师发展研修中心主要从以下方面着手提升学校教师队伍的核心素养和能力:建立教师发展资料库,对教师发展现状做出分析,为教师发展及学校工作提供参考;完善已有的教师培训内容,如读书交流会、专家工作室、青年课题组、评优课、论文评选等,并建立相应制度,形成规范化管理;每学期组织名师课堂,为教师们提供教育研究前沿的信息;对教师的研究成果进行整理,推荐教师优秀文章发表或参赛,编制各种教师文集如个人专著等;"请进来,走出去",为教师学习交流提供机会;加强对教师培训、教师发展等方面的档案资料的整理。

2. 激发教师发展动力,寻找教师核心素养和能力提升的有效途径

教师发展是一个长期的过程,因此势必需要充足的动力。发展是内因与外因相互作用的结果,因此,教师的发展既需要来自外界的配合,即他给性,同时也更需要自身的努力,即自给性。内外相结合,共同构成教师发展的强大动力,从而保证教师发展的持续性。

(1)规划目标引领,激发教师追求发展的内在动力。

学校引导教师在思考未来的过程中,确定自己的发展规划与目标,并以此引领自己的专业成长与发展。重视教师发展规划的制订与实施,强调教师专业发展的主体责任,激发教师追求发展的内在动力,主要措施如下。

①招聘教师:15年后,勾勒目标。

学校在第一次与老师碰面中,经常会提出一个题目:如果你正式成为我校教师,请你描绘一下15年之后的自己。其实,这个问题就是在引发可能入职的教师思考自己的未来,我们有理由相信:进入新岗位的每一个问题,很可能给应聘者留下深刻的记忆。我们应该抓住这一时机,引发教师规划未来,并以此引领自己的专业成长与发展。

②职初教师:5年规划,加速成长。

重视职初5年的培养工作,从武汉市江汉区统一安排的新教师为期1年

的规范化培训开始,就积极引导他们结合自己特点制订职业生涯最初的 5 年规划,并以规划的目标与实施激发青年教师内在的发展动力,引领他们快速成长。学校主要安排了三个环节:一是规划的制订;二是规划中期检查;三是规划终期评审。学校在职初教师规划完成之时,对照每位教师的发展规划,先个人总结,再分享交流,让每位教师相互了解各自规划的实施执行情况及目标达成度,发挥同伴的相互激励作用,鞭策青年教师团队合作、相互借鉴,力争上游,你追我赶,同时安排骨干结合每位教师规划实施情况,对青年教师后续发展提出新的目标建议,进一步引导青年教师自主选择发展方向,发挥青年教师追求专业发展的主体责任。

③骨干教师:个性规划,特长发展。

我校努力引导骨干教师分层分类,结合自己的个体特质和教学特长,制订个性化发展规划,并以此引领不同类型、不同层次教师的专业成长与发展。这一过程中,学校重点关注了三个层次和类型。一是青年教师团队。学校加强 30~40 周岁教师的培养,引导他们分析自己的个体特质,发现自己的教学特长,结合教学与实践明确自己的发展方向,进而制订个性化的教师发展规划。学校根据规划实施的需要,提供必要的资源与制度方面的保障条件,引领并支持他们积极主动追求发展。二是组长管理团队。学校要求 45 周岁以下组长制订 5 年发展规划,规划既包括学科专业发展目标,还包括管理方面发展目标。学校通过对组长的规划制订与实施、管理与评价,更好激发他们主动追求发展的内在驱动力,促进组长努力实现教学与管理的双重发展。三是学科带头人团队。在评审学科带头人时,不仅评议他们过去的工作业绩,而且看重他们未来发展的方向与目标,将未来 3 年的发展规划作为学科带头人评审的前置条件与评审标准,以此引领学科带头人的个性化专业发展,激发他们追求发展的内驱动力。

(2)提炼具体指标,促进教师持续对标发展的热情。

伴随着终身教育理论和可持续发展理论对社会形成的广泛影响,学校需要把着眼点转到培养教师素养和能力上来。关注不同教师的发展需求,引导教师,特别是年轻教师进行自我定位、自我规划,明确目标和愿景,引导教师从读书研习、参与研修、发展成果等方面制订《三年发展规划》,提升自身的内驱力和发展力。

具体来说，根据对工作的熟练程度，不同类型的初中教师其继续教育目标应当侧重于以下方面。

①初中合格教师。

新任适岗型教师。在职发展初期应该以适应工作岗位为首要目标，让其把握好自己的工作节奏，如期完成教学任务。

业务熟练型教师。在保证教学质量的基础上，应以提高工作效率为主要目标。重点是激发内在动力，继续发展提升。

②初中优秀教师。

教育能手型教师。在职目标应当致力于更有成效地完成教学和学生管理工作。

行业专家型教师。其在职发展目标应为在优质地完成岗位工作的基础上，侧重培养其开拓创新的精神，使其能力满足更高的专业化发展要求。

有了对不同教师的分类指标，就可以让我们的教师在发展的过程中对照标准，了解自己所处的阶段和自己的发展目标，从而让自己的成长有了目标的引领。

（3）任务项目驱动，发掘教师教育创新的内在潜能。

教师普遍具有无穷的创新潜质，关键是学校如何发掘教师敢为人先的创新潜能，让他们对教育始终保有一种发自内心的热爱和开创未来的激情。

我们努力以任务项目驱动充分调动教师的积极性与创造性，引导教师在教育研究与实践中开拓创新，服务于学校和学生的发展。

主要开展了以下两项工作。

①轮岗锻炼：发现优势，错位发展。每位教师都有个人偏好和个体特质，学校积极创造条件，通过中青年教师轮岗锻炼，引导他们逐渐发现自己的优势，明确发展方向，努力将自己的优势打造成教育特长，转化为具有鲜明个性特征的教育风格。学校的岗位锻炼主要包括如下类型。

教学岗位的错位尝试。学校教研组针对青年教师的不同实际，通过教师的各种实践与研究，引导每位教师逐渐发现教学所长。例如，有的教师擅长公开课研究性教学，有的教师适合教育科研；有的适合尖子生辅导，有的则日常课堂教学扎实；有的适合组织学科活动，有的擅长编制习题练习……通过多种任务的不同尝试，确立每位教师各有特长的专业与发展，极大地调动教师的积极性，更好地发挥他们的创新潜能。

教育岗位的全面实践。学校在落实"人人都是德育工作者"的同时，有计划地安排中青年教师担任班主任和社团指导等工作任务，让教师在教育岗位全面经历的过程中，不仅理解德智体美劳"五育"并举、全面育人的重要性，而且能够在丰富的教育经历中，更好地发现自己在学校教育中最适合的教育岗位，从而最大限度发挥每个人的教育作用，使每个人在学校中的教育价值最大化。

管理岗位的轮换体验。学校在推进民主科学规范管理的过程中，安排中青年教师在学校管理岗位轮换，主要形式包括：职初教师到中层管理部门的轮岗锻炼，使他们尽快了解学校、融入学校；骨干教师在年级组、教研组组长岗位上的锻炼，引导他们全面了解组室在教育教学质量保障中的功能和作用，提升他们对学校整体发展的认识和理解；年级组长、教研组长在部门主任岗位上的锻炼，既可以提高组长的工作站位，从学校发展大局思考和谋划本组工作，又可以发现和培养学校管理团队的后备人才，保障学校稳定有序可持续发展。通过不同层面管理岗位的轮换体验，使全体教职工具有对管理岗位的全面认知，有助于相互理解和支持，为广大教师教育创新潜能的发掘创造良好的环境。

②实践项目：问题导向，自主申报。学校所面对的每一届学生都有各自特点，每个学生也各不相同。所以，教师在教育过程中不断地面对全新问题。为了引导广大教师"常教常新"，不断思考自己所面临的新问题，并努力去寻找解决方案与办法，我校制定并实施了《实践推进项目管理与奖励办法》。学校实践推进项目分成招标项目和自选项目，此项活动充分调动了广大教师投身教育实践与研究的积极性，发掘了教师教育创新的内在潜能，有力推动了教师的专业发展和学校的内涵发展。

教师发展是伴随教师终生的一项任务，教师发展过程是教师不断构建自身发展主体性的过程，同时也是不断发挥自身主体性而取得进步和成长的过程。

通过培养教师在个人能力和素养发展方面的主动性和自觉性，激发教师发展的主体性动力，进而实现教师的全面长足发展，这对于推进教师队伍建设，提升师资队伍水平具有一定的意义。

（4）营造合作文化，保持教师长久合作的内在兴趣。

①构建倡导合作关系的校园文化。

构建的校园特色文化以"和"为主线，努力营造"生生和谐、师生和乐、干群和衷、校园和美"的和谐氛围。学校重视办公室文化建设，坚持创建温馨办公室，以让教师在充满活力、互助共赢的合作氛围中共同成长。办公室建设无不彰显学校"激励教育"的特色和"和谐进取"的精神，在这样的氛围中，不断进取、强化内涵、充满活力、互助共赢的合作团队逐步形成，引领教师的专业发展。

②运行倡导合作关系的管理模式。

学校通过教代会、行政会等各项会议召开及群众评议，促成审议并通过提升教师发展的相关规章制度和文件的执行，在全校范围营造了合作的氛围。规定的两周一次的教研组活动、每周一次的备课组活动，按计划展开的课题组活动，每学期的定期学科总结会议、教研组长会议等周期性活动为教师们之间开展交流合作提供了平台。

加大骨干教师的培养力度，促使这部分教师在观课议课中学习思考，在研课磨课中探索成长。出台系列政策、措施，对遴选出的教师进行定制化打造、个性化培养，助力名优教师加速成长并探索发挥其辐射作用的路径。

组织教研组在理论基础上有序开展课堂观察和自我反思活动，通过与同事、专家、领导的合作交流，让每个教师都"动"起来，不断增强研究力，促进教师专业发展与自我构建。

每年教师节校领导致辞，借教师节之际，学校对荣获市、区、校级各类荣誉的集体和个人进行表彰，有助于激发榜样的示范作用，促使其他教师建立起合作学习的动机和兴趣。每年两次的师生趣味运动会让全体教职工集体参加户外拓展活动，放松身心，体验一起游戏的快乐。和明文规定的制度相比，相对柔性的仪式或周期性活动在特定的时空和情境中给予教师别样的感受，强化了教师彼此之间的联系，为教师之间的合作营造了良好的氛围。

习近平总书记曾强调："今天的学生就是未来实现中华民族伟大复兴中国梦的主力军，广大教师就是打造这支中华民族'梦之队'的筑梦人。"强教必先强师，教师素质直接影响着学生的培养质量和素养提升。我们努力在教学一线通过党建、教研等各种措施，帮助教师明晰与聚焦专业发展目标，有助于提升各种不同年龄层次教师的核心素养和能力，有利于提升教师队伍建设的效率。我们在教师能力提升的工作中，"不受虚言，不听浮术，不采华名，不兴伪事"，摆脱形式主义、杜绝急功近利，一步一个脚印在探索中成长，在反思中提升。

参考文献

［1］林崇德.21世纪学生发展核心素养研究［M］.北京：北京师范大学出版社，2016.

［2］吴金辉.教师专业发展的理论与实践［M］.北京：中国传媒大学出版社，2006：1-2.

［3］王光明，卫倩平，张永健，等.教师核心素养和能力结构体系再探［J］.中国教育科学（中英文），2019，2（4）:59-73.

［4］钟启泉.基于核心素养的课程发展：挑战与课题［J］.全球教育展望，2016（1）:3-25.

［5］叶澜.重建课堂教学价值观［J］.生物学教学，2003（2）:4-6.

［6］霍力岩.加德纳的多元智力理论及其主要依据探析［J］.比较教育研究，2000（3）:38-43.

［7］胡萨.反思：作为一种意识——关于教师反思的现象学理解［J］.教育研究，2010，31（1）:95-99.

［8］焦建利.21世纪优秀教师的特征［J］.中国信息技术教育，2014（17）:14-15.

［9］林崇德，申继亮，辛涛.教师素质的构成及其培养途径［J］.中小学教师培训，1998（C1）:10-14.

［10］顾明远.教师职业特点与教师专业化［J］.云南教育，2005（6）：42.

［11］郭少英，朱成科.中小学青年教师素养问题研究：表征、成因与路径［J］.教师教育论坛，2014，27（2）:28-31.

［12］姜宇，辛涛，刘霞，等.基于核心素养的教育改革实践途径与策略［J］.中国教育学刊，2016（6）.

［13］李德全，杨正强.论课堂教学时间管理策略［J］.课程·教材·教法，2014，34（3）:26–31.

［14］林崇德.创造性人才·创造性教育·创造性学习［J］.中国教育学刊，2000（1）:5–8.

［15］苏继红.基于学生核心素养的教师教育改革之思［J］.黑龙江高教研究，2016（7）.

［16］周颖华，陈飞.基于核心素养的教师培养模式：挑战与转型［J］.教育理论与实践，2017，37（14）:22–24.

［17］陈荔，高陆，冯晓超，等.信息化背景下中学教师核心素养及发展途径探索［J］.中国教育信息化，2017（24）:73–78.

［18］董波林.学生发展核心素养视域下的教师素养［J］.中学政治教学参考，2017（22）.

［19］张华.论核心素养的内涵［J］.福建教育，2016（23）:6.

［20］钟启泉.教师研修：新格局与新挑战［J］.教育发展研究，2013（12）.

［21］崔允漷，王少非.教师专业发展即专业实践的改善［J］.教育研究，2014（9）.

［22］辛涛.学生发展核心素养研究应注意几个问题［J］.华东师范大学学报（教育科学版），2016（1）:6–7.

［23］辛涛，王烨辉，李凌艳.新课程背景下的课程测量：框架与途径［J］.北京师范大学学报（社会科学版），2010（2）:5–10.

［24］余文森.关于教学改革的原点思考［J］.全球教育展望，2015（5）:3–13.

［25］辛涛，姜宇.以社会主义核心价值观为中心构建我国学生核心素养体系［J］.人民教育，2015（7）:26–30.

［26］教育部.关于全面深化课程改革落实立德树人根本任务的意见，2014.

县管校聘与集团化办学背景下学校管理方式与初中教师归属感的实践探究

武汉市钢城第六中学　何碧泉

一、教师归属感的研究背景与意义

义务教育均衡发展是我国教育进一步发展的必然要求，落实的关键之一在于教育资源均衡的配置，其中教师资源均衡配置则更为重要。

实现教师资源均衡的配置，不可避免地要打破现有的校际壁垒，在一定区域内统一配置师资，实现教师由"学校所有"向"区域所有"的转变。为推进义务教育优质均衡发展，各地纷纷采取有效措施予以落实。义务教育教师"县管校聘"管理体制改革和集团化办学方式是均衡区域师资结构、促进义务教育优质均衡发展的一项重要举措。很多地方采取了县管校聘或集团化办学方式，将教师从传统意义上的"学校所有"转变为"区域所有"或"系统所有"，不再固定为一校所有，借此促进教师在一定区域范围内有序流动，实现相应区域内师资力量的均衡配置。教师配置的这种变革必然对教师产生相应的冲击，使教师原有的学校归属感发生一定的变化。

教师从一所学校定期或不定期地流入另一所学校，不再如以往那样拥有固定的学校，工作环境的差异，人际关系的变动，学校管理的冲突等，必然会对教师的归属感带来一定的挑战。教师对学校的归属感犹如一只看不见的手，形成一种内在的自律性因素，不仅能有效地规范和引导教师的行为，帮助教师从更客观的角度，从更高的视点理解学校的各项管理决策，提升教师对自身职业的满意度，把学校的发展与自己的荣辱视为一体，同时能最大限度地激发广大教师的内在潜力、主动性、创造性，以主人翁的精神对待学校的各项工作，视工作压力为动力，化辛苦为成就，提升教师的职业幸福指数。当前，由于压力造成的职业倦怠不容乐观，从长远发展的角度来看，归属感的缺失是学校发展的潜在障碍。因此，提升教师对学校的归属感在当前形势下尤为重要。

笔者拟以武汉市某城区学校为例，结合自身学校管理实际经历，基于义务教育发展的现状，思考与探究县管校聘与集团化办学背景下学校管理方式对教师归属感的影响，以期优化学校管理策略，持续提升教师对学校的归属感，构建学校教育教学高质量发展体系，实现义务教育优质均衡发展。

二、教师归属感相关概念与研究现状

（一）教师归属感相关概念

本文探讨的核心概念是"归属感"。归属感，指个人自己感觉被别人或被团体认可与接纳时的一种感受，在心理上会有一种安全感与落实感。

据此，本文把教师归属感定义为：教师对自己所工作的学校在思想上、感情上和心理上的认同和投入，愿意承担作为学校一员的各项责任和义务，乐于参与学校活动。

教师归属感是教师对学校的发展目标、管理模式、组织文化的认可，在与其他成员长期交往的过程，在认知、情感、行为等方面和谐统一的心理过程。教师归属感的形成需要教师在长期的教育教学工作中不断积淀、凝聚与升华。

本文还有两个关键词：一是教师，主要指一定时间范围内在学校从事教育教学工作的人员。二是学校管理，在本文中主要指学校内部各项教育教学及相关管理活动。

在本文中，这二者与核心概念归属感的关系："教师"是"归属感"研究的对象；"学校管理"是"归属感"实践研究的主要途径。

（二）教师归属感研究现状

在归属感内涵的研究上，马斯洛的需要说和哈格蒂的关系说是比较有代表性的两种观点。

美国人文主义心理学家马斯洛（Maslow）在"需要层次理论"中提出，人有五种基本需求，从低到高依次为：生理需要、安全需要、归属和爱的需要、获得尊重的需要和自我实现的需要。只有当低层次的需要得到满足时，才会追求更高层次的需要。他认为"归属和爱的需要"是人的重要心理需要，只有满足了这一需要，人们才有可能"自我实现"。

哈格蒂（Hagerty）等人在"需要层次理论"的基础上对归属和爱的需要作了进一步的研究，认为归属感是"个人在一个系统或环境中投入的经验，使其在系统或环境中产生主人翁精神，并积极地反馈给这个系统或环境"。他认为，归属感是一种心理感受，即个体感受到被他人、群体和环境所需要，是一种个体感受到被他人、群体或者环境重视和需要的心理感受，是与其他个体或者组织在沟通、分享、合作中互相补充，从而形成和谐的社会关系。

近些年来，国内外心理学专家对归属感问题进行了广泛大量的研究，现在普遍认为，归属感是指一个个体或集体对一件事物或现象的认同程度，并对这件事物或现象发生关联的密切程度。对于不同的对象，归属感的维度往往是不同的。缺乏归属感的人会对自己从事的工作缺乏激情，责任感不强；社交圈子狭窄，朋友不多；业余生活单调，缺乏兴趣爱好。

古德诺（Goodenow）研究认为，教师对学校的归属感可以增强个人对成就一番事业的追求和对学业进步、工作取得成果的信心。假如学校教师具有相对较强的学校归属感，即使在社会工作中碰到困难也会感觉自身具有解决问题的能力，如果暂时困难无法得到解决也会在第一时间内向所属学校等组织寻求帮助，进而借助社区资源来解决问题。他们同时还认为，教师对学校的归属感也会影响教师的工作动机，较强的工作动机会给教师的教育活动带来更多前进的动力。对学校归属感强的教师会无形中对学校倾注更多的情感，在学校的教育教学工作中有更多的主观能动性，进而实现自身与学校的共同良性发展。

王云峰认为教师归属感是指教师和学校在长期互动过程中愿意将全部精力融入学校的一种稳定的态度和情感。教师归属感是教师对学校的发展目标、管理模式、组织文化的认可，在与其他成员长期交往的过程，在认知、情感、行为等方面和谐统一的心理过程。教师归属感的形成需要教师在长期的教育教学工作中不断积淀、凝聚与升华。

另有学者从情感方面对教师归属感进一步阐述。孙润仓、张学铭表示归属感即教师在某所学校长时间工作形成的乐意为学校奉献自身能力和价值的情感。林有升认为，教师归属感是教师主动将自己看成学校中必不可少的成员之一，内心感觉能与学校的人、事、物和谐相处，通过自己的努力能为组织创造价值的一种情感。王九红认为，教师归属感是教师在心理上的一种体验，是学校领导、同事和学生能够认可、尊重和信任的体验感。

有的学者从行为方面对教师归属感进一步阐述。景雪更为具体地指出教师归属感不仅指教师对其所在学校的认同和关联程度，还包括作为学校的一分子能主动承担相应的责任和义务。邱俊燕、李海峰表示教师归属感是教师在心理上对团队的价值观与目标产生认可后，充分发挥自我的作用，从团队的角度出发思考问题，从而带动团队积极地向前发展。

三、学校管理与教师归属感的实践探究

作为一名基层教育工作者，笔者曾先后在多所学校任职，其中 2016~2021 年在武汉市某城区边远学校连续工作六年，曾多方尝试探究了解学校管理中对教师归属感产生影响的重要因素，并亲历过教师归属感变化对学校发展带来的巨大影响。

笔者在六年时间里重点探究了学校校长、学校制度及学校文化这三种因素对教师归属感的影响。通过实践探究发现，这三种因素对教师归属感影响不一。

（一）学校校长对教师归属感的影响

我国义务教育阶段公办初中学校之前实行校长负责制，现在实行党组织领导下的校长负责制。不管采用哪种形式，校长对学校及教师的影响都是可以想见的。学校在发展初期，校长强势的领导和教职工忠实的执行，让教职工在严格的学校环境中快速成长，以确保学校近期目标的实现。此种管理方式中教师归属感极度依赖校长的个人魅力，教师归属感易受教师对学校校长的情感态度所左右。

以笔者在武汉市某城区边远学校（以下简称某校）工作为例。笔者到某校上任之前上届中考成绩公布，某校中考各项指标与区内各校相去甚远，成绩跌入谷底，全校普高升学率只有 16.8%，排名居全区倒数第一，各项指标仍有继续下滑的趋势。冰冻三尺，非一日之寒。某校在区内排名靠后已有多年，往日辉煌不再，教学难见成效，导致某校在当地社会认可度极低，这也导致老师对学校失去信心，甚至对自己也没有信心，对学校和自己从事的工作都失去了归属感。大多数老师认为学校地处偏远，生源不好，师资短缺，本就无法超越区内其他学校，根本无法完成教育局下达的任务目标，能够维持稳定就很好了。年长些的教师大多盼着早日退休，做一天和尚敲一天钟，得过且过。为数不多的几名年轻教师则想着调离某校，趁精力充沛时前往区内学校，另谋高就。可以说，当时学校教师的归属感已经低至谷底。

当时的这些情况时时提醒笔者，作为学校的领头人，自己必须严格自律，以身作则，"正人先正己"，先让自己爱上学校，把学校作为自己的家一样。我时刻提醒自己，要身先士卒，起到模范带头作用，告诫自己不能高高在上；要勇于承担责任，和教师们同甘共苦。几年来，无论风霜雨雪，我一直坚持第一个到校，最后一个离校。时间长了，我用切实行动让老师们由衷地感到校长真把学校作为自己的家一样，与大家一样付出，老师们心理平衡了，工作动力足了，学校的各项工作也容易开展了。

此外，我还给自己"约法三章"：了解每一位教师，表扬鼓励每一位教师，帮助每一位有困难的教师。让每一位教师由衷地感到受器重、得赏识；教师有了困难，自己必须第一时间把学校的温暖送给他们，让他们真切地感受到学校就是他们避风的温馨港湾，他们是学校"重要的人"，每个人都不可或缺。

对教师真正的尊重和关爱，给了他们巨大的精神鼓励，激发了他们的责任感，增强了学校的向心力，重塑了教师对学校的归属感。我对教师的尊重与关爱转变为教师的巨大精神动力，强劲推动学校实现筑底反弹。次年中考，学校各项指标实现突破：普高升学率过31%，排名为区第十一名，均分排名上升为区第九名，增幅为全区第一名。

对于处于成长发展阶段的学校，校长的重要性不言而喻，有道是"一个好校长带出一个好学校"。教师会把对校长的信任与好感转化为对学校的归属感。但遗憾的是，任何一个校长都不可能永久领导一所学校，一旦校长离任，这所好学校就很可能会风光不再，教师对学校的归属感也会相应变化。再者，依靠校长进行强势管理，一旦校长更换，则学校管理也相应改变，不能因此形成教师对学校稳定的归属感。

可以大胆猜想，个性突出的校长或极具魅力的校长管理学校，如果学校教师归属感强，这其中更多的恐怕是学校教师对校长个人的归属感，而非对学校的归属感。因而，提升教师对学校归属感不应完全依靠校长的个人魅力。

（二）学校制度对教师归属感的影响

学校在发展过程中，注重制度的建设与完善，并在此基础上，形成一整套适合自我生存与发展的运转体系。这时，不是"校长说了算"，而是"制度说了算"。

某校在实现教育教学成绩提升的同时，大力开展制度建设，以目标来激励老师，以制度来巩固梦想。学校制定了阶段性的发展目标，每学年的目标、中考目标、3~5年学校总体目标。并以制度做保障，重新健全和完善制度。用制度来管理，保障教育教学的正常运行，以岗位评聘和绩效工资、中考奖励来激励教师，全新制定岗位评聘方案和教学成绩考核细则，用经济杠杆来调动老师的积极性。学校重大事项一律交由教代会讨论决定，教师职称晋级评聘、质量考核均严格依照学校制度开展。一年来，学校形成了完整的制度体系，学校职能部门和教师均能严格依照制度开展各项教育教学工作，学校各项工作做到了规范化，自动化。

用制度捍卫公平，用制度聚拢人心，让制度形成力量，制度管住了人身，也似乎管住了人心，教师对学校存在一定的归属感。在各项制度管理到位的情况下，学校教育教学活动能顺利开展，如果没有了有效的管理，情况就可能大相径庭。学校只有时时注重管理、加强管理，才能保证教育教学活动的有序进行。这种状态下的学校管理目标虽然能够实现，但"成本"较高，教师对学校的归属感并不稳定。由此可知，稳定教师归属感的关键因素并不是学校的各项制度，而是制度背后隐含的公平感、主人感。

（三）学校文化对教师归属感的影响

如果侧重依靠学校文化来管理学校，校长"思想行为"与教职工"思想行为"在共同学校文化作用下和谐共振，每一个学校成员都有一种神圣的使命感，自觉主动地去完成工作，他们追求的是一种工作的乐趣和神圣的成就感。学校的发展成为每一个成员的期望，学校成了一个"和谐的英雄组织"，组织之内充满了强烈的人文关怀、人文情愫、人文价值和人文理想。处在"学校文化管理"下的学校，校园里人人是主人，人人是管理者，教师的主人公意识得到了充分发挥，教师的归属感空前高涨，教师的高度自我管理基本上取代了学校管理。学校管理部门的职能重点由"管"转向"理"和"通"，即主要起引导和协调的作用。教师的归属感空前高涨，学校的各种资源得到了最充分的利用，学校的管理成本也因此降到了最低水平。

作为一校之长，我告诉自己，学校领导、教师和学生都是学校的主人，只有"英雄个人"不会成就一所学校，有了"英雄团队"才能使学校取得长足发展，必须提升全体教师对学校的归属感。我让自己学会唤醒、激发、调动、协调所有人的自觉、自主、自为，使之成为学校可持续发展的不竭动能。在某校，没有旁观者，人人都是主角；没有"我"，只有"我们"。强烈的归属感激发出强烈的主人翁意识，让某校每一个教师从"不得不为"到"主动作为"，从"全力以赴"到"全心以赴"。

三年来，在区教育局的正确领导和亲切关怀下，某校着眼于实现"强校梦、名师梦、成才梦"的学校梦想，学校教育教学质量持续提升，办学规模不断扩大，师生归属感不断增强，学校社会认可度持续提高。作为一所边远学校，某校中考普高升学率达到43.2%，居区第七名，平均分居区第五名。

学校的进步与发展凝聚着教师的汗水与智慧，让教师的每一份付出都能得到回报，才能真正体现教师的主人翁地位，教师的归属感才得以满足与巩固——教师付出了劳动，就能收获尊重，收获感动。教师们的拼搏与奋斗变得自然与纯净。只要肯付出，教师就受尊重，就得赏识。此种情况下，教师归属感会持续强化。

有了教师们的强烈的归属感，某校成了大家共同的家园，学校的发展成了学校教师共同的愿景。尽管学校基础薄弱，教师平均年龄达52岁，且学科不平衡，英语学科全校仅有一位专职教师，生源质量也不高，但把学校打造成区内的名校，成了学校老师共同的伟大目标、共同的事业追求，铸就了鲜活的学校精神。

正是有了教师们对学校强烈的归属感，全校教师众志成城，上下一心，从而使得学校战胜师资难题、生源难题，突破发展瓶颈，一步一个大跨越，一年一个新高度。有一年中考普高升学率达到65%，位居武汉市初中学校第22名。

学校文化作为一种精神和价值观为核心的体系，是学校的凝聚力和向心力产生的源泉。积极的学校文化使学校教师产生强烈的归属感，因为他们能体会到共同营建的、共同认可的价值取向、道德标准和整体信念。全校教师会自觉将学校与自己融为一体，形成强烈的主人翁精神。对学校发展的责任感和使命感使个人按照学校的整体目标行动，有利于学校目标的实施与实现。

四、思考与结论

在自己的校长"生涯"中，笔者特别注意优化学校管理方式，以提升教师对学校的归属感。除了通过自己的榜样引领，我格外注重人文关怀、文化引领、精神塑造。尊重教师、依靠教师、服务教师、成就教师，以师为本，让自己的工作向教师生命处用心，尽最大努力提升教师幸福指数，给教师搭建成就事业的广阔舞台。注重学校文化建设，让学校文化生成教育力量、凝聚力量、精神力量、约束力量、感召力量，让文化成为学校发展的灵魂，成为学校发展的原动力。教师的强烈持久的归属感使得学校有了"神来之勇"，在短时间内实现了迅速崛起，实现了跨越发展。学校教师的归属感已经转化为巨大的物质力量，指引着学校克服师资、生源等难题，突破发展瓶颈，在绝境中求得生存，在夹缝中求得发展，在发展中求得超越，在超越中创造奇迹。

笔者在某校工作6年，回顾某校6年前后的变化，有很多可思考的地方。一个学校的发展，当然与很多因素有关，但我认为，其最基本的依靠还是学校教师。教师可以说是学校发展的中坚力量。然而，如果学校教师归属感偏低或缺失，则教师表现为责任感和事业心缺失、工作主动性差、进取心弱等，在这种状况下，学校的发展与进步几无可能。而一旦教师的归属感被普遍激发出来，则学校将获得长足的发展，其进步之快也是常人难以想象的。可以毫不夸张地说，教师归属感是影响学校教育教学健康发展的重要因素。因此，构建教师的归属感尤为重要。

（一）影响教师归属感的原因分析

综合来看，影响教师归属感的因素众多，既有社会的，也有教育部门和学校的，更有家庭和个人的。如社会地位、工资待遇、发展机会、学校管理方式、工作方式、校园文化和环境、人际关系、评价制度等。这些因素都不同程度地影响了教师对学校的归属感。就学校而言，无法改变那些影响教师归属感的社会、家庭等校外因素。但在影响教师归属感方面，学校自身也是大有可为之处的。这方面既有笔者的亲身经历，也有更多研究数据做支撑。

兰州大学张妍2019年所作论文《茂名市南苑区公立中学青年教师归属感提升策略研究》中对南苑区公立中学青年教师归属感四个影响因素的相关度进行分析，相关度从强到弱排序，学校管理排第二位。

聊城大学姜寒2022年所作论文《"县管校聘"背景下小学流动教师归属感研究——以C区小学为例》中对C区小学流动教师归属感调查问卷中教师归属感影

响因素比较分析认为，学校管理方式对教师归属感的影响重要程度排第三位。

据此，学校要想提升教师归属感，调整学校管理方式，选择科学有效的管理策略就是重点。

根据笔者多年学校管理经历，在学校管理层面，影响教师归属感的关键因素主要有如下五个方面：

1. 教师工作安排

学校教师的工作安排对教师心理的影响非常大。教师从工作安排上能自我解读出很多内容。其中，和归属感相关的心理感受有教师个体觉得自己在学校的受重视程度和重要程度。科学合理的工作安排能让教师产生强烈的被需要感和被认同感。

2. 教师评价体系

学校对教师的评价有多种方式，既有精神的，也有物质的。一般而言，肯定和正向的评价能增强教师对学校的归属感。另外，评事不评人，可以更好地指引方向，增强教师群体对学校的归属感。因此，学校各类大大小小的会议上，学校领导要及时准确地对教师和相关事项进行评价，这是增强教师归属感的重要途径之一。当然，最关键的是学校要建立科学合理实用的内部评价体系，实现学校评价体系运转的自动化、持续化，进而内化为教师公认的准则。科学合理的评价体系可以说是固化教师归属感的重要保障。

3. 事务公开制度

事务公开作为学校管理的一项基本制度，让教师了解学校各项事务，成为学校事务的知情者，了解学校有关事项，做到公开、公平、公正，事实上更能让教师对学校产生归属感。当教师自己觉得学校的事情自己都知晓，自然也会关心学校的相关事项的状况。这种关心其实就是教师对学校归属感的一种重要表现形式。当然，公开之后也必须有配套的听取教师意见建议的方式与渠道，让教师的声音能及时传递、及时反馈，教师的主人翁意识感必会增强，归属感也定随之增强。因此，学校要善于利用事务公开制度，让学校教师关心学校大大小小的各种事情，及时听取教师的想法，让学校教师在这种关心的刺激下逐步强化其对学校的归属感。

4. 教师专业发展规划

教师未来的专业发展事实上也是教师非常关注的。根据马斯洛的"需要层次理论",教师的专业发展兼具获得尊重和自我实现两种需要,层次在"归属和爱"的需要之上。但当学校关心教师的专业发展规划时,教师能产生被重视、被需要的感觉,此时必会强化教师对学校的归属感。因此,清晰而有希望实现的专业发展规划能增强教师对学校的归属感。

5. 学校发展规划

通俗一点说,教师都愿意在有前途的学校工作。学校清晰的短期目标与长远发展规划能让教师看到自己未来的光明前途,教师归属感才会相应产生。

从理论上讲,学校发展规划既是一种学校管理方式的更新,又是通过学校共同体成员来制订和实施学校发展综合性方案的过程,是为学校发展提供支持能力,并不断探索学校发展策略,持续改进教育教学质量而进行的管理行为。

学校发展规划主要有以下几个特征:它是一种思想方法,是对学校未来发展的系统思考;它是民主集中的成果,发挥每一位学校成员的协同作用;它是一种管理模式,强调校内外力量的充分参与;它是持续的行动过程,通过全过程持续自觉的行动,不断提升学校内涵式发展,共同达成办学愿景。

学校发展规划的功能众多,既可为学校发展打基础,完善管理机制,促进学校自主发展;又对凝聚人心,激励师生的积极性有着不可替代的作用。因为规划是全校教师的集体智慧和行动纲领,它可以通过共同的价值追求和愿景的有效设定来实现教师的发展。规划与教师的自身利益密切相关,能够激励并凝聚全校教师共同奋斗,能够唤起教师的主体性参与意识。规划同时作用于教师发展的外引力和内驱力,对唤起教师对学校的归属感有着不可替代的作用。

因此,学校管理中必须注意短期目标和长远发展规划的制订。学校的目标和发展规划能进一步凝聚全校教师共识,强化教师归属感。

此外,校园文化和环境建设、"三风"建设、学校管理制度等诸多方面也会不同程度影响教师对学校的归属感,在此不一一赘述。

（二）教师归属感的重要性

前文在概述国内外对归属感相关研究论述时已对教师归属感的重要性有所提及。

马斯洛的"需要层次理论"认为个体通过与他人交往满足归属和爱的需要，进而形成协同的心理契约关系，如果归属和爱的需要得不到满足，孤独感和疏离感就会油然而生，消极的情绪会影响到日常的工作和生活，进而引发个体痛苦的情感体验。

简单点说，缺乏归属感的人会对自己从事的工作缺乏激情，责任感不强；社交圈子狭窄，朋友不多；业余生活单调，缺乏兴趣爱好。而教师归属感缺失的学校人心不稳，教师流失严重，造成教师队伍人心不稳，还加重了其他教师的教学任务，其教学质量将难以得到保障，生源流失将成为常态，最终结果就是学校走向没落。教师归属感的重要性由此可见。

（三）提升教师归属感的学校管理策略

教师归属感受太多因素影响，提升教师归属感需要社会、学校及教师共同努力。在学校管理层面，笔者根据实际工作总结出如下几项尚不太成熟的做法，供专家批评指正。

1. 留住人，用好人

教师工作安排科学合理。合理进行教师工作安排，知人善用，人尽其才，让每一位教师在学校里都能各展所长，各尽所能。每个人都很重要，当这种意识或心理感受成为学校教师的普遍感受时，学校将形成一种集体的归属感。无论采用何种管理方式，提升教师归属感，应该是排在第一位的。

此外，学校还应主动搭建各种活动平台，为教师施展才干提供舞台与机会，让教师在各项活动中展示自己，从而增强归属感。

2. 夸准人，夸对人

学校从校长到各部门均要及时准确地对各项工作进行总结评价，见人见事，并根据实际情况进行精神和物质的肯定。被校长认可，被同事认可，被全

3. 相信人，依靠人

学校的重大事项、学校重大变化、学校发展规划等涉及学校教师具体利益的事项，要及时公开，相信教师，教师也会更相信学校。制定相关制度或方案时提前征求教师的建议与意见，既相信教师，也依靠教师。这种相互的信任会让整个学校形成一个整体，此种状态下教师的归属感会持续增强。

4. 提升人，成就人

主动为教师制订专业发展规划，为教师专业成长出谋划策，搭建平台。在教师专业发展遇到瓶颈时及时予以帮助与支持，让教师的发展与学校发展同步，让学校的发展带动教师专业成长，让教师的成长促进学校发展。教师都是愿意在一所能够提升人、成就人的学校长期工作的。

5. 感召人，激励人

一个没有短期目标的学校是没有前途的，一个没有远期目标的学校是没有希望的。学校必须制定短期发展目标和长远发展规划。用学校发展目标和理想来感召老师、激励教师，让教师把自身发展目标和学校发展目标融为一体，这样，教师的归属感将更持久地属于这所学校。

教师归属感的构建不是一朝一夕能够实现的，需要社会、学校及教师共同努力，其实现途径也并不仅限于以上几点粗浅做法。而且，在县管校聘与集团化办学背景下，教师归属感还易受学校以外的非教育因素干扰。因此，教师归属感的研究恐怕还需要专家更广泛更深入地探索与思考。

参考文献

［1］彭聃龄.普通心理学［M］.北京：北京师范大学出版社，2012.

［2］李保强.学校管理学［M］.北京：高等教育出版社，2002.

［3］田野.学校工作环境对中学教师职业认同感的影响研究［D］.武汉：华中师范大学，2021.

［4］刘彩伟.县域义务教育师资流动背景下教师归属感研究［D］.金华：浙江师

范大学，2016.

［5］姚其志.校本管理中教师组织归属感的培养［J］.现代校长，2006（4）:25-27.

［6］张妍.茂名市南苑区公立中学青年教师归属感提升策略研究［D］.兰州：兰州大学，2019.

［7］秦海地.我的校长管理心语［C］.衡水：衡水市第二中学，2010.

［8］姜寒."县管校聘"背景下小学流动教师归属感研究［D］.聊城：聊城大学，2022.

［9］袁铌.云南省红河州T小学教师职业倦怠与归属感关系研究［D］.昆明：云南大学，2020.

［10］张瑾.学校文化对学校管理的影响——以苏州中学为个案［J］.长沙铁道学院学报（社会科学版），2011，12（3）:68-69+74.

［11］李啸瑜.以学校发展规划"点燃"教师活力的路径探究［J］上海教育科研，2021（9）:80-84.